中国资本市场
卖空机制的治理效应研究

陈晖丽 / 著

九州出版社 | 全国百佳图书出版单位

图书在版编目（CIP）数据

中国资本市场卖空机制的治理效应研究 / 陈晖丽著
. -- 北京：九州出版社，2022.11
ISBN 978-7-5225-1549-6

Ⅰ．①中… Ⅱ．①陈… Ⅲ．①资本市场-风险管理-
研究-中国 Ⅳ．①F832.5

中国版本图书馆CIP数据核字(2022)第227120号

中国资本市场卖空机制的治理效应研究

作　　者	陈晖丽　著	
责任编辑	曹　环	
出版发行	九州出版社	
地　　址	北京市西城区阜外大街甲 35 号 (100037)	
发行电话	(010)68992190/3/5/6	
网　　址	www.jiuzhoupress.com	
印　　刷	北京九州迅驰传媒文化有限公司	
开　　本	710 毫米 ×1000 毫米　16 开	
印　　张	19.75	
字　　数	333 千字	
版　　次	2023 年 5 月第 1 版	
印　　次	2023 年 5 月第 1 次印刷	
书　　号	ISBN 978-7-5225-1549-6	
定　　价	89.00 元	

本书是以下课题的阶段性成果：

国家自然科学基金青年项目
"卖空机制的审计师治理效应研究"
（项目批准号 71902043）

国家自然科学基金青年项目
"融资融券对称交易行为及其影响研究——基于科创板制度背景"
（项目批准号 72002048）

教育部人文社科基金青年项目
"资本市场制度变革背景下科创板卖空机制设计与市场影响研究"
（项目批准号 20YJC790192）

前　言

　　2010 年 3 月 31 日，融资融券交易试点正式启动，我国证券市场迎来了信用交易时代。融券业务的推出，也即卖空机制的引入，结束了我国证券市场只能做多不能做空的历史，是对我国证券交易制度的一次变革。卖空机制的实施已经十年有余，对这一里程碑事件进行深入探讨，研究其给市场和上市公司带来的影响，将有助于完善融资融券机制，促进市场资源有效配置，具有重要的理论和现实意义。

　　传统的公司治理机制能够起到缓解代理问题的作用，已被大量的国外研究所支持。但是在我国单边市场环境下，现行的制度安排使得上市公司的负面消息自觉或不自觉地受到抑制（刘峰，2001）[1]。制度层面的缺陷导致公司治理机制得不到有效的发挥，独立董事、机构投资者、经理人市场等作用受限（阎达五和谭劲松，2003[2]；支晓强和童盼，2005[3]；薄仙慧和吴联生，2009[4]；刘峰等，2004[5]）。大股东的绝对控制和市场干预机制的失效，让中小投资者只能选择"用脚投票"，通过抛售手中所持的股票，拉低股价，被动地表达其反对意见。融券业务的推出，也即卖空机制的引入，通过促进负面私有信息的挖掘和传播，向外界释放对公司前景不看好的信号，对"用脚投票"机制具有杠杆效应，增加小股东和控股股东的博弈空间。卖空机制的这种"催化剂"特性，能否对标的公司产生震慑作用，进而对公司行为和审计师行为产生影响，促使上市公司完善公司治理，则是本书研究的重点。

　　在英美等发达国家，卖空机制经过多年的发展，已经是一项成熟的交易制度。长期以来学者们围绕市场定价效率对其经济后果展开讨论。不仅如此，卖空机制还能改变公司利益相关者的动机和行为。已有研究从盈余管理的角度，指出卖空投资者对目标公司盈余质量的关注，会增加管理层操纵利润带来的风险，进而对盈余管理造成约束。而我国的制度环境与发达国家有很大的差别，在西方市场被普遍认为有效的机制，在我国却可能不起作用。鉴于此，我们利

1

用 2010 年 3 月以来我国融资融券标的公司，探讨卖空机制约束上市公司管理层机会主义行为的作用路径，进一步分析卖空机制对公司行为和审计师行为的影响，为更加全面地评价我国融资融券机制提供新的经验证据。本书主要研究工作如下：

（1）对卖空机制发挥公司治理效应的原因作深入的分析。具体而言，我们通过检验融资融券标的确定事件的市场反应，以及上市公司成为标的证券后其股价波动性的变化，分析卖空机制是否具有震慑作用，以此作为卖空机制治理效应的一种解释。研究表明，融资融券事件对标的公司股价有消极的影响。对于新增加的融资融券标的公司，标的确定公告日附近的市场反应显著为负；对于被剔除出标的名单的公司，市场反应并不明显，甚至长期走势出现正向反应；对于转融通标的公司，主要表现为负向的长期市场反应。另外，对比控制组公司，在进入融资融券标的证券名单后，融资融券公司的股票价格更容易出现暴跌，表明卖空机制对上市公司具有震慑作用。

（2）探讨卖空机制的震慑作用能否约束管理层的机会主义行为，进而对公司的会计信息质量产生影响。我们从盈余管理和会计稳健性两个角度展开讨论。关于盈余管理，研究表明，对比控制组公司，在进入融资融券标的证券名单后，融资融券公司的应计盈余管理和真实盈余管理水平显著降低了。在市场化程度较高的地区，卖空机制能够抑制盈余管理，而在市场化程度较低的地区，卖空机制的上述作用并不明显。考虑公司内部股权结构的影响，对于大股东缺乏制衡的公司，只有处于市场化程度较高的地区，卖空机制对盈余管理的约束作用才能体现，此时外部市场环境的影响更加明显。关于会计稳健性，研究发现，对比控制组公司，在进入融资融券标的证券名单后，融资融券公司的会计稳健性显著提高了。对于股权结构缺乏制衡的公司，卖空机制对公司会计稳健性的促进作用更加明显。对于融资受到约束的公司，卖空机制对会计稳健性的提高更加显著。

（3）分析卖空机制的震慑作用如何通过约束管理层的机会主义行为，进一步对两类公司行为产生影响。我们从避税行为和杠杆操纵行为两个维度展开分析。关于企业避税行为，研究发现，一方面，对比控制组公司，在进入融资融券标的证券名单后，融资融券公司的避税程度显著降低了。对比"四大"审计的企业，非"四大"审计的企业，在加入标的名单后，卖空机制更能抑制企业的避税行为。对比非标的公司，在加入标的名单后，融资融券公司进行避税时更能提高公司价值。上述结果对于不同的内外部治理环境的公司，存在着显著的差异。进一步研究发现，卖空机制通过抑制企业避税行为中公司管理层的在职消费行为，从而提高了公司价值。关于杠杆操纵行为，分析得出，对比控制组公司，企业在进入标的名单之后，其杠杆操纵程度显著降低。并且，卖空交易对杠杆操纵行为的约束作用在受到融资约束更高的企业中更加显著。另外，这种约束作用在非国有企业中也更为显著。

（4）检验卖空机制对我国股票市场的影响。卖空机制引入我国市场已经十年有余，卖空机制在中国股市中，到底扮演着怎样的角色，是减缓还是加剧股价的暴涨暴跌？利用十年数据，我们对卖空机制如何影响股价崩盘风险进行再次检验。研究发现，卖空机制的引入显著降低了股价崩盘风险，并且随着标的公司的扩容，效果逐渐明显。与"四大"审计的公司相比，在非"四大"审计的公司中，卖空机制对股价崩盘风险的减缓作用更为显著。另外，与国有公司相比，在非国有公司中，卖空机制对股价崩盘风险的降低效果也更为明显。

（5）探讨卖空机制是否通过影响审计师的审计风险，进一步对审计师行为产生影响。我们从盈余质量、审计意见、财务报告重述三个角度来检验卖空机制对审计质量的影响。研究表明，上市公司加入融资融券标的证券名单后，盈余质量显著提高，审计师出具非标准审计意见的可能性提高，上市公司出现财务报告重述的可能性显著降低，表明卖空机制促进了审计质量的提升。进行异质性分析发现，在股权集中度较低的上市公司和非国有企业中，卖空机制对审计质量的促进作用更为明显。

（6）研究卖空机制对上市公司内部控制的影响。采用双重差分模型，我们发现：对比其他控制组公司，上市公司当其股票被允许卖空后，内部控制水平显著提高；对于非国有上市公司，卖空机制对内部控制有显著的促进作用，但是对于国有上市公司，上述作用并不明显；卖空机制对内部控制的影响也会因外部审计环境的差异而有所不同，当上市公司为"非四大"审计时，卖空机制对内部控制的促进作用才能发挥；进一步分析内部控制的五大要素，我们发现，内部环境和内部监督有最显著的改进效果。

上述发现表明，卖空机制能够从微观层面对企业的实际经营活动产生影响，通过卖空的震慑作用对管理层机会主义产生约束，规范公司的财务报告行为，提高会计信息质量和审计质量，提高内部控制水平，这将有利于提高市场定价效率，促进资源的有效配置。与此同时，卖空机制治理效应的发挥，离不开各地区经济法律制度等外部市场环境的建设。本书的研究为长期以来学术界关于卖空交易经济后果的争议提供新的经验证据，有助于实务界理解融资融券的实施效果，也为我国完善融资融券机制，鼓励金融创新，进一步深化金融体制改革提供理论参考。

本书可作为高等院校会计学、金融学等相关专业的研究生、教师、科研工作者、上市公司管理人员的参考书。本书的出版要感谢我的恩师——厦门大学刘峰教授和香港科技大学陈治鸿教授的指导。本书的撰写由我和我指导的研究生和本科生共同完成，他们是：邓锡祥、王利彩、霍晓娜、刘唯和姚绮慧，他们参与了本书第八章至第十一章的数据分析与写作，在此一并致谢。感谢国家自然科学基金委员会，感谢广东金融学院会计学院对本书写作的支持。感谢九州出版社对本书的出版所给予的支持。

陈晖丽

2022 年冬月

目　录

第一章　绪　　论

第一节　研究背景与意义

一、研究背景

2010年3月31日，我国融资融券交易试点正式启动，我国证券市场迎来了信用交易时代。融券业务的推出，也即卖空机制的引入，结束了我国证券市场一直以来只能做多不能做空的历史，是对我国证券交易制度的一次变革。融资融券业务经过十余年的发展，标的范围逐步扩大，交易规模迅速增加，投资者数量大幅增长，呈现出广阔的发展前景。对这一里程碑事件进行深入探讨，研究其给市场和上市公司带来的影响，将有助于完善融资融券机制，促进市场资源有效配置，具有重要的理论和现实意义。

本书基于公司治理的视角讨论卖空机制的实施效果。首先，我们对卖空机制发挥公司治理效应的影响路径作了深入的探索。具体而言，我们通过检验融资融券标的确定事件的市场反应以及上市公司成为标的证券后其股价波动性的变化，来分析卖空机制是否具有震慑作用，以此为卖空机制的治理效应提供一种解释。其次，我们分析上市公司的盈余管理行为和会计稳健性水平在融资融券事件前后发生的变化，探讨卖空机制对会计信息质量带来的影响。再次，我们直接检验卖空机制如何影响上市公司行为，分析两类公司行为——避税行为和杠杆操纵行为，在上市公司加入融资融券标的证券名单前后发生的变化。然后，我们利用十年数据，对卖空机制如何影响上市公司股价崩盘风险进行了再检验，以此回答卖空机制对我国股票市场的长期影响效应。紧接着，我们从重要的一类市场中介——审计师的视角，探讨卖空机制如何通过影响审计风险，进而对审计师行为产生影响。最后，我们分析卖空机制如何影响上市公司的内部控制水平，从内部治理的角度探讨卖空机制的经济后果，这也是卖空机制影响上市公司会计信息质量和公司行为的另外一种途径。

传统的公司治理机制能够起到缓解代理问题的作用，已被大量的国外研究所支持。但是在我国单边市场环境下，现行的制度安排使得上市公司的负面消息自觉或不自觉地受到抑制（刘峰，2001）[1]。制度层面的缺陷导致公司治理机制得不到有效的发挥，独立董事、机构投资者、经理人市场等作用受限（阎达五和谭劲松，2003[2]；支晓强和童盼，2005[3]；薄仙慧和吴联生，2009[4]；刘峰等，2004[5]）。大股东的绝对控制和市场干预机制的失效，让中小投资者只能选择"用脚投票"，通过抛售手中所持的股票，拉低股价，被动地表达其反对意见。融券业务的推出，通过促进负面私有信息的挖掘和传播，向外界释放对公司前景不看好的信号，对"用脚投票"机制具有杠杠效应，增加小股东和控股股东的博弈空间。卖空机制的这种"催化剂"特性，能否对标的公司产生震慑作用，进而对公司行为和审计师行为产生影响，促使上市公司完善公司治理，则是本书研究的重点。

融资融券在中国才刚刚起步，而在英美等发达国家，卖空机制经过多年的发展，日趋完善和多样化，已经成为交易制度的一个重要组成部分。学者们对其进行了一系列深入的研究，现有的讨论主要包括三个方面，对市场效率的影响、对卖空者行为的讨论以及对公司行为的作用。关于市场效率，尽管学者们进行了大量的研究，长期以来存在广泛的争议。现有文献主要分析卖空机制如何影响信息传递，如何影响价格形成，进而影响市场的流动性和波动性（Miller，1977[6]；Diamond and Verrecchia，1987[7]；Hong and Stein，2003[8]）。关于卖空者行为，主要讨论卖空参与者的特点，他们的卖空策略，如何选择目标公司（Dechow et al.，2001[9]；Christophe et al.，2004[10]；Christophe et al.，2010[11]；Hirshleifer et al.，2011[12]）。关于公司行为，则把公司中最重要的"人"的因素考虑其中，强调了卖空机制带来的动机变化和行为调整，探讨卖空机制如何影响股东、管理层以及其他利益相关者的决策（Fang et al.，2016[13]；Massa et al.，2015[14]）。

回顾现有的研究，卖空机制对上市公司带来的不利后果主要表现为：卖空会带来公司股票价格的下跌、股价暴跌可能性的增大以及公司退市风险的提高（Diamond and Verrecchia，1987[7]；Desai et al.，2002[15]；Cohen et al.，2007[16]；Allen and Gale，1991[17]；Bernardo and Welch，2004[18]；Chang et al.，2007[19]）。那

么，上述后果是否会对上市公司造成威胁？能否对上市公司管理层起到一定的约束作用？我们首先分析卖空机制的震慑作用，从两个角度探讨卖空机制对公司行为的影响路径。

第一，卖空机制震慑作用最直观的体现就是市场反应。市场反应的检验采用事件研究法，即按照研究目的选取某一个特定事件，分析股票市场上该特定事件发生前后，公司股票价格是否产生波动，是否产生异常收益率，以此判断该事件对公司前景、投资者预期带来的影响。因此，我们从融资融券标的证券名单确定公告日附近的股价表现，分析投资者对上市公司成为融资融券标的证券这一事件所持的态度。

第二，除了标的确定公告事件的市场反应，融资融券对标的公司股票价格的影响还体现在未来股价的波动性上。融资融券释放了市场对上市公司负面私有信息的需求，会对投资者信心和股票价格造成影响，甚至会造成股票价格的暴跌。股价暴跌的发生，是卖空机制震慑作用的直接反映。因此，我们从股票回报率的分布特征——股价暴跌风险的角度，探讨卖空机制对标的公司未来股价波动性的影响。

在分析了卖空机制对公司行为的作用路径之后，我们进而检验卖空机制的治理效果，通过分析上市公司的盈余管理行为、会计稳健性水平、避税行为和杠杆操纵行为，对卖空机制的治理效应作一探讨。

公司的盈余管理行为，是学术界一个古老的话题，其重要性在于，盈余管理行为不仅误导了公司财务报告的使用者对公司业绩做出评价，还影响了那些基于会计信息的合同的执行结果（Healy and Wahlen，1999[20]）。因此，国内外不少研究将应计质量作为财务报告信息质量的替代变量（Myers et al.，2003[21]；魏明海等，2013[22]）。近年来，卖空机制与盈余管理之间的关系开始受到国外学者的关注。不同于我国的融资融券，标的证券名单是分批公布的，在美国，证券市场产生之初即存在卖空交易，因此学者们无法直接检验卖空机制的引入对上市公司带来的影响。美国证监会在2005年至2007年推出了一项改革试点，该事件降低了部分上市公司的卖空成本，为学者们研究卖空交易提供了契机。Fang et al. (2016)[13]研究该事件对公司的盈余管理行为的影响。他们发现，公司的应计盈余管理随着卖空成本的降低而减少，在试点结束后，公司的盈余管理又回复到原来的水平。可见，卖空投资者对目标公司盈余质量的关注，会增加管理层操纵利润带来的风险，进而对盈余管理造成约束。然而，我国资本市场正处于新兴加转轨时期，我国的制度环境与发达国家有很大的差别，在发达国家资本市场被普遍认为有效的机制，在我国却可能不起作用。我们利用2010年3月以来我国融资融券标的公司，研究卖空机制对公司盈余管理行为的影响，分别讨论卖空机制是如何影响上市公司的应计盈余管理和真实盈余管理行为。

卖空交易作为一项创新金融工具，能否被投资者所接受，与外部的市场运行环境紧密相关。而在中国，各地区经济发展不平衡。以2009年的樊纲市场化进程指数为例，最高分和最低分分别是浙江11.8、西藏0.38（樊纲等，2011）[23]，说明我国公司的外部市场环境存在明显的差异。因此，我们将上市公司差异化的外部市场环境考虑其中，分析不同的市场环境如何影响卖空机制对管理层机会主义行为进行约束。

至此我们并没有考虑公司自身对盈余管理的不同约束程度可能带来的不同影响。由于特殊的历史原因，股权高度集中是我国上市公司的一个显著特征。股权结构缺乏制衡的公司，大股东拥有绝对的地位和话语权，缺少监督和约束，更可能通过关联交易、资金占用、过度投资等方式进行侵占，损害中小股东的利益（陈晓和王琨，2005[24]；叶康涛等，2007[25]；俞红海等，2010[26]）。而盈余管理则成了大股东掩盖"掏空"事实的工具。公司的内部股权结构不同，其盈余管理的程度也不尽相同，卖空机制对盈余管理的约束作用是否有所区别？因此，我们同时考虑公司外部市场环境和内部股权结构的相互作用，检验其对融资融券公司治理效应的影响，为更加全面地评价我国融资融券机制提供新的经验证据。

同时，我们考察另外一项重要的公司会计特征——会计稳健性。若卖空机制能够真正起到震慑作用，将迫使标的公司在经营管理中更加谨慎，以降低未来公司的负面消息被曝光的可能，降低公司被做空的概率。谨慎的作风体现在会计处理方法上则表现为会计稳健性的提高。稳健性是会计核算的一项重要原则，是指公司在处理不确定的经济业务时，应持谨慎的态度，对可能的费用和损失要提前确认，对不确定的收入则不能予以确认。因此，我们从会计稳健性的角度，研究融资融券对标的公司带来的会计方法上的改变，从另外一个角度检验卖空机制的治理效应。

在探讨卖空机制如何影响会计稳健性的同时，我们还考察两类公司特征的作用。一方面，股权高度集中是我国上市公司的一个显著特征。"一股独大"现象造成代理问题的严重，会对企业的会计行为产生消极影响（章卫东，

2010[27]）。另一方面，在对会计稳健性的四种解释中，债务契约是稳健性存在的一个重要原因（Watts，2003a[28]；Watts，2003b[29]）。会计稳健性能够缓解公司的融资约束（魏明海和陶晓慧，2007[30]）。因此，我们结合公司的内部股权结构和外部融资约束，进一步分析卖空机制对公司会计稳健性水平带来的影响。

接下来，我们直接分析卖空机制对上市公司行为的影响。首先考察公司的避税行为。传统观点认为，企业避税行为就是将政府应征税收转移给企业，从而使企业价值上升；但近代观点认为，由于公司经营权与所有权分离，企业利益相关者之间存在信息不对称问题，容易造成委托代理问题（黄超和罗乔丹，2018[31]；熊家财等，2019[32]），避税使企业现金流增加，促进企业经理人在职消费行为，这就容易造成企业进行避税行为时，避税行为使企业价值下降。因此，我们探讨卖空机制能否作为企业外部监管的手段，能否有效抑制企业避税行为；卖空机制作为外部监管的力量，当外部监管力量加强时，企业的避税行为对公司价值产生怎样的影响。同时，我们还考察这种影响在不同的外部环境与内部治理环境中又会产生何种不同的结果。

然后，我们分析公司的杠杆操纵行为。杠杆操纵，是指企业利用表外负债和名股实债等财务手段，向上操纵资产或向下操纵负债，降低资产负债表中呈现出来的杠杆水平。2016年国家提出"去杠杆"政策解决企业债台高筑的社会现象。在去杠杆压力下，上市公司采取更隐蔽的杠杆操纵手段隐藏过高的账面杠杆率，利用表外负债、名股实债以及会计方法进行杠杆操纵。因此，我们分析卖空机制的震慑作用能否限制企业的杠杆操纵行为，同时考察企业的融资约束程度和产权性质在这一过程中发挥的作用。

紧接着，我们再次检验卖空机制对股票市场的影响。过去的股票交易市场由于只能做多买入不能做空卖出，这种单一的交易模式使得那些关于上市公司的负面消息不能很好地反映到股价之中，而融资融券制度的推出使得投资者不管是做多还是做空，都能及时将自己的态度反映在股价之中。理论上，卖空制度的实施能让股价更及时地反映投资者的态度，降低股价崩盘风险。但是实际上，2015年、2018年国内股票市场波动巨大。有些人质疑卖空制度发挥的作用，认为卖空交易加剧了股票市场的暴跌。到2021年底，中国的融资融券业务已经实施了十年有余，我们对卖空机制的引入如何影响股价崩盘风险进行了再检验。在此基础上，从实际交易的角度分别考察融资业务、融券业务对公司股价崩盘风险的影响及其差异性。同时考察外部审计和股权性质，是否对上述效应产生差异化影响。

此外，我们从市场中介——审计师的视角，分析卖空机制的震慑作用是否通过影响审计风险，进而影响审计师的决策和行为。卖空机制会加速审计风险由潜在阶段向实际风险的转化。卖空机制对上市公司而言，是一种"威胁"，会起到一定的约束作用。卖空投资者有动机和能力去挖掘上市公司的负面、私有信息。对外部治理的重要机制——外部审计，卖空同样会对其产生影响。卖空使得存在"瑕疵"的上市公司加速曝光，引致外界更多的质疑和更严的监管。我们从盈余质量、审计意见、财务报告报表重述三个角度来研究卖空机制对于审计质量的影响。

最后，我们回到公司内部治理的角度，探讨卖空机制是否以及如何影响上市公司的内部控制水平。作为一项监督机制，企业的内部控制在降低信息不对称、缓解代理问题中起着至关重要的作用。卖空投资者对财务报告质量的关注可以促进公司管理层加强内部控制建设，降低公司股票被卖空的可能性。卖空机制对内部控制的影响，也是上文卖空机制影响上市公司会计信息质量和公司行为的另外一种途径。我们同时考察了企业产权性质、外部审计对上述效应的不同影响。

基于上述分析，本书以我国引入卖空机制为背景，试图回答以下几个问题：

（1）卖空机制是否具有震慑作用？融资融券标的确定事件的市场反应是否显著为负？短期看，上市公司成为融资融券标的证券后，其股价暴跌的可能性是否增加了？

（2）卖空机制如何影响会计信息质量？是否有助于抑制上市公司的盈余管理行为？引入卖空机制后，上市公司的会计稳健性水平是否有所提高？

（3）卖空机制如何影响上市公司行为？能否约束上市公司的避税行为？能否降低上市公司的杠杆操纵行为？

（4）长期看，卖空机制是否起到稳定市场的作用？能否降低上市公司的股价崩盘风险？

（5）卖空机制的震慑作用是否影响审计师的审计风险？能否促使审计师提高审计质量？

（6）卖空机制的引入，能否对我国上市公司带来约束作用，促使其提高内部控制质量？

二、研究意义

本书的研究贡献主要体现在以下几个方面：

第一，不同于国内现有文献从促进股价反映私有信息的角度评价卖空机制的定价效率，本书探讨卖空机制对公司行为和审计师行为的影响，从公司治理的角度讨论我国融资融券的实施效果，实证结果表明卖空机制具有震慑作用，可以改进公司治理效率，提高审计质量。同时，利润操纵的减少和会计稳健性的提高带来公司财务信息质量的提高，这也是卖空机制改善定价效率的另外一种作用机制。

第二，我们发现融资融券的推出能够降低盈余管理水平，既包括应计项目的盈余管理，而且包括真实活动的盈余管理。不仅如此，卖空机制还能约束企业的避税行为和杠杆操纵行为。作为一项创新金融工具，卖空机制能够影响公司财务报告行为，甚至影响企业的实际经营决策。本书的结论表明卖空机制不仅能提高市场效率，从微观层面对企业的经营和发展也有实质性的影响。

第三，本书的研究补充了国内文献关于盈余管理、会计稳健性、避税行为以及股价崩盘风险等决定因素的讨论。已有研究表明，上市公司的股权性质、股权结构、地区市场化水平等因素会影响公司的盈余管理程度（薄仙慧和吴联生，2009[4]；高雷和张杰，2009[33]；姜英兵和严婷，2012[34]）；上市公司的债务契约、产权性质、融资约束等因素会对公司的会计稳健性造成影响（魏明海和陶晓慧，2007[30]；刘运国等，2010[35]；张金鑫和王逸，2013[36]）；上市公司的机构投资者持股、内部治理水平、外部监管环境、税制改革等因素会影响公司的避税行为（Desai et al.，2006[37]；于李胜和李成，2010[38]；陈冬和唐建新，2013[39]；蔡宏标和饶品贵，2015[40]）；上市公司的投资者异质信念程度、信息透明度、分析师关注等因素会影响公司的股价崩盘风险（陈国进和张贻军，2009[41]；潘越等，2011[42]）。我们发现卖空机制可以约束盈余管理行为，提高会计稳健性，减少避税行为，抑制股价崩盘风险，是对新兴市场财务报告信息质量、公司行为以及市场效率等相关文献的补充和完善。

第四，审计作为一项传统的公司治理机制，卖空作为一项新兴的外部治理机制，本书将二者联系起来，从审计行为的崭新视角检验我国卖空机制的治理效应，强调了新制度对市场参与者的动机带来的变化和调整，为新兴加转轨市场的审计研究提供新的证据。

第五，我们研究卖空机制在新兴市场中的影响，并综合考察我国差异化的外部市场环境和特殊的公司股权结构之间的相互作用，为长期以来学术界关于卖空交易经济后果的争议提供新的经验证据，也为我国完善融资融券机制，鼓励金融创新，进一步深化金融体制改革提供理论参考。

第二节　研究内容和结构

本书拟从卖空机制对公司行为的影响路径出发，探讨卖空机制是否具有震慑作用，其作用路径主要体现在两个方面：一是引入卖空机制的市场反应，二是卖空机制对公司股价暴跌风险的影响。在分析了卖空机制的震慑作用后，本书考察上市公司的会计信息质量、公司行为以及审计师行为在融资融券事件前后的变化，以此检验我国卖空机制的治理效应。

本书共分为十三章，其结构安排如下：第一章为绪论。本章首先阐述了论文的选题背景和研究主题，接着介绍了论文的研究意义和研究思路，本章还对论文的结构安排予以说明。

第二章为制度背景分析。本章介绍了融资融券的基本概念和意义、融资融券的交易制度、我国融资融券的发展历程以及我国融资融券业务的发展现状描述。其中，融资融券交易制度的介绍分别以美国、日本和我国台湾地区股票市场的融资融券交易制度为例，分析了分散授信模式、单轨制集中授信模式和双轨制集中授信模式这三种世界上最常见的融资融券交易制度各自的运作方式及其特点。

第三章为相关文献回顾和理论分析。目前关于卖空机制的研究主要关注几个方面，首先是对市场效率的影响，主要从股票定价、价格发现、市场波动性和市场流动性等角度进行讨论；其次是分析卖空投资者的行为，主要分析卖空投资者的特征，他们如何识别目标公司，他们如何进行投资决策；再次是卖空机制对上市公司的影响，包括公司投资和融资水平的变化，管理层和大股东与卖空者之间的博弈，等等。本章的后半部分结合现有研究发现，分析了卖空机制对公司行为的影响路径，主要从股价水平、股价波动性以及退市风险三个方面对卖空的震慑作用进行讨论。

第四章探讨引入卖空机制的市场反应，通过检验融资融券标的证券调整公告日附近的股价表现，直观地了解卖空机制的震慑作用。研究发现，融资融券事件对标的公司股价有消极的影响；对于新增加的标的公司，市场反应显著为负；对于剔除出标的名单的公司，市场反应并不明显，甚至长期走势为正；对于转融通标的公司，主要表现为负向的长期市场反应。标的调整事件中，显著为负的市场反应是卖空机制震慑作用的体现。

第五章考察了卖空机制对公司股价的波动性带来的影响，以股价暴跌风险作为波动性的衡量。本章研究发现，成为融资融券标的证券之后，标的公司的股价更容易出现暴跌。股价暴跌更加频繁，表明卖空机制的震慑作用。

第六章实证检验了卖空机制如何影响公司的盈余管理水平。研究发现，对比控制组公司，在进入融资融券标的证券名单后，融资融券公司的应计盈余管理和真实盈余管理水平显著降低了；在市场化程度较高的地区，卖空机制能够抑制上市公司的盈余管理动机，而在市场化程度较低的地区，卖空机制的上述作用并不明显；考虑公司内部股权结构的影响，对于大股东缺乏制衡的公司，只有处于市场化程度较高的地区，卖空机制对盈余管理的约束作用才能体现，此时外部市场环境的影响更加明显。

第七章检验卖空机制如何影响标的公司的会计稳健性，从另外一个方面分析卖空机制的治理效应。本章研究发现，上市公司成为融资融券标的证券后，会计稳健性显著提高了。

第八章直接检验卖空机制对公司行为的影响，从公司避税行为的角度展开讨论。本章研究发现，对比控制组公司，在进入融资融券标的证券名单后，融资融券公司的避税程度显著降低了。上述结果对于不同的内外部治理环境的公司，存在着显著的差异。进一步研究发现，卖空机制通过抑制企业避税行为中公司管理层的在职消费行为，从而提高了公司价值。

第九章分析卖空机制如何影响另外一类公司行为——杠杆操纵行为。本章分析得出，对比控制组公司，企业在进入标的名单之后，其杠杆操纵程度显著降低。并且，卖空交易对杠杆操纵行为的约束作用在受到融资约束更高的企业中更加显著。另外，这种约束作用在非国有企业中也更为显著。

第十章从长期的视角，再次检验卖空机制对股价崩盘风险的影响。本章研究发现，卖空机制的引入显著降低了股价崩盘风险，并且随着标的公司的扩容，效果逐渐明显。这种效应在非"四大"审计的公司中，以及在非国有公司中更为显著。

第十一章检验卖空机制如何影响审计师行为。研究表明，上市公司加入融资融券标的证券名单后，上市公司的盈余质量显著提高，审计师出具非标准审计意见的可能性提高，上市公司出现财务报告重述的可能性显著降低，审计质量得到提升。

第十二章分析卖空机制如何影响企业内部控制质量。实证结果表明，上市公司当其股票被允许卖空后，内部控制水平显著提高。对于非国有上市公司，卖空机制对内部控制有显著的促进作用。当上市公司为"非四大"审计时，卖空机制对内部控制的促进作用才能发挥。

第十三章为全书总结。本章归纳了本书的研究结论，提出研究启示和相关政策建议，指出本书的贡献和对未来的展望。

第三节　研究方法和技术路线

本书的研究方法以大样本实证研究为主，基本研究思路如下：

第一步对相关文献进行评述，将研究重点放在卖空机制的运行原理与经济后果方面的文献，包括其对市场效率、上市公司行为、投资者和其他参与者的行为等方面的研究；

第二步进行制度比较分析，分析我国特殊制度背景与西方发达国家的差异及其对我国卖空机制研究的启示。我国采用的单轨制集中授信模式不同于西方国家的分散授信模式，标的名单采取分批公布的形式，这些特点都决定了本书后续的实证研究需要采取不同于西方现有研究的方法；

第三步基于我国背景下对现有卖空制度理论进行适当的拓展，整合信息不对称理论、博弈理论、信号传递理论和公司治理理论，形成关于我国卖空机制的完整分析框架；

第四步是进行实证检验，分为三小步：第一步是通过一系列公司特征指标和卖空指标，全方面、多维度地描述我国卖空交易的现状与卖空标的上市公司的特征；第二步结合我国特殊的背景实证研究我国卖空机制对证券市场的作用机理；第三步从公司会计信息质量、上市公司行为、审计师行为、内部控制等角度全面、系统地实证检验卖空机制的经济后果。

本书的最后是研究结论和政策建议。

图 1-1 描绘了本书的研究内容与技术路线。如图 1-1 所示，本书以我国开展融资融券交易为背景，结合我国新兴加转轨时期特殊的制度环境，首先构建我国卖空机制的制度基础和理论体系；接着从市场层面和公司层面描述我国卖

空交易的现状，通过与发达国家资本市场卖空交易活动的对比，分析我国卖空业务的主要特点；在此基础上，实证分析卖空机制对我国证券市场的作用机理，主要从卖空的震慑作用展开；然后，从会计信息质量、上市公司行为、审计师行为、内部控制四个维度，实证分析引入卖空机制的经济后果。

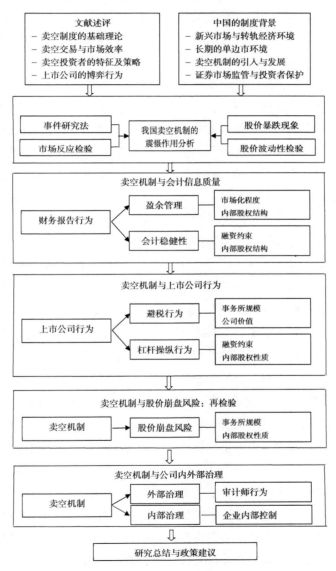

图 1-1　本书的研究内容与技术路线图

第四节 研究的主要创新点

本研究的主要创新之处在于：

第一，探讨卖空机制发挥作用的机理以及对上市公司行为和审计师行为的影响，实现从宏观的市场层面到微观的公司层面的结合，将最重要的"人"的因素考虑进来，强调了新制度对各方参与者的动机带来的变化和调整，对优化市场资源配置、完善卖空机制，起到一定的理论借鉴作用。

第二，无论是在国内市场还是在国外市场，卖空交易经常成为争论的焦点，股市崩盘、金融危机的出现，往往伴随着限制卖空甚至禁止卖空的举措。而在一轮又一轮的争论过后，在西方较为健全成熟的市场中，卖空机制仍然是其不可或缺的一部分。2015年以来，国内A股市场跌宕起伏，股指期货遭到限制，融券卖空机制在中国股市的大跌大涨过程中，到底扮演着怎样的角色？市场各方对卖空机制的认识是否存在一定的误解？本研究对认识卖空交易的运行原理以及对市场和上市公司的影响都非常有帮助。

第三，传统的公司治理机制能够起到缓解代理问题的作用，已被大量的国外研究所支持。但是在我国，制度层面的缺陷导致公司治理机制得不到有效的发挥，独立董事、机构投资者、经理人市场等作用受限（阎达五和谭劲松，2003[2]；支晓强和童盼，2005[3]；薄仙慧和吴联生，2009[4]；刘峰等，2004[5]）。大股东的绝对控制和市场干预机制的失效，让中小投资者只能选择"用脚投票"，通过抛售手中所持的股票，拉低股价，被动地表达其反对意见。卖空业务的推出，通过促进负面私有信息的挖掘和传播，向外界释放对公司前景不看好的信号，对"用脚投票"机制具有杠杠效应，增加小股东和控股股东的博弈空间。卖空机制能够通过加剧"用脚投票"行为，对上市公司行为产生影响，起到一定的治理作用。本书也强调了以往研究中通常被忽视的一类消极的公司治理机制，"用脚投票"的作用。

第四，我国资本市场正处于新兴加转轨时期，我国的制度环境与发达国家有很大的差别，在发达国家资本市场被普遍认为有效的机制，在我国却可能不起作用。因此，我们在探讨卖空机制的作用机理和经济后果时，同时将"中国的元素"考虑进来，研究企业所有权性质、股权结构、地区市场化环境等，对卖空机制发挥作用过程中的影响，为我国卖空机制的研究提供新的角度，也为新兴市场卖空机制的研究提供新的经验证据。

第二章　制度背景

第一节　融资融券的概念和意义

一、融资融券基本概念

融资融券交易，又称信用交易，是指投资者向具有证券交易所会员资格的证券公司提供担保物，借入资金买入上市证券或借入上市证券并卖出的行为[①]。其中，融资交易是指投资者预期证券价格在未来将会上涨，向证券公司支付一定比例的保证金，借入一定数量的资金买入证券，并在约定的期限内偿还借款的本金和利息。融券交易是指投资者预期证券价格在未来将会下跌，向证券公司支付一定比例的保证金，借入一定数量的证券并卖出，并在约定的期限内归还证券并支付相关的融券费用。投资者向证券公司提交的保证金可以是现金或者是可充抵保证金的证券。根据沪深证券交易所《融资融券交易实施细则》，我国融资、融券期限最长不得超过6个月。

融资融券标的证券，是指融资交易中投资者借入资金可以买入的证券，以及融券交易中投资者可以向证券公司借入的证券，包括符合《上海（深圳）证券交易所融资融券交易试点实施细则》规定的股票、证券投资基金、债券和其他证券。标的证券的选取由证券交易所依据标的证券选择标准，按照"从严到宽、从少到多、逐步扩大"的原则进行。证券公司在上述范围内确定并向其客户公布标的证券名单。根据沪深证券交易所《融资融券交易实施细则》，股票作为融资融券标的证券，应当符合以下条件：（1）在本所上市交易超过3个月；（2）融资买入标的股票的流通股本不少于1亿股或流通市值不低于5亿元，融券卖出标的股票的流通股本不少于2亿股或流通市值不低于8亿元；（3）股东

---

① 参见《上海（深圳）证券交易所融资融券交易试点实施规则》。

人数不少于 4000 人;(4)在过去 3 个月内没有出现下列情形之一:①日均换手率低于基准指数日均换手率的 15%,且日均成交金额小于 5000 万元;②日均涨跌幅平均值与基准指数涨跌幅平均值的偏离值超过 4%;③波动幅度达到基准指数波动幅度的 5 倍以上。(5)股票发行公司已完成股权分置改革;(6)股票交易未被本所实行特别处理;(7)证券交易所规定的其他条件。

不同于普通的证券交易,融资融券交易具有以下几个特点[①]:(1)投资者在参与普通的证券交易时,必须持有足额的资金才能买入证券,同样的,也必须持有证券才能将其卖出。而投资者参与融资融券交易,则不需要事先持有相应的资金或者证券。当预期未来证券价格将会上涨却又没有足够的资金时,投资者可以向证券公司借入资金买入证券,当预期证券价格将会下跌但是并不持有证券时,投资者可以向证券公司借入证券并且卖出。(2)与普通的证券交易相比,融资融券交易具有财务杠杆效应。投资者可以通过向证券公司融资借入资金或者融券借入证券,建立超过自有资金范围的多头(融资)或者空头(融券)头寸,投资收益和投资风险随之被放大。(3)参与普通的证券交易,投资者和证券公司之间仅仅是委托买卖的关系,证券公司从中收取佣金。而从事融资融券交易,投资者与证券公司之间不仅存在委托买卖关系,还存在资金或证券的借贷关系,因此投资者要向证券公司提供保证金和担保物。(4)普通证券交易产生的交易风险,完全由投资者自行承担,所以投资者几乎可以不受限制地对所有上市的证券进行交易;但是参与融资融券交易时,若投资者不能在约定时间内,足额地返还所借的资金或证券,会给证券公司带来风险,因此,投资者只能在约定的范围内进行证券的交易。

另外,融资融券交易不同于股票质押融资。股票质押融资,是指利用股票等有价证券进行担保,从而借入资金的一种融资手段。融资融券和股票质押融资都能达到融资的目的,都需要提供担保物,但是二者存在着明显的不同:(1)融资融券是一种标准化的产品,股票质押融资更多体现为民事合同关系;(2)股票质押融资只能融入资金,无法借入证券;(3)融资融券借入的资金必须用来购买标的证券,而股票质押融资融入的资金可以不用来购买证券;(4)融资融券的融出主体是证券公司,而股票质押融资的资金融出主体一般为银行等机构。

---

① 见中国证券业协会编制的《融资融券业务知识手册》。

　　融资融券也不同于股指期货。股指期货，是指买卖双方约定在未来某一特定时间，按照约定的价格进行股票指数交易的一种标准化合约。融资融券和股指期货都为投资者提供了做空机制，但是二者在标的物、交易性质、交易成本上存在着区别：（1）融资融券交易的标的物是单只股票或者交易型开放式指数基金，股指期货的标的物是股票价格指数；（2）融资融券是一种现货信用交易，股指期货是一种远期交易；（3）融资融券是一种借贷关系，除了需要支付手续费，还要支付利息费用，而股指期货是标准化合约，只需支付手续费。

　　可见，融资融券为我国的投资者引入了一种新的获利方式。对于融资交易，当投资者预期未来证券价格将上涨，投资者可以通过向证券公司借入资金买入证券，待其价格上涨后卖出证券归还借款的方式，赚取股价上升的利润；对于融券交易，投资者预计未来股价将下跌，此时投资者可以向证券公司借入证券在市场上卖出，待其价格下降后买入证券进行偿还，同样可以赚取股价的差价而获利。融资融券为手头没有足够的资金或者证券的投资者提供了获利的机会，尤其是融券业务，也即卖空机制，改变了以往只能在股价上涨时获利的模式，将对我国证券市场带来重要的影响。

二、融资融券的意义

　　2010年3月，我国融资融券业务试点的推出，对我国证券市场、投资者和证券公司而言，都将产生深远的影响。

　　第一，融资融券会带来股票市场流动性的提高。投资者在从事融资买入或者融券卖出交易时，都要在约定的期限内归还所借的资金或者证券。融资融券交易的这种双向性可以在一定程度上放大证券的供给与需求，从而增加市场的交易量和活跃程度，提高股票市场的流动性。

　　第二，融资融券有助于完善证券市场的价格发现功能。在单边市的环境下，投资者只能通过买入未来股价上涨的股票而获利，上市公司的负面消息自觉或不自觉地受到抑制。卖空机制的引入，使得上市公司的负面消息有了需求，投资者可以通过挖掘上市公司的负面消息而获利，股票价格融入了更多的信息，更能反映股票的内在价值。

　　第三，融资融券的推出，拓宽了市场的资金融通渠道，满足了投资者多元化的投资需求。融资融券为手头没有足够的资金或者证券的投资者提供了获利的可能，不仅为投资者提供新的交易方式，也为投资者规避市场风险、进行风险管理提供新的手段。

第四，融资融券业务能够改善证券公司的盈利模式。目前，我国证券公司的收入来源主要为经纪业务的交易手续费。在融资融券业务中，证券公司向客户收取的融资利息和融券费用，无疑是一个重要的收入来源。因此，允许证券公司开展融资融券交易，能够扩大证券公司的业务范围，提高证券公司的盈利能力，同时能够强化证券公司的业务创新意识，促进证券公司的规范发展。

第二节　融资融券交易制度介绍

融资融券交易最早出现于 17 世纪的荷兰，而后经过了四百年的发展，世界多个国家的证券市场逐步建立起融资融券交易机制，并在其发展过程中形成了适应各国市场环境的交易模式。根据世界银行 2006 年的一份研究报告[①]，在被统计的 55 个国家中，允许融资融券交易的国家有 45 个，其中发达国家有 27 个，占 60%，发展中国家有 18 个，占 40%。可见，融资融券业务在海外证券市场已经相对比较成熟。

融资融券业务的核心在于证券及资金的来源，即是信用的来源。按照是否存在专门的信用融通机构，目前，各个国家或地区的融资融券业务主要分为两种模式：集中授信模式和分散授信模式[②]。其中，集中授信模式，指的是由专业化的带有一定垄断性质的证券金融公司，向证券公司提供证券或资金，或由其直接向投资者提供证券或资金。按照证券金融公司、证券公司和投资者的关系，集中授信模式又可以分为单轨制和双轨制两种模式。其中，单轨制，指的是证券金融公司只负责向证券公司提供证券和资金，由证券公司负责向投资者提供证券和资金，该模式以日本为代表。双轨制，指的是证券公司既可对证券公司进行转融通，也可以直接向投资者提供证券和资金，以我国台湾地区为代表。在集中授信模式之外，还存在一种交易模式，即是分散授信模式。分散授信，指的是对投资者的融资融券，由大量分散的金融机构办理，不存在专业化的证券金融公司，当证券公司自有资金不足时，可向银行等金融机构拆借；当其自有证券不足时，可向其他投资者借入。分散授信模式的典型代表为美国。

---

① Endo and Rhee. 2006. Margin purchases and short sales in emerging markets: their rationales and design variables.

② 见中国证券业协会编制的《融资融券业务知识手册》。

我国的融资融券交易，采用单轨制集中授信方式。在对我国融资融券实施效果进行深入探讨之前，我们先对国际上主要资本市场的融资融券制度进行简要的介绍，下文依次分析美国、日本、我国台湾地区融资融券交易的运作模式。

一、美国市场融资融券交易模式

19世纪，融资融券交易开始在美国出现，并且得到快速的发展。美国完全市场化的分散授信模式，是以其高度发达的资本市场为基础的。融资融券交易时，投资者直接向证券公司申请资金或者证券的借入。当证券公司的自有资金或者自有证券不足时，证券公司再通过资本市场进行资金或证券的融通。这种模式的具体运作见图2-1[①]。

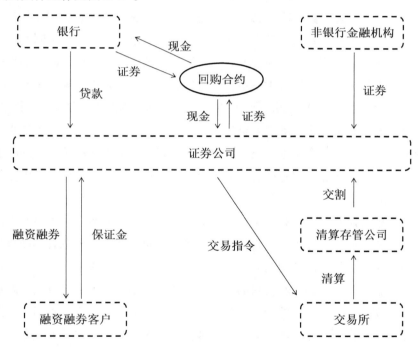

图2-1 美国融资融券交易模式

美国融资融券交易制度的主要特点是：（1）市场化程度高。高度市场化是美国融资融券交易机制的最大特点，融资融券交易活动完全由市场参与者自发

---

① 资料来源于深圳证券交易所综合研究所2004年的研究报告《我国开展证券融资融券交易问题研究》。

完成，有赖于完善的交易机制。（2）交易主体广泛。在美国，证券公司、银行、企业财务公司、基金、保险公司等，均可参与融资融券交易，几乎没有限定。持有证券者，可参与融券；拥有资金者，可参与融资。证券公司之间，可以相互融资融券。普通投资者，委托证券公司参与融资融券。（3）融券来源丰富。从图 2-1 可以看出，美国的融资融券交易过程，交易指令需委托给专门的证券公司，除此之外，市场几乎是全面开放的，融券渠道极为丰富，参与主体很少受到限制。众多的投资公司、保险基金等证券长期持有者，保障了美国的融资融券业务具有丰富的券源。

二、日本市场融资融券交易模式

日本的融资融券交易始于 1951 年。成立专业化的证券金融公司，是日本融资融券交易的最显著特点。具有垄断性质的证券金融公司，严格控制着证券和资金的倍增效应。当投资者向证券公司申请证券或者资金的借入时，如果证券公司的自有证券（自有资金）不足，可以向证券金融公司申请证券（资金）的融通。这个过程与美国的分散授信模式不同，根据日本的单轨制集中授信模式，证券公司不能直接从银行等金融机构借入证券或者资金。投资者也不能直接向证券金融公司申请融资融券，只能通过证券公司。而证券金融公司的证券或者资金的筹集，主要通过银行或者短期资金市场等途径。日本单轨制集中授信模式的具体运作见图 2-2[①]。

日本单轨制集中授信模式的特点表现为：（1）证券金融公司的垄断性。证券公司的资金或者证券，不能直接从银行等金融机构获得；投资者不能绕过证券公司直接向证券金融公司借入资金或者证券。在整个融资融券交易模式运作中，证券金融公司起到核心枢纽的作用。单轨制集中授信模式，有利于融资融券交易规模和交易风险的控制。（2）证券金融公司业务专一性。不同于美国的融资融券交易模式，在日本，居于主导地位的不再是证券公司，而是专一的证券金融公司。证券金融公司通过从银行、保险公司、货币市场等融借资金和证券来维持运作。

---

① 资料来源于深圳证券交易所综合研究所 2004 年的研究报告《我国开展证券融资融券交易问题研究》。

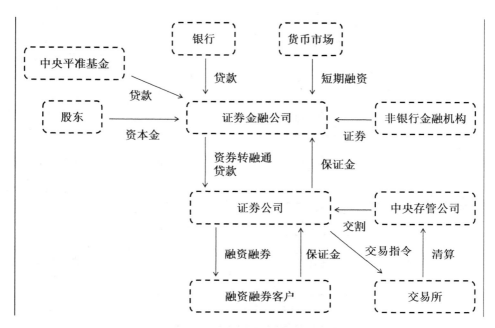

图 2-2　日本融资融券交易模式

三、我国台湾地区融资融券交易模式

我国台湾地区的融资融券交易开始于 1962 年，其双轨制集中授信模式，是在单轨制集中授信模式的基础上发展而来。同样存在证券金融公司，若证券公司的自有资金或证券不足，无法满足投资者的融资融券交易申请时，证券公司可以向证券金融公司申请转融通。但是证券金融公司，在对证券公司融资融券之外，也可对投资者提供融资融券服务。双轨制集中授信模式，改进了单轨制的相对低效率，它是对原有层级分明的封闭模式的突破。台湾的融资融券模式具体运作见图 2-3[①]。

---

① 资料来源于深圳证券交易所综合研究所的研究报告（2004 年）《我国开展证券融资融券交易问题研究》。

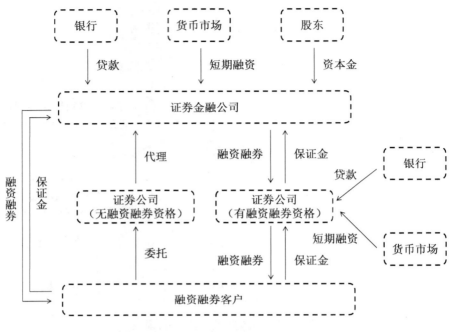

图 2-3　我国台湾地区融资融券交易模式

　　我国台湾地区融资融券交易制度具有以下几个特点：第一，证券金融公司垄断竞争。不同于日本的证券金融公司处于垄断地位，我国台湾地区有多家证券金融公司，证券金融公司之间是垄断竞争，对证券金融公司效率的提高有促进作用。第二，证券金融公司为投资者提高融资融券的服务，这是单轨制、双轨制的最大区别。融资融券投资者可以选择从证券公司获得资金或者证券，也可向证券金融公司申请融资融券，这种制度使得证券公司与证券金融公司的融资融券服务，处于相互竞争、持续改进的状态。

四、本节小结

　　在这一节，我们以美国、日本以及我国台湾地区的资本市场为代表，简要介绍了这些国家和地区的融资融券交易模式及其特点。每个资本市场在融资融券交易的发展过程中，都根据自身金融环境的特点，采用适合各自市场实际情况的融资融券交易模式。其中，日本采用的是单轨制模式，而我国台湾地区采用的是双轨制集中授信模式，但美国采用的是分散授信模式。相对于集中授信模式，分散授信模式的优势在于市场化程度高、券源丰富、操作灵活、效率高，但是对融资融券各参与主体的风险控制能力要求较高，监管难度较大。集中授信模式的好处，在于方便控制融资融券交易规模和风险，但是会损失一定的效率，操作较为复杂。

我国作为新兴市场国家，资本市场发展历史较短，信用体系仍不够健全。采用单轨制集中授信模式，通过成立证券金融公司对融资融券规模和风险进行有效控制，是我国融资融券交易模式的合理选择。

第三节　我国融资融券发展历程

我国股票市场起步较晚，自 1990 年和 1991 年沪深证券交易所正式开业，经历了短短三十几年的发展，市场规模不断扩大，市场机制日臻完善。然而，卖空交易在我国不被允许。学术界和实务界普遍认为，卖空机制的缺失是造成市场同涨共跌、暴涨暴跌现象的原因之一。2010 年 3 月 31 日，备受关注的融资融券交易试点正式启动，不再"只能做多不能做空"，中国股市告别了"单边市"时代。

我国的融资融券业务发展至今，主要经历了以下四个阶段：

第一阶段：前期准备阶段。2005 年 10 月，新修订的《中华人民共和国证券法》加入了融资融券条款，为融资融券业务的展开奠定了法律基础。2006 年6 月，中国证监会发布《证券公司融资融券试点管理办法》。同年 8 月，沪深证券交易所发布《融资融券交易试点实施细则》。随后，《融资融券试点登记结算业务实施细则》《融资融券合同必备条款》和《融资融券交易风险揭示书必备条款》相继发布，规范了融资融券合同签订双方的法律关系。

第二阶段：联网测试阶段。2008 年 4 月 8 日，证监会就《证券公司风险控制指标管理办法》《关于进一步规范证券营业网点若干问题的通知》（征求意见稿）、《证券公司分公司监管规定（试行）》三项文件公开征求意见。4 月 25 日，国务院出台《证券公司监督管理条例》和《证券公司风险处置条例》，融资融券交易的制度框架逐步确立。同年 10 月和 11 月，中国证监会、沪深证券交易所及中国证券登记结算公司两次组织 11 家证券公司参与联网测试，融资融券的推出取得实质性进展。

第三阶段：试点启动阶段。2010 年 1 月 8 日，国务院原则同意开展证券公司融资融券业务试点。随即，中国证监会表示，将按照"试点先行、逐步推开"

的原则，择优选择证券公司进行首批试点。2010 年 3 月 19 日，首批 6 家试点证券公司名单，出现在中国证监会网站。同年 3 月底，中国证监会公布融资融券交易试点启动，标的证券共 90 只，由深成指数成分股和上证 50 指数组成。至此，中国的融资融券交易进入市场操作阶段。

第四阶段：转入常规阶段。2011 年 10 月 26 日，中国证监会发布《转融通业务监督管理试行办法》。10 月 28 日，中国证券金融股份有限公司成立。11 月 25 日，沪深证券交易所修订发布《融资融券交易实施细则》，融资融券业务由试点转入常规。2012 年 8 月 30 日，转融通业务试点启动，先行办理转融资业务。2013 年 2 月 28 日，转融券业务试点正式推出，此时 500 只融资融券标的股票中的 90 只股票成为首批转融券标的。截至 2021 年底，融资融券标的证券在经历六次扩容之后实现了从最开始的 90 只到超过 2400 只，融资融券的股票数量以及市值已经占到 A 股市场的半壁江山。

我国融资融券业务主要的相关法律法规、管理办法和通知公告详见附录。

第四节　我国融资融券发展现状

我国的融资融券交易试点自 2010 年 3 月 31 日正式启动，经历了十余年的发展，融资融券业务持续增长，市场影响力持续增强，表现出广阔的发展前景。本节依次从标的证券、投资者、交易、证券公司四个角度，对融资融券的发展现状做简单的描述。

首先，标的证券数量逐步扩大。2010 年 3 月 31 日，备受关注的融资融券交易试点正式启动，中国股市告别了"单边市"时代。2011 年 11 月，沪深证券交易所修订发布《融资融券交易实施细则》，融资融券业务由试点转入常规。在此后的发展中，经历过大大小小十几次标的证券的调整，标的证券的数量从一开始的 90 家上市公司增长到超过 2400 家上市公司（截至 2021 年 12 月 31 日，见图 2–4）。至此，我国有一半的上市公司进入了融资融券标的证券名单。可见，我国融资融券标的逐步扩大，占上市公司的比重越来越高，融资融券业务越来越普及。

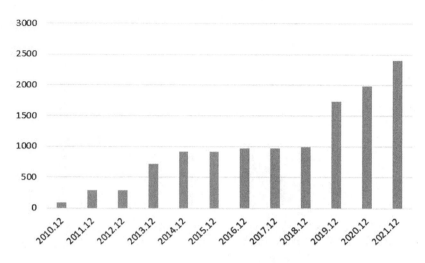

图 2-4 融资融券标的证券数量（只）

其次，投资者数量大幅增加。图 2-5 描述了自 2010 年 3 月我国融资融券业务开展以来，投资者开立信用证券账户的情况。2010 年底，投资者参与数不足5 万，到 2013 年年底，融资融券投资者开户数量超过 250 万。在 2013 年 3 月之前，根据证监会的窗口指导意见，融资融券投资者的资质条件为：证券资产不低于 50 万元，开户时间不少于 18 个月。2013 年 3 月 25 日，证监会下发通知，取消融资融券业务客户资产门槛和 18 个月开户时间的限制，只需要开户 6个月以上即可开通融资融券账户，让更多符合条件的投资者可以参与其中。到2021 年年底，投资者的开户数量已经突破 1200 万。可见，融资融券业务推出以来，投资者的数量大幅增长，融资融券业务越来越受到投资者的关注。

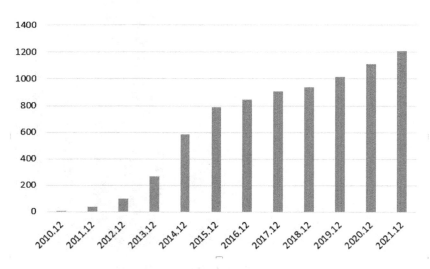

图 2-5　融资融券账户数（万户）

再次，我国的融资融券交易规模迅速增长。图 2-6 描绘了 2010 年至 2021 年融资融券交易规模的变化趋势。2010 年年末，融资融券余额仅 128 亿元，到 2021 年底，融资融券余额已达到 18321 亿元。2012 年 8 月 30 日，转融通业务试点启动，先行办理转融资业务。2013 年 2 月 28 日，转融券业务试点正式推出。转融通业务拓宽了证券公司的融资渠道，促进了交易的活跃程度。可见，融资融券交易整体规模呈现出持续的快速增长。

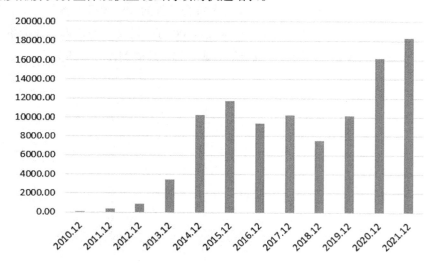

图 2-6　融资融券余额（亿元）

最后，开展融资融券业务的证券公司稳步增加。2010年3月融资融券业务试点启动，首批具有融资融券业务资格的证券公司只有6家，到2010年年底已经有25家证券公司获得融资融券业务资格，有1223家营业部；在接下来的几年中，证券公司和营业部数量逐步扩大，到2021年年底，有93家证券公司具备融资融券业务资格，营业部数量已经达到11582家，保障了融资融券业务的顺利展开。图2-7描绘了2010年至2021年开展融资融券业务的证券公司营业部数量。

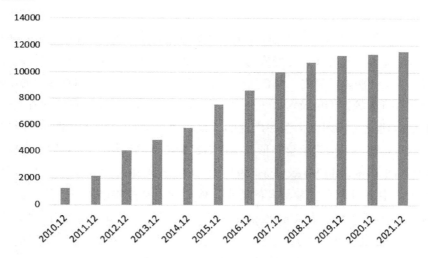

图 2-7 证券公司营业部数量

因此，自我国融资融券业务推出以来，标的证券数量逐步扩大，投资者数量大幅增加，融资融券的交易额迅速增长，开展融资融券业务的证券公司稳步增加，融资融券业务进入有序增长的阶段，呈现出广阔的发展前景。

第三章　文献回顾与理论分析

融资融券在中国才刚刚起步，而在西方发达市场，卖空机制经过多年的发展，日趋完善和多样化，已经成为交易制度的一个重要组成部分。学者们对其进行了一系列深入的研究，现有的讨论主要包括三个方面，对市场效率的影响、对卖空者行为的讨论以及对公司行为的作用。关于市场效率，尽管学者们进行了大量的研究，长期以来存在广泛的争议。现有文献主要分析卖空机制如何影响信息传递，如何影响价格形成，进而影响市场的流动性和波动性（Miller，1977[6]；Diamond and Verrecchia，1987[7]；Hong and Stein，2003[8]）。关于卖空者行为，主要讨论卖空参与者的特点，他们的卖空策略，如何选择目标公司（Dechow et al.，2001[9]；Christophe et al.，2004[10]；Christophe et al.，2010[11]；Hirshleifer et al.，2011[12]）。关于公司行为，则把公司中最重要的"人"的因素考虑其中，强调了卖空机制带来的动机变化和行为调整，探讨卖空机制如何影响股东、管理层以及其他利益相关者的决策（Fang et al.，2016[13]；Massa et al.，2015[14]）。

第一节　卖空机制与市场效率

卖空机制是否会影响市场效率，如何影响市场效率，现有文献主要从股票定价、价格发现、市场波动性以及市场流动性几个方面进行讨论。

一、股票定价

股票定价理论是资本市场最重要的理论之一，股票价格能否真实反映公司价值，决定了市场资源能否得到优化配置。同一般商品，股票价格也是由供给和需求决定的，但作为一项金融资产，股票价格的变动具有更大的不确定性。

市场不同的卖空约束程度，是否影响以及如何影响公司股票的价格，很早就受到国外学者的关注。

卖空交易对股票定价的影响，学者们主要有两种观点。一种观点是，由于卖空约束阻碍了公司负面私有信息融入股票价格，此时股票价格偏离其内在价值，股票价格会被高估。理论上，Miller (1977)[6] 认为，当市场不允许卖空或卖空成本很高时，悲观的投资者由于无法通过做空股票获利而被排除在交易之外，此时，负面消息的传播受到抑制，股票价格只能反映正面的消息，在这种情况下，股票价格会被高估。实证上，Boehme et al. (2006)[43] 利用 2001 年至 2002 年的数据，检验了 Miller (1977)[6] 的观点。结果表明，当投资者存在异质信念，同时市场存在卖空约束时，公司的股票价格显著被高估。Boehme et al. (2006)[43] 强调了投资者的异质信念和卖空约束这两个条件必须同时满足，支持 Miller (1977)[6] 的结论。

也有学者通过检验卖空与股票回报率之间的关系，间接分析卖空对股票定价的影响。Diamond and Verrecchia (1987)[7] 指出，由于卖空交易具有诸多限制，高交易成本使得卖空活动的参与者绝大部分为知情交易者，卖空数量越多，传递的公司负面私有信息越明显，因而卖空水平对股票回报率的影响是负面的。Jones and Lamont (2002)[44] 利用 1926 年至 1933 年纽约证券交易所的卖空成本数据，发现卖空成本高的公司，后续股票收益率更低，说明卖空约束使得股票价格被高估。Desai et al. (2002)[15] 检验了美国纳斯达克证券市场上市公司被卖空水平与股票回报率之间的关系。利用 1988 年至 1994 年间的数据，他们发现，卖空水平越高，股票回报率越低；做空数量最多的那批公司，股价甚至经历了 –0.76% 至 –1.13% 的月度回报率。因而，高的卖空水平可以作为股价下跌的一种信号。Cohen et al. (2007)[16] 利用一家券商提供的融券费率的数据，将卖空的供给和需求区分开来。研究发现，卖空需求是未来股价走势的重要预测指标，卖空需求的增加将导致负向的超常回报率。表明卖空市场是公司私有信息披露的重要机制。Chang et al. (2007)[19] 利用香港市场的数据，分析公司加入标的证券名单后的价格走势。在香港股票市场，并非所有股票都可以被卖空，只有指定的部分标的股票才可以卖空。研究发现，成为标的证券后，公司出现了显著的负向累计超常回报率，而且这种现象在投资者之间存在较大意见分歧时更明显，表明卖空约束的存在导致股票价格被高估。Grullon et al. (2015)[45] 利用 2004 年美国一项取消卖空限制的政策，检验了卖空约束和股票价格之间是否具有因果关系，这项政策带来卖空成本的降低和卖空交易的增加。实证结果表明，卖空约束的降低导致公司股票价格的下跌。因此，这些研究发现，卖空通常带来股票价格的下跌，可以从另一个方面说明卖空前股票价格被高估了。

卖空交易影响股票定价的另外一种观点是，卖空约束并不会导致股票价格被高估。Diamond and Verrecchia (1987)[7]建立了一个理性预期模型，分析指出，卖空约束会阻碍公司私有信息的传播，尤其是负面信息，但是理性投资者已经考虑到卖空限制的存在，股票价格已经相应进行了调整，因而股票价格是无偏的，并不会被高估。Battalio and Schultz (2006)[46]对互联网泡沫事件进行检验。1999 年至 2000 年美国纳斯达克市场的互联网上市公司股价飞速上涨，对这一现象的解释之一是，卖空约束的存在使得投资者不能做空这类公司，股价无法回归到正常水平，导致了互联网泡沫。Battalio and Schultz (2006)[46]的实证结果没有发现卖空约束导致互联网上市公司股价出现泡沫，卖空约束并不会对互联网公司的股票价格产生影响。Kaplan et al. (2013)[47]设计一组实验，随机增加可供借出的股票数量，从而随机降低部分公司的卖空成本。实验结果表明，卖空成本的降低会带来卖空数量的增加，但是对股票的价格、收益率、波动性等并没有显著的改变，说明卖空对市场定价效率没有显著的影响。

可见，关于卖空如何影响股票定价，有些研究发现卖空约束降低了股票价格对负面消息的调整速度，导致私有信息不能及时融入股票价格中，此时股价被高估，股票未来回报率很低；有些学者却认为卖空限制不会对股票价格带来影响，目前并没有一致的观点。

二、价格发现

诺贝尔经济学奖获得者 Merton Miller 曾经说过，"期货市场的魅力在于让你真正了解价格"。价格发现是期货市场的一项重要功能，卖空是股票期货市场的一种操作方式，因而卖空交易会影响市场的价格发现功能。Schroeder 等在其研究报告中指出，价格发现机制是指，在给定的时间和地点，买方和卖方对一定数量和质量的商品达成交易价格的过程①。市场结构、市场行为、市场信息和风险管理，以上为价格发现机制涉及的几个相关因素。价格发现并不等同于价格决定，后者是由供求关系决定价格水平，而价格发现机制具有预期性，能够

---

① 见 1997 年 Schroeder, T. C., C. E. Ward, J. Mintert, and D. S. Peel 的研究报告：Beef industry price discovery: a look ahead。

对未来的供求关系和价格变化趋势进行预测，使得期货比现货价格更能发挥资源配置的作用。

现有文献关于卖空的价格发现作用的讨论，普遍认为卖空有助于市场价格发现，卖空约束会阻碍市场价格发现机制的发挥。Diamond and Verrecchia (1987)[7] 通过理性预期模型，分析指出，卖空约束会阻碍拥有公司负面私有信息的投资者参与交易，使得股票价格不能及时反映公司的负面信息，削弱了价格发现功能。Bris et al. (2007)[48] 利用 46 个证券市场的数据，检验限制卖空举措如何影响市场效率。实证结果表明在允许卖空的市场上，股票价格能更快地反映负面消息，价格发现功能得到更好的发挥。表明限制卖空阻碍了价格发现。Saffi and Sigurdsson (2011)[49] 利用 2005 年至 2008 年来自 26 个国家的数据，检验卖空限制对市场效率的影响，实证结果表明，卖空越受限制，市场定价效率越低，价格发现功能越不能发挥。Boehmer and Wu (2013)[50] 利用 2005 年至 2007 年纽约证券市场的数据，研究发现，卖空交易能够加速公开信息融入股票价格，卖空交易越活跃，股票价格越准确，表明卖空有助于价格发现。

但是，有的学者却认为，对卖空加以限制反而可以提高股价的信息含量。Goldstein and Guembel (2008)[51] 通过构建模型，分析价格在二级市场的重要作用：实现资源的有效分配。但是由于存在"反馈效应"，不知情的投资者倾向于卖掉股票，使得股票价格的信息含量降低，削弱资源分配功能。投机者却通过操纵股价获利，因而对卖空进行约束是有必要的，可以防止投机者扰乱市场秩序，影响资源配置的正常发挥。Kolasinksi et al. (2013)[52] 利用美国 2008 年一项限制卖空的政策，首次对 Diamond and Verrecchia (1987)[7] 关于"限制卖空能提高卖空交易信息含量"的观点进行检验。2008 年这项政策大大提高了卖空交易的门槛，可以预期这将使得卖空交易中知情投资者的比例明显提高。与此相符，作者发现这项政策的实施，使得当公司被大量卖空时，股价的下跌程度更加严重，表明卖空约束能赶走不知情的卖空者，提高卖空的信息含量，使股价更好地反映负面消息，支持 Diamond and Verrecchia (1987)[7] 的预测。

因而，卖空是否能完善市场的价格发现功能，仍然存在着争议。大部分学者认为，卖空能够促进市场价格发现机制的发挥，提高市场资源配置效率；但也有研究指出，限制卖空反而可以提高股价的信息含量，有利于市场的价格发现功能。

三、市场波动性

股票市场的波动性，是指由于市场上的不确定因素导致的股票价格变动的不确定性或者股票收益的不确定性，是市场风险的一种表现。若市场波动性过大，会影响股票价格在资源配置中正常发挥作用。若市场的波动性为零，投资交易将变得无利可图，同样不利于市场的正常发展。因此，当市场的波动性超出了一定的合理范围，宏观层面的市场资源配置和微观层面的投资者交易活动都会受到影响。

卖空交易作为一种创新金融工具，本身的交易风险高于普通的证券交易。卖空交易会带来市场信息量的增加，这种信息量的增加可能降低市场的不确定因素，也可能造成不确定性的提高。部分学者认为，允许卖空可以降低市场波动性，提高市场的稳定性。Hong and Stein (2003)[8]对股价暴跌概括为三个基本特征：（1）股票价格无征兆地出现剧烈的非正常波动，市场上并无相应的明显的消息发布；（2）这种波动是负面的、向下的价格变动；（3）是一种市场现象，股价急剧下跌不仅仅发生在单一的股票上，而是蔓延到整个市场，具有传递性。Hong and Stein (2003)[8]通过建立投资者异质信念模型，指出卖空限制的存在使得部分投资者对公司的负面消息不能反映在股票价格中，这些负面信息持续累积，直到市场股价开始下跌，此时大量累计的负面消息在短时间内释放出来，加剧了市场的下跌，最终导致股价的崩盘。因而卖空约束是股价暴跌的原因之一，允许卖空将会起到稳定市场的作用，降低股价暴跌的概率。

有些研究却表明，允许卖空不能起到稳定市场的作用，相反的，卖空会导致市场波动性增大。Allen and Gale (1991)[17]建立了一个不完全市场的一般均衡模型，分析得出，当卖空被禁止时，公司完全竞争，此时市场均衡是有效的；但是当市场允许卖空时，均衡被破坏了，市场将变得不稳定。Bernardo and Welch (2004)[18]通过构建模型分析得出，金融危机的产生源于对未来流动性冲击的担忧，而非当时流动性冲击本身所造成，而允许市场上部分投资者利用私有信息优势抢先进行交易会加剧这种担忧，因此，从这个角度，限制卖空交易可以有效地防止金融危机的出现，支持了 Allen and Gale (1991)[17]认为卖空会导致市场不稳定的观点。Chang et al. (2007)[19]利用香港市场的数据，发现公司加入标的证券名单后，股价的波动性更大了，并不支持卖空能够起稳定市场作用的观点。

还有部分学者认为，市场波动性不受卖空交易的影响。Saffi and Sigurdsson

(2011)[49]利用 2005 年至 2008 年来自 26 个国家的数据，检验卖空限制对股票市场的影响。实证结果表明，放宽卖空约束并不会带来股价波动的加大或是回报率负向极端值的增加。

因此，关于市场波动性的讨论，目前得出的结论为，卖空可能提高市场稳定性，也可能提高市场波动性，甚至市场波动性不受卖空交易的影响。同样，这方面的研究没有达成一致的结论。

四、市场流动性

市场流动性，是指在保持价格基本稳定的情况下，市场上买卖双方交换商品完成交易的难易程度。投资者若能以较低的交易成本按照现行价格快速完成交易，说明市场具有较高的流动性（Amihud and Mendelson，1991）[53]。证券市场的流动性，既包括金融资产转换成现金的能力，也包括现金转换成金融资产的能力。市场流动性是衡量市场状态是否良好、市场交易是否活跃的重要指标。卖空交易，为投资者提供了一种新的获利方式，即通过股价下跌获利。这种新的交易形式能在多大程度上吸引投资者，能否带来市场流动性的提高，则是这方面研究的重点。

目前学者们的主要观点是，卖空交易能够提高市场流动性，相反的，卖空约束会导致市场流动性降低。为了应对 2007 年至 2009 年的金融危机，很多国家采取对卖空交易加以限制。Beber and Pagano (2013)[54]利用 2008 年至 2009 年30 个国家的数据，检验了限制卖空的政策干预的经济后果，实证结果表明卖空约束损害了市场流动性，并且阻碍了价格发现。在 2008 年 9 月，美国证监会暂停了近 1000 只金融类证券的卖空交易活动，Boehmer et al. (2013)[55]检验其对市场效率的影响，实证结果发现，被限制卖空的股票流动性显著降低了。可见，卖空对于提高市场流动性的作用，还是得到了学者们的普遍认可。

第二节　卖空机制与卖空投资者行为

卖空参与者较一般的投资者，往往更加消息灵通，他们擅于利用信息优势，挖掘、分析各种公开信息和私有信息，预测公司未来股价走势，识别出价格被高估的股票。Dechow et al. (2001)[9]指出，卖空者关注股票的基本面信息，例如账面市价比、盈余市价比等。当这些财务比例较低时，公司未来的股票回报率往往较低。卖空者在进行投资决策时，会利用财务比例的信息，识别出未来回报率低的股票。Christophe et al. (2004)[110] 研究了 913 家纳斯达克上市公司在年报公告前五日的卖空交易情况。结果发现年报公告前存在知情卖空交易行为，异常卖空量与公告日后股票回报率显著相关。表明卖空者善于捕捉信息，能够在年报公告前挖掘到公司特定的私有信息。Christophe et al. (2010)[111] 以 2000 年至 2001 年纳斯达克市场上 670 家公司为样本，检验了这些公司的分析师评价下降公告前三天的卖空交易情况。研究发现，在分析师评级下调公告前，存在着异常卖空量，异常卖空水平与评级下调公告后的市场反应显著相关。这些结果表明，卖空者具有信息优势，能够提前得到分析师评级下降的消息，卖空者是知情交易者。

在所有信息中，公司的财务信息是卖空投资者关注的重点，若公司的财务数据出现问题，股价势必受到影响。Desai et al. (2006)[37] 分析卖空者在财务报表重述事件前后的交易行为。由于财务报表重述会导致公司股票价格的下跌，研究发现卖空者在公司财务报告重述公告前几个月就开始做空，并且做空量与重述前公司的会计应计水平显著正相关，而被大量卖空的公司后续的业绩更差，退市的可能性也更高。这些结果表明，卖空者关注盈余质量，财务重述、应计水平是卖空者判断的重点。Karpoff and Lou (2010)[56] 检验卖空者能否识别公司的财务造假行为，实证结果发现，异常卖空水平在财务造假曝光前十九个月开始稳定上升，尤其是那些财务错报比较严重的公司，这种现象更明显。这些结果表明卖空者可以预见财务造假行为最终会被曝光，并且知道财务错报的严重程度，卖空者的行为有助于财务造假行为的揭发，纠正股票价格对内在价值的偏离，具有正的外部效应。

除了财务重述、会计舞弊等极端事件，会计信息质量作为公司未来业绩的预测指标，也成为卖空者考虑的重点。已有研究发现，卖空者能够利用盈余公告后价格漂移（PEAD）和应计异象（accrual anomaly）这两个特征，通过公司的应计质量来识别目标公司。盈余公告后价格漂移（PEAD）是由 Ball and Brown (1968)[57] 提出来的，是指公司在盈余公告后，公司股票的超常收益仍具有惯性，其股票价格按照未预期盈余的方向，继续向上或向下漂移的市场异象。应计异象（accrual anomaly）是由 Sloan (1996)[58] 提出的，将会计盈余分为应计项目和现金项目，其发现应计项目的持续性低于现金项目的持续性，若买入应计水平低的公司、卖出应计水平高的公司，这样的投资组合可以获得超常回报。

可见，卖空交易对纠正应计项目的定价起到重要的作用。Hirshleifer et al. (2011)[12] 利用 1988 年至 2009 年美国上市公司的数据，发现卖空水平和应计水平显著正相关，表明会计应计水平是卖空者识别目标公司的重要指标。

第三节　卖空机制与公司行为

卖空交易除了影响市场效率，还会对公司直接造成影响，这种影响不仅限于股票价格，对公司实际经营活动也有深刻的改变。关于卖空机制如何对公司行为产生影响，学者们主要关注卖空机制如何影响企业投资决策、融资决策、并购决策、盈余管理、内部控制等（Gilchrist et al., 2005[59]；Khanna and Mathews, 2012[60]；Fang et al., 2016[13]；Grullon et al., 2015[45]；Massa et al., 2015[14]；Chen et al., 2019[61]）。

卖空机制的治理效应，源于卖空交易对上市公司带来的震慑作用，具体表现为，卖空交易会导致公司股价下跌（Diamond and Verrecchia, 1987[7]；Desai et al., 2002[15]；Cohen et al., 2007[16]），甚至是股价暴跌（Allen and Gale, 1991[17]；Bernardo and Welch, 2004[18]；Chang et al., 2007[19]），进而导致上市公司退市风险的提高（Desai et al., 2002[15]）。

基于卖空机制的震慑作用，上市公司做出一系列应对措施，以降低其股票被卖空的风险。Lamont (2004)[62] 通过查找报纸、杂志、新闻发布会等公开媒体资料，对 1977 年至 2002 年发生的 327 起公司与卖空投资者之间的"斗争"事件进行分析，发现公司管理层或大股东会设法采取各种措施阻止公司的股票被卖空，这些方式包括调查、诉讼以及各种技术手段，试图增加卖空的限制。Khanna and Mathews (2012)[60] 通过构建模型讨论大股东在与卖空投资者博弈过程中存在的矛盾动机，一方面，卖空会使股价下跌而损害公司价值，知情的大股东有动机高价买入股票保护公司价值；另一方面，大股东也有可能利用这一内幕获得私利。他们分析得出，投机者可以利用大股东的这种矛盾心理，迫使大股东买入大量的公司股票以防止公司价值减损。

除了事后应对卖空交易，公司管理层或者大股东也可以事先积极改进公司治理效率，降低公司被卖空的可能。Massa et al. (2015)[14] 利用 2002 年至 2009 年来自 33 个国家的数据，检验卖空与公司利润操纵之间的关系，发现潜在卖空量与公司应计水平成负相关关系，表明卖空具有外部治理作用，能够约束管理层的行为。Fang et al. (2016)[13] 以美国证券交易委员会在 2005 年至 2007 年推出的一项降低卖空成本的试点事件为背景，研究该事件对公司的盈余管理行为的影响，实证结果表明，公司的应计盈余管理随着卖空成本的降低而减少，在试点结束后，公司的盈余管理又回复到原来的水平。与此同时，卖空机制还会对企业的实际经营决策产生影响，比如企业的创新活动、融资决策、并购决策等（Grullon et al., 2015[45]；Chang et al., 2019[63]）。

近年来，随着我国融资融券交易试点正式启动，我国学者也对卖空机制的治理效应进行了一系列的研究。陈晖丽和刘峰（2014a[64]；2014b[65]）从上市公司会计信息的角度进行了探讨，实证结果表明，卖空机制的震慑作用可以抑制上市公司的盈余管理行为，提高会计稳健性水平。李春涛等 (2017)[66] 从上市公司信息披露的角度进行讨论，发现引入卖空机制显著提高了标的公司的信息披露质量。陈胜蓝和马慧（2017）[67] 从公司并购的角度进行分析，结果表明卖空机制的引入能够改善公司并购活动所产生的短期并购绩效和长期并购绩效。顾乃康和周艳利（2017）[68] 从公司融资决策的角度展开讨论，研究发现与不允许卖空的企业相比，允许卖空的企业其新增的外部权益融资、债务融资以及外部融资总额均显著减少了。权小锋和尹洪英（2017）[69] 则从企业创新行为的角度进行研究，结果表明卖空机制并没有显著影响公司的创新投入，却显著提升了公司的创新产出，表明卖空机制能够显著提升公司的创新效率。Chen et al. (2019)[61] 从企业内部控制的角度进行分析，研究结果表明，卖空机制能够促进上市公司提高内部控制水平，而且这种作用会随着股权性质、审计师的不同而有所差异。

可见，在我国"新兴加转轨"资本市场上，卖空机制具有一定的治理效应。尽管我国卖空机制的引入时间不长且实际的卖空交易量也较小，但卖空机制作为一种来自外部的治理机制确实发挥着事前的威慑作用。

第四节 卖空机制与审计师行为

现有文献中，Cassell et al. (2011)[70]、Blau et al. (2013)[71] 和 Hope et al. (2017)[72] 涉及卖空与审计之间的关系。其中，Blau et al. (2013)[71] 以美国上市公司的审计师更换为样本，以此分析卖空投资者面对上市公司变更审计师事件过程中的投资策略。研究发现，卖空投资者能够区分上市公司变更审计师的不同原因，识别出"好消息"和"坏消息",并从卖空交易中获利。Cassell et al. (2011) [70] 利用 2000 年至 2008 年美国市场上市公司的卖空比例(short interest)数据,检验上市公司卖空比例与审计收费之间的关系。结果表明,卖空比例越高,审计收费越高,卖空比例可以作为审计风险的一种信号。Hope et al. (2017) [72] 借美国证券交易委员会在 2005 年至 2007 年推出的一项降低卖空成本的试点事件,分析卖空威胁(short selling threats)对审计收费的影响。实证结果发现,卖空威胁的存在,会使得审计师提高审计收费,以应对潜在的诉讼风险。这三篇文献中,Blau et al. (2013) [71] 关注的是卖空投资者的行为,Cassell et al. (2011) [70] 和 Hope et al. (2017) [72] 都关注卖空与审计收费,但 Cassell et al. (2011) [70] 采用的是实际卖空比例数据,把卖空比例当作审计风险的一种信号,而 Hope et al. (2017) [72] 不以实际卖空比例为数据,分析的是卖空威胁对诉讼风险和审计收费的影响。

第五节 文献述评

卖空机制对市场效率的影响,现有文献主要分析卖空机制如何影响信息传递,如何影响价格形成,进而影响市场的流动性和波动性(Miller, 1977[6];Diamond and Verrecchia, 1987[7];Hong and Stein, 2003[8];Chang et al., 2007[19];Bris et al., 2007[48];Saffi and Sigurdsson, 2011[49];Kaplan et al., 2013[47];Boehmer and Wu, 2013[50];Beber and Pagano, 2013[54])。针对卖空投资者行为的研究,现有文献主要讨论卖空参与者的特点,他们的卖空策略,如何选择目标公司(Dechow et al., 2001[9];Christophe et al., 2004[10];Christophe et al., 2010[11];Desai et al., 2006[37];Karpoff and Lou, 2010[56];Hirshleifer et al., 2011[12])。关于卖空机制如何对公司行为产生影响,学者们主要关注卖空机制如何影响企业投资决策、融资决策、并购决策、盈余管理、内部控制等(Lamont, 2004[62];Gilchrist et al., 2005[59];Khanna and Mathews, 2012[60];Fang et al., 2016[13];Grullon et al., 2015[45];Massa et al., 2015[14];Chen et al., 2019[61];Chang et al., 2019[63])。

国内外学者对卖空治理效应的研究主要关注公司会计信息、企业并购活动、公司融资决策、企业创新行为、企业内部控制水平等方面(Massa et al., 2015[14];Fang et al., 2016[13];Chang et al., 2019[63];陈晖丽和刘峰,2014a[64];陈晖丽和刘峰,2014b[65];李春涛等,2017[66];陈胜蓝和马慧,2017[67];顾乃康和周艳利, 2017[68]; 权小锋和尹洪英, 2017[69]; Chen et al., 2019[61])。这些研究的实证结果表明, 无论在西方成熟市场, 还是在我国的"新兴加转轨"市场, 卖空机制都具有一定的治理效应。尽管我国卖空机制的引入时间不长且实际的卖空交易量也较小, 但卖空机制作为一种来自外部的治理机制, 确实发挥着事前的威慑作用, 并通过弥补内部治理水平的不足而规制着企业的各种决策行为。

第四章　卖空机制的震慑作用：市场反应检验

第一节　卖空机制的震慑作用分析

上文中，我们对卖空机制的国内外文献进行了简要回顾，接下来，我们结合现有的研究发现，将卖空机制对公司行为的影响路径作一梳理。卖空机制会对公司行为产生影响，对公司产生约束作用，源于卖空交易对上市公司带来的震慑作用，主要表现为以下几个方面：

首先，卖空会影响上市公司的股票价格，带来公司股价的下跌。一方面，当市场不允许卖空或者卖空成本很高时，投资者无法通过做空股票获利，此时，负面消息的传播受到抑制，股票价格会被高估（Miller, 1977[6]；Boehme et al., 2006[43]）。当市场引入卖空机制时，被高估的股价会在一定程度上得到纠正。另一方面，卖空对公司股价的影响，还体现在卖空交易与股票回报率的关系上。卖空市场是公司私有信息披露的重要机制，卖空数量越多，传递的公司负面私有信息越明显，上市公司被卖空水平与未来的股票回报率显著负相关（Diamond and Verrecchia, 1987[7]；Desai et al., 2002[15]；Cohen et al., 2007[16]）。可见，高的卖空水平可以作为股价下跌的一种信号。而公司的股票价格，是公司价值的体现，与公司的经营活动、投资活动和融资活动紧密相关，也是影响管理层薪酬契约的重要因素。因此，卖空对上市公司股票价格带来的负面影响，会对公司及其管理层带来震慑作用。

其次，除了影响股价水平，卖空交易还会影响上市公司股票价格的波动性，导致公司股价暴跌可能性的增大。在理想状态下，市场有效性较高，卖空机制的出现使得公司的负面私有消息充分地及时地反映在股价中。负面消息的传播又促使公司管理层及时修补负面行为，公司立即得到完善。而股价暴跌发生的前提是负面消息的持续累积；在理想状态下，卖空促使负面私有消息立即释放，使得股价暴跌现象更不容易发生（Hong and Stein, 2003[8]）。然而，在非理想状态下，卖空机制不能完全发挥上述作用主要受到三方面的影响：第一，公司对负面行为的修补需要一个过程，公司不可能立即得到完善；第二，由于代理问题的存在（Jensen and Meckling, 1976[73]），并不是每个公司的管理层都会主动地、有意识地去约束自己的行为；第三，卖空交易对负面消息的挖掘并不充分，并不是所有的公司负面消息都能通过卖空交易得以曝光。因此，卖空的空间不会消失；甚至在某个阶段，卖空的空间反而会增加。此时，公司的负面消息持续累积成为可能，卖空交易的信号传导则可能成为"压垮骆驼的最后一根稻草"，成为股价暴跌的导火索。现有的文献普遍认为，卖空会导致股价暴跌可能性的增大（Allen and Gale, 1991[17]；Bernardo and Welch, 2004[18]；Chang et al., 2007[19]）。而这种现象在新兴市场中可能更为明显。2011 年的双汇"瘦肉精"事件和 2012 年的白酒"塑化剂"事件都造成相关上市公司股票价格急剧下跌。在 2011 年 3 月 15 日央视曝光"瘦肉精"事件当天，"双汇发展"作为首批 90只融资融券标的证券之一，就被融券卖空了，投资者纷纷抛售手中的股票。双汇集团董事长接受采访时表示，除了上市公司市值蒸发 103 亿元，双汇的品牌美誉度也受到了巨大的伤害，损失难以估量。在 2012 年 11 月 19 日，酒鬼酒被爆查出塑化剂含量超标 2.6 倍，酒鬼酒临时停牌，没有停牌的白酒类上市公司也遭受重挫，截至当天收盘，白酒板块跌幅居首。据相关估算，两市白酒股总市值共蒸发近 330 亿元，而当时的白酒类上市公司中有四家公司属于融资融券标的证券。可见，卖空机制的震慑作用，不仅体现在卖空事件导致的股价下跌，还表现在更加频繁的股价暴跌现象，这对上市公司而言将是不小的威胁。

再次，伴随着公司股价暴跌，卖空使得存在"瑕疵"的上市公司加速曝光，外界更多的质疑和更严的监管，可能带来上市公司退市风险的提高（Desai et al., 2002[15]）。从 2010 年下半年开始，赴美上市的中资概念股集体遭遇了香橼（Citron）、浑水（Muddy Waters）等机构的大规模做空。面对巨大的做空力量，中资概念股出现退市潮。在美国股市，仅 2011 年当年有 46 家中国概念股，被长期停牌和退市。其中，有接近三十家被勒令退市。从某种角度来说，机构的做空行为肃清了证券市场的虚假信息，震慑了上市公司的管理层，减弱了他们"做坏事"的动机；同时，也促使管理层加强公司治理，以降低股票被卖空的风险。

卖空机制对公司行为的影响路径见图 4–1 所示。

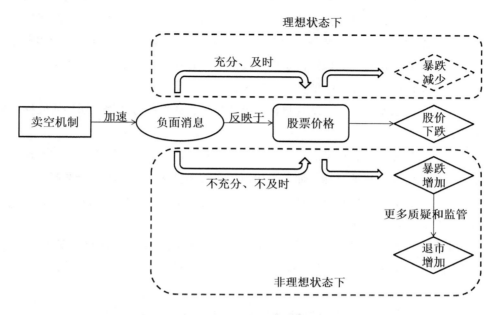

图 4-1　卖空机制的影响路径

综上分析，卖空交易通过影响公司的股票价格，影响公司股价的波动性，以及公司的退市风险，对上市公司起到震慑作用。基于此，在本书的第四章和第五章，我们分别检验了引入卖空机制的市场反应以及卖空机制对公司股价暴跌风险的影响，深入探讨卖空机制的震慑作用。而卖空机制对上市公司的治理效果，则在本书的第六章至第九章中加以讨论。

第二节　事件研究法的作用和方法

事件研究法，是指利用股票市场的数据，通过分析特定经济事件对股票价格和收益率的影响，检验股价对特定经济事件的反应程度。Dolley (1933) [74] 最早采用事件研究法进行分析。Ball and Brown (1968) [57] 对其开创性的运用使得事件研究法在 20 世纪 60 年代以后得到了长足的发展。事件研究法的应用范围很广，在公司财务领域，可用于研究合并收购、盈余公告、配股决策等的价格效应；在经济法律领域，可用于评价某项法规或者经济政策的实施效果。

事件研究法包含以下几个主要的步骤：

第一，明确所要研究的经济事件，对事件窗口进行定义。事件研究法涉及的窗口包括估计窗口和事件窗口。事件窗口是所要研究的该经济事件引起股票价格变动的时间区间，通常是包含事件日在内的一个时间区间。这里所指的事件日，是市场"接收"到该经济事件相关信息的时点，而非事件实际发生的时点。估计窗口则是用来计算股票正常收益率的时间区间。

第二，选取研究样本。结合数据的可获得性、样本的特征等，明确研究样本的选取标准。

第三，计算正常收益率。正常收益，是指假定该经济事件不发生时的预期收益。对正常收益率的预测，通常采用市场指数调整法，或者市场模型调整法进行计算。比如，在估计窗口利用市场模型进行特定参数的估计，进而计算出事件窗口的正常收益率。

第四，估计超常收益率。超常收益率即为实际收益率与正常收益率之差。计算出超常收益率之后，与事件窗口的超常收益率进行加总，得到累计超常收益率。

第五，结合研究目的，进行相关的实证分析并对实证结果进行解释。

在上文的分析中，我们指出，卖空机制能够通过影响公司股票价格，进而影响公司行为。因此，本章检验引入卖空机制的市场反应。我们主要采用事件研究法。融资融券标的确定事件，是投资者首次获知上市公司加入融资融券标的证券名单，该事件的市场反应，是投资者对上市公司在未来有可能被卖空所持态度的最直观的体现。市场上投资者能够对该事件作出反应，是该事件能够进一步影响公司行为的前提和征兆。因此，我们在本章分析融资融券标的确定和调整事件的市场反应，作为卖空机制对公司行为影响路径的检验。

第三节　假设提出

融资融券标的证券的确定对上市公司市场反应的影响，主要通过以下两个途径：

首先，在融资融券推出之前，公司的股票价格往往会被高估。当市场不允许卖空或卖空成本很高时，悲观的投资者由于无法通过做空股票获利而被排除在交易之外，公司负面信息融入股票价格的速度大大降低，此时股票价格只能反映正面的消息，股票价格偏离其内在价值，股票价格被高估（Miller，

1977）[6]。Boehme et al. (2006) [43] 利用 2001 年至 2002 年的数据，检验了 Miller (1977) [6] 的观点。结果表明，当投资者存在异质信念，同时市场存在卖空约束时，公司的股票价格显著被高估。可见，在融券业务推出之前，股价并不能反映真实的公司价值，被高估的股价将在融券交易展开时得到纠正。因此，融资融券会带来标的公司股价的下跌和股票回报率的降低。

其次，融资融券的推出，释放了市场对上市公司负面消息的需求。融资融券业务对我国证券市场带来的最重要的改变在于，开启了卖空交易时代。以往，投资者只能做多不能做空，股价上涨时才能获利。融券业务，为投资者提供了一种新的交易模式，使得投资者在股价下跌时获利成为可能。获利方式的改变，将带来投资者对上市公司信息需求的改变。在单边市的环境下，好消息占据了市场的需求，坏消息自觉或不自觉地受到抑制（刘峰，2001）[1]。融券业务让投资者有动机挖掘和传播上市公司的负面私有信息，上市公司的负面消息将被迅速地曝光，此时，卖空业务大大激发了市场对上市公司的监督作用。面对负面消息需求的转变，投资者或多或少会表现出对上市公司的"担忧"，这种对未来不确定因素增多带来的"担忧"，使得当上市公司加入融资融券标的名单时，市场出现消极的表现。

目前，已经有不少国外学者对卖空交易的市场反应进行了探讨。Diamond and Verrecchia (1987) [7] 通过理论分析指出，由于卖空交易具有诸多限制，高交易成本使得卖空活动的参与者绝大部分为知情交易者，卖空数量越多，传递的公司负面私有信息越明显，因而卖空水平对股票回报率的影响是负面的。在实证上，Desai et al. (2002) [15] 检验了美国纳斯达克证券市场上市公司被卖空水平与股票回报率之间的关系。利用 1988 年至 1994 年间的数据，他们发现，卖空水平越高，股票回报率越低；做空数量最多的那批公司，股价甚至经历了 –0.76% 至 –1.13% 的月度回报率。Cohen et al. (2007) [16] 利用一家券商提供的融券费率的数据，将卖空的供给和需求区分开来。研究发现，卖空需求是未来股价走势的重要预测指标，卖空需求的增加将导致负向的超常回报率。Chang et al. (2007) [19] 利用香港市场的数据，分析公司加入标的证券名单后的价格走势。研究发现，成为标的证券后，公司出现了显著的负向累计超常回报率。Grullon et al. (2015) [45] 利用 2004 年美国一项取消卖空限制的政策，检验了卖空约束和股票价格之间是否具有因果关系。实证结果表明，卖空约束的降低导致公司股票价格的下跌。因此，这些研究发现，卖空交易会带来股票价格的下跌。

在我国，只有进入沪深证券交易所公布的融资融券标的证券名单的上市公司，投资者才可以进行融资融券，这为研究标的公司市场反应提供了多样性。

首先是新加入标的名单的公司。如上文分析，这类公司的市场反应应该是显著为负的。并且，我国融资融券业务按照"从严到宽、从少到多、逐步扩大"的原则，标的名单的确定是分批进行的，我们可以检验不同批次公司的市场反应以及整体的市场反应。

其次是被调出标的名单的公司。根据沪深证券交易所《融资融券实施细则》，股票作为融资融券标的证券，应当符合以下条件：（1）在本所上市交易超过3个月；（2）融资买入标的股票的流通股本不少于1亿股或流通市值不低于5亿元，融券卖出标的股票的流通股本不少于2亿股或流通市值不低于8亿元；（3）股东人数不少于4000人；（4）在过去3个月内没有出现下列情形之一：①日均换手率低于基准指数日均换手率的15%，且日均成交金额小于5000万元；②日均涨跌幅平均值与基准指数涨跌幅平均值的偏离值超过4%；③波动幅度达到基准指数波动幅度的5倍以上。（5）股票发行公司已完成股权分置改革；（6）股票交易未被本所实行特别处理；（7）证券交易所规定的其他条件。因此，标的公司需要满足流通股本、流通市值、股东人数、换手率、涨跌幅度以及波动幅度等条件。当上市公司不满足上述条件时，会被调整出标的证券名单。比如，在2013年3月5日，上海证券交易所发布公告，贤成矿业（证券代码：600381）被实施其他风险警告，于2013年3月6日起将其调出融资融券标的证券名单。因此，对于被剔除出标的名单的公司，融资融券的震慑作用将不再发挥，在公告日附近，这类公司的负向市场反应将会有所减弱，甚至出现正向的市场反应。

再次是转融通标的公司。转融通包括转融资业务和转融券业务，是指证券金融公司将自有或者依法筹集的资金和证券出借给具有融资融券业务资格的证券公司，再由证券公司提供给客户的制度安排。转融通业务是为了帮助证券公司解决业务开展过程中资金和证券不足的问题。在2012年8月29日，中国证券金融股份有限公司发布公告，将于2012年8月30日起正式启动转融资业务试点。因此，投资者可以在2012年8月30日起对此时的融资融券标的公司进行转融资。2013年2月28日，转融券业务试点正式推出，90只股票成为首批转融券标的。标的证券主要是从现有的500只标的股票中选取，多数属流通市值较大、流动性和交易活跃度较好。其中沪市50只标的，深市40只标的。转融通业务的推出，将大幅度提高融资融券交易的规模，因而其负向的市场反应应该更为强烈，尤其是转融券业务的标的公司。

基于上述分析，我们提出本章的假设：

假设 1：融资融券标的确定事件，对标的公司的股价带来负面影响。

假设 1a：在公告日附近，新增标的公司的累计超常收益率显著为负。

假设 1b：在公告日附近，剔除标的公司的累计超常收益率并不显著为负。

假设 1c：在公告日附近，转融通标的公司的累计超常收益率显著为负。

第四节　研究设计

一、样本选择

截至 2014 年 3 月，融资融券标的证券名单进行了多次调整（见表 2–1）。其中，四次较主要的调整分别是 2010 年 3 月 31 日、2011 年 12 月 5 日、2013 年 1 月 31 日和 2013 年 9 月 16 日，其公告日期分别为 2010 年 2 月 12 日、2011 年 11 月 25 日、2013 年 1 月 25 日和 2013 年 9 月 6 日。我们以这四批标的公司为样本[①]，研究新增标的公司在公告日期附近不同窗口期的市场反应。

在第三批的调整中，深市剔除了 11 家标的公司，沪市剔除了 43 家标的公司（见表 2–1）。我们以 52 家被调出融资融券标的证券名单的公司为样本[②]，研究这些公司在公告日期附近的市场反应。

在 2012 年 8 月 29 日，中国证券金融股份有限公司发布公告，将于 2012 年 8 月 30 日起正式启动转融资业务试点。截至 2012 年 8 月 30 日，融资融券标的证券名单有 278 家公司，这些公司会受到转融资业务的影响。因此，我们以 278 家公司为样本，研究转融资事件带来的市场反应。

在 2013 年 2 月 26 日，中国证券金融股份有限公司发布公告，将于 2013 年 2 月 28 日正式启动转融券业务试点，首批转融券标的证券共 90 只。在 2013 年 9 月 16 日，中国证券金融股份有限公司发布公告，于 2013 年 9 月 18 日起将转融通标的证券范围扩大到 287 只股票。我们以这两批转融券公司为样本，研究

---

①　这四批新增标的公司数量（见表 4–1）与表 2–1 新增公司数量有所不同，因为本书的检验只考虑第一次进入融资融券标的证券名单的情形，恢复进入的不予考虑。

②　沪市剔除的 43 家公司中，有两家是第二次被剔除出名单的，与新增样本相同，本书的检验只考虑首次被剔除的情形，因而剔除的样本为 52 家。

转融券事件对标的公司股价带来的影响。

二、实证模型

市场反应的检验采用事件研究法。Ball and Brown (1968)[57] 开创性地引入了事件研究法。事件研究法，即根据不同的研究目的选取某一个特定事件，分析市场上该特定事件的前后，公司股票价格是否产生波动，是否产生异常收益率，以此判断该事件对公司前景、投资者预期带来的影响。

公司的累计超常收益率（CAR）的计算采用市场模型调整法：

$$RET_{i,t} = \alpha_i + \beta_i RET_{m,t} + \varepsilon_{i,t} \tag{4-1}$$

其中，RET_i 为考虑现金红利再投资的日个股回报率，RET_m 为考虑现金红利再投资的综合日市场回报率（流通市值加权平均法）。参考 Chen et al. (2000)[75]，公司特定系数 α 和 β 的估计窗口为 120 天，采用标的调整公告日的前 150 天至前 31 天，并确保估计窗口至少有 80 天。检验窗口期为（t_1, t_2）的 CAR 计算如下：

$$CAR_i = \sum_{t=t_1}^{t_2} [RET_{i,t} - (\alpha_i + \beta_i \times RET_{m,t})] \tag{4-2}$$

对于短期市场反应的检验，分别用（0,1）（0,3）（0,5）（-1,1）（-1,3）（-1,5）作为事件窗口期；对于长期市场反应的检验，以（-30,60）为检验窗口，对标的公司的 CAR 进行检验。

第五节　实证结果

一、标的证券调整事件的短期市场反应

标的证券调整事件的短期市场反应的检验结果见表 4-1。Panel A 是新增标的公司的情况，第一列是四批融资融券标的名单的公告日期，第二列是首次新增的公司数量，后面的部分是六个不同的检验窗口期对应的 CAR 和 t 值。比如，第一批 90 家融资融券标的公司，在公告日期 2010 年 2 月 12 日及往后 5 个交易日的平均累计超常收益率为 –0.015，并且在 1% 的水平下显著。从表 4-1 中可以看到，这四批标的公司在绝大部分的检验窗口期的 CAR 都是显著为负的，而且最后一批新增标的公司表现得最为明显。Panel A 的最后一行给出了这四批公

司的整体情况，CAR 均小于 0，并在 1% 的水平下显著。上述结果支持假设 1a 的说法，表明卖空具有震慑作用，投资者对上市公司成为融资融券标的证券名单持消极的看法，市场反应显著为负。

调出融资融券标的名单的 52 家公司的市场反应见 Panel B。与新增标的公司不同，剔除公司的负面市场反应并不明显，直到公告日后第 5 天才出现显著的负向市场反应，符合假设 1b 的预期。表明从融资融券标的名单中剔除确实减弱了融资融券事件对公司带来的负面市场反应。

Panel C 和 Panel D 为转融通标的的市场反应。其中，Panel C 为转融资的情形，Panel D 为转融券的情形。受转融资事件影响的标的公司与第一批转融券公司相似，考虑了公告日的前一天，CAR 都是显著为负的，市场出现了提前反应。而第二批转融券标的的公司却与预期不符，出现了显著的正向市场反应。由于第二批转融券公司的公告日为 2013 年 9 月 16 日，与第四批新增标的的公告日 2013 年 9 月 6 日中间只隔 5 个交易日，因此可能受到了第四批新增标的的影响。假设 1c 在短期市场反应检验只能得到部分支持。

表 4-1 标的证券调整事件的短期市场反应：全部标的公司

Panel A: 新增标的证券

公告日期	公司数量	(0,1)	(0,3)	(0,5)	(-1,1)	(-1,3)	(-1,5)
20100212	90	-0.004*	-0.010**	-0.015***	-0.000	-0.007*	-0.012**
		(-1.80)	(-2.63)	(-3.15)	(-0.12)	(-1.82)	(-2.60)
20111125	185	-0.001	-0.004	-0.013***	-0.004**	-0.006**	-0.015***
		(-0.68)	(-1.40)	(-3.65)	(-1.97)	(-2.40)	(-4.47)
20130125	275	-0.004*	-0.013***	-0.023***	-0.013***	-0.022***	-0.032***
		(-1.70)	(-4.76)	(-6.76)	(-5.05)	(-7.59)	(-9.07)
20130906	186	-0.033***	-0.074***	-0.070***	-0.026***	-0.067***	-0.062***
		(-8.84)	(-12.42)	(-10.50)	(-6.10)	(-11.24)	(-9.00)
总体	736	-0.011***	-0.025***	-0.031***	-0.012***	-0.027***	-0.033***
		(-7.21)	(-11.43)	(-12.51)	(-7.87)	(-12.50)	(-13.15)

Panel B: 剔除标的证券

公告日期	公司数量	(0,1)	(0,3)	(0,5)	(-1,1)	(-1,3)	(-1,5)

20130125	52	-0.005	0.007	-0.025**	-0.008	-0.011	-0.029***
		(-0.76)	(-0.91)	(-2.60)	(-1.21)	(-1.30)	(-2.93)

Panel C: 转融资标的证券

公告日期	公司数量	(0,1)	(0,3)	(0,5)	(-1,1)	(-1,3)	(-1,5)
20120829	278	-0.002	-0.002	-0.004	-0.007***	-0.007***	-0.009***
		(-1.08)	(-0.92)	(-1.43)	(-3.02)	(-2.68)	(-2.86)

Panel D: 转融券标的证券

公告日期	公司数量	(0,1)	(0,3)	(0,5)	(-1,1)	(-1,3)	(-1,5)
20130226	90	0.002	-0.003	-0.012**	-0.005*	-0.010**	-0.019***
		(0.74)	(-0.76)	(-2.35)	(-1.68)	(-2.21)	(-3.18)
20130916	208	0.005*	0.011***	0.012*	0.014***	0.021***	0.021***
		(1.94)	(3.08)	(2.24)	(4.67)	(4.91)	(3.84)

注：此表报告标的调整公司在调整公告日（t＝0）附近不同窗口期间的累计超常收益率（CAR）的均值。括号内数字为 T 统计值，***、**、* 分别表示在 1%、5%、10％ 的统计水平上显著。

对于假设 1a，我们还做了一项补充检验。具体的，我们将融资融券标的证券名单中的公司，分为新加入名单的公司以及原有名单中的公司，对比这两类公司在标的调整公告日附近是否有不同的股价表现。从上文表 4—1 中，我们发现标的调整事件的短期窗口市场反应，对每一批次的新增标的公司大多数是显著为负的。进一步的，我们预期，对比原有名单中的公司，这种负向的市场反应在当批加入名单的公司中会表现得更为明显。比如，对第二批加入融资融券标的名单的 185 家上市公司，我们对比这 185 家公司与此时已在名单中的 90 家上市公司，在第二批标的调整公告日（2011 年 11 月 25 日）附近的股价表现。由于上文表 4—1 的结果发现了市场出现提前反应，我们以（-1,1）、（-1,3）和（-1,5）三个窗口为例进行分析。同样的，对第三批和第四批标的调整事件，我们也做了类似的对比。检验结果见表 4—2。

表 4-2 标的证券调整事件的短期市场反应：新增标的与原有标的对比

公告日期	公司数量	标的类型	窗口期		
			(-1,1)	(-1,3)	(-1,5)
20111125	185	新增标的	-0.004	-0.006	-0.015
	90	原有标的	-0.003	-0.003	0.001
		组间差异	-0.001	-0.003	-0.016
		P 值	0.928	0.353	0.005
20130125	275	新增标的	-0.013	-0.022	-0.032
	275	原有标的	-0.003	-0.009	-0.016
		组间差异	-0.010	-0.013	-0.016
		P 值	0.003	0.002	0.002
20130906	186	新增标的	-0.026	-0.067	-0.062
	550	原有标的	-0.016	-0.010	-0.015
		组间差异	-0.010	-0.057	-0.047
		P 值	0.035	0.000	0.000

注：此表报告新增标的公司、原有标的公司在标的证券调整公告日（t = 0）附近不同窗口期间的累计超常收益率（CAR）的均值、差异及其差异的检验。

表 4-2 报告了新增标的的公司和原有标的的公司在标的调整公告日附近的股价表现。从中可以看到，无论是新增标的的公司还是原有标的的公司，标的调整事件对其股价均带来负面影响，而且在多数情况下，对比原有标的的公司，新增标的的公司的负向市场反应更为强烈，这在后面两批标的调整中表现得较为明显。

可见，市场对于上市公司加入标的证券名单的态度在首次标的调整事件中表现得较为充分，后续的名单调整对于原有标的的公司股价的影响有所减弱。这项检验进一步分析了卖空机制对新增标的的公司的震慑作用，假设 1a 得到支持。

二、标的证券调整事件的长期市场反应

长期市场反应的检验见图 4-2 和图 4-3。图 4-2 是四批新增标的的公司在公告日前 30 个交易日至公告日后 60 个交易日的累计超常收益率的趋势图。这四批公司分别与表 4-1 中 Panel A 的四批公司相对应，第一批公司以"实线"表

示，第二批公司以"长虚线"表示，第三批公司以"短虚线"表示，第四批公司以"长虚线加点"表示。从图中可以看出，这四批公司在公告日及往后的五个交易日，CAR 有明显的下降，符合表 4–1 中关于短期窗口的检验结果。其中，第一批公司的 CAR 持续下降，但是幅度不是很大，最终维持在 –0.05 水平；第二批公司也是缓慢下降到 –0.05 水平，但在公告日后的一个月左右便开始上升，最终回复到一开始的水平；第三批公司下降的速度更快，在公告日后第 6 天达到 –0.066，而后开始上升，在第 20 日左右回复到原来的水平；第四批新增标的公司市场反应最为强烈，从公告日前一个月就持续走低，到公告日后第 4 天已经达到 –0.18，而后至第 20 天左右慢慢回升，与第三批走势相似，但之后又开始下降，到公告日后两个月已经下降到 –0.35 的水平。可见，这四批新增标的公司整体的长期市场反应是显著为负的，符合假设 1a 的说法。

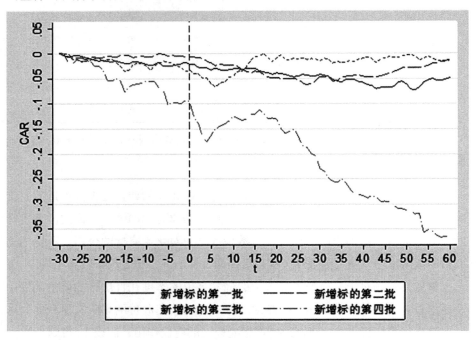

图 4–2　标的证券调整事件的长期市场反应：新增标的公司

图 4–3 描绘了新增标的整体、剔除标的、转融资标的以及两批转融券标的的市场反应的折线图。其中，新增标的公司以"实线"表示，剔除标的公司以"长虚线"表示，转融资标的公司以"短虚线"表示，第一批转融券标的公司以"长虚线加点"表示，第二批转融券标的公司以"点线"表示。新增标的整体

是图4–2四批公司的平均，受第四批公司的影响，新增标的整体走势与其相似，在公告日后明显下降，至第5个交易日达到–0.069，而后回升，从第20日左右开始持续下降，最终达到–0.12附近，符合假设1a。剔除标的公司的市场反应则是表现出短期为负、长期为正的趋势。在公告日至第5个交易日，CAR有明显的下降，尤其是第4天开始，下降较为显著，这与表4–1中Panel B的结果一致，而后CAR开始上升，至15日左右已经回复到原来的水平，然后继续上升，最终超过0.03的水平。剔除标的公司的长期市场表现支持假设1b。转融资标的公司的表现比较温和，从公告日前20个交易日开始，持续缓慢的下降，最终达到–0.03。对于两批转融资标的公司，第二批的市场负向反应要明显得多，虽然出现了短期正向反应（表4–1的最后一行），到公告日后的60个交易日，CAR分别达到–0.09和–0.21。可见，转融通事件对标的公司的长期股价起到显著的负面影响，尤其是转融券的影响最为强烈，与假设1c的预测相符合。

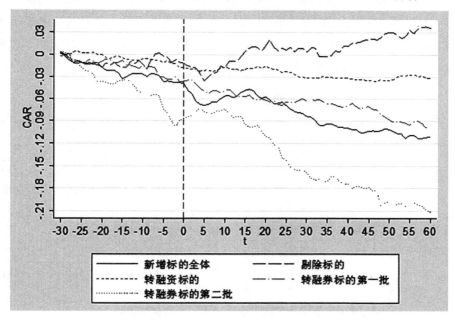

图4–3 标的证券调整事件的长期市场反应：全部标的公司

三、卖空交易的市场反应

上文的市场反应检验围绕着标的证券调整事件展开，其隐含的一个前提是，卖空交易会对公司的股票价格带来负面的影响。标的确定事件的市场反应，是投资者对上市公司加入融资融券标的证券名单所持态度的最直观体现。因此，在上文的检验中，我们分别从标的证券确定和调整公告日附近的市场表现进行分析。接下来，我们对卖空交易如何影响股票价格进行讨论，为上文的分析做一补充检验。

我们以 2010 年 3 月融资融券交易试点开始至 2013 年年底作为检验期间，分析标的公司每日卖空量如何影响公司未来的股票收益率。我们采用的检验模型如下：

$$RET_{i,t+1} = \alpha + \beta_1 SHORT_{i,t} + \sum Control + \sum TrdDate + \sum Firm + e_{i,t} \tag{4-3}$$

其中，RET 为采用市场模型调整法计算的个股超常收益率，SHORT 为各交易日标的证券的融券卖出量。参考现有文献（Wang，2013），我们控制了其他可能影响股票收益率的因素：个股流通市值（MktCapt）、账面市价比（BTM）、换手率（Turnover）和波动性（Volatility）。其中，换手率（Turnover）为前六个月个股日换手率的均值，波动性（Volatility）为前六个月个股日回报率的标准差。同时，模型中控制了交易日固定效应和公司固定效应。具体的变量定义见表 4–3。我们对金融行业的公司予以剔除。

表 4–3　变量定义：卖空交易市场反应检验

	变量名称	具体定义
因变量	RET	个股超常收益率（%），采用市场模型调整法计算，其中，公司回报率采用考虑现金红利再投资的日个股回报率，市场回报率采用考虑现金红利再投资的综合日市场回报率（流通市值加权平均法）
主要变量	SHORT	卖空量 = log（各交易日标的证券的融券卖出量）
控制变量	MktCapt	个股流通市值 = log（日个股流通市值）
	BTM	账面市价比 = 净资产 / 所有者权益的市场价值，其中，净资产为公司上一季度末的数值
	Turnover	换手率（%），前六个月个股日换手率的均值
	Volatility	波动性，前六个月个股日回报率的标准差
	TrdDate	交易日虚拟变量
	Firm	公司虚拟变量

表 4–4 是变量的描述性统计分析。对卖空交易市场反应检验所用到的主要

变量，分别报告了其样本量、均值、标准差、第一四分位数、中位数、第三四分位数等统计量。

表 4-4　描述性统计分析：卖空交易市场反应检验

变量名称	样本量	均值	标准差	Q1	中位数	Q3
RET	164646	-0.026	1.849	-1.033	-0.151	0.824
SHORT	164646	10.902	1.873	9.668	11.067	12.269
MktCapt	164646	23.336	1.004	22.635	23.249	23.944
BTM	164646	0.675	0.579	0.317	0.518	0.821
Turnover	164646	1.359	1.292	0.572	0.961	1.667
Volatility	164646	0.024	0.006	0.020	0.024	0.028

注：此表报告主要变量的描述性统计。变量定义见表 4-3。

表 4-5 则给出了主要变量之间的相关系数检验结果，其中，下三角为 Pearson 相关系数矩阵，上三角为 Spearman 相关系数矩阵。为了控制潜在的自相关问题，我们在回归中对标准误进行公司维度的 cluster 处理。

表 4-5　相关性分析：卖空交易市场反应检验

	RET	SHORT	MktCapt	BTM	Turnover	Volatility
RET		-0.020***	0.002	0.037***	-0.043***	-0.056***
SHORT	-0.008**		0.435***	0.184***	-0.205***	-0.136***
MktCapt	-0.008**	0.373***		-0.064***	-0.543***	-0.328***
BTM	0.025***	0.185***	-0.082***		-0.209***	-0.369***
Turnover	-0.033***	-0.202***	-0.483***	-0.120***		0.710***
Volatility	-0.040***	-0.149***	-0.350***	-0.363***	0.652***	

注：左下角为 Pearson 相关系数，右上角为 Spearman 相关系数。变量定义见表 4-3。***、**、* 分别表示在 1%、5%、10％ 的统计水平上显著。

表 4-6 报告了卖空交易如何影响股票收益率的回归结果。从中可以看出，主要变量 SHORT 的系数显著为负（-0.032，t = -7.99），表明卖空交易对公司未来的股票收益率带来负面的影响，补充印证了卖空机制的震慑作用。

表 4-6　卖空交易的市场反应

变量名称	RET
SHORT	-0.032***
	(-7.99)
MktCapt	-0.317***
	(-5.25)
BTM	0.189***
	(3.94)
Turnover	-0.164***
	(-8.02)
Volatility	-1.031
	(-0.43)
Trading day fixed effects	Yes
Firm fixed effects	Yes
Adj.R^2	0.038
观测值	164,646

注：此表报告回归模型（4-3）的结果。变量定义见表 4-3。括号内数字为 T 统计值，***、**、* 分别表示在 1%、5%、10% 的统计水平上显著。

第六节　本章小结

本章首先将卖空机制对公司行为的影响路径作一梳理：卖空交易通过影响公司的股票价格，影响公司股价的波动性，以及公司的退市风险，对上市公司起到震慑作用。

本章接下来检验标的确定公告日附近的市场反应，包括短期窗口的累计超常收益率检验和长期窗口的累计超常收益率趋势分析。在市场允许卖空之前，由于负面消息被抑制，股票价格不能真实反映公司负面私有信息，股票价格往往被高估了。市场允许卖空之后，对负面消息的需求被释放了，投资者可以通过挖掘标的公司的负面私有信息做空该公司的股票进而获利。这种对坏消息需求的转变对融资融券标的公司而言将是不小的威胁。

通过市场反应的研究发现：融资融券事件对标的公司股价有消极的影响。对于新增加的标的公司，市场反应显著为负；对于剔除出标的名单的公司，市场反应并不明显，甚至长期走势为正；对于转融通标的公司，主要表现为负向的长期市场反应。可见，投资者对于上市公司有可能在未来被卖空持消极的态度，导致了标的公司股价在融资融券标的的调整公告日附近出现显著的下跌，一定程度上反映了卖空的震慑作用。进一步检验卖空交易对公司股票收益率的影响，我们发现，卖空量与公司未来的股票价格显著负相关，补充印证了卖空的震慑作用。

第五章　卖空机制的震慑作用：股价波动性检验

第一节　研究背景介绍

上文对引入卖空机制时市场反应的检验，我们发现了新增标的公司在公告日附近的累计收益率显著为负，表明卖空机制对上市公司具有震慑作用。在这一章，我们从另外一个角度对卖空机制影响公司行为的作用路径进行分析。具体的，我们进一步检验标的公司股票回报率的分布特征，从股价暴跌风险的角度进行探讨。

Hong and Stein (2003) [8] 对股价暴跌概括为三个基本特征：（1）股票价格无征兆地出现剧烈的非正常波动，市场上并无相应的消息发布；（2）这种波动是负面的、向下的价格变动；（3）是一种市场现象，股价急剧下跌不仅仅发生在单一的股票上，而是蔓延到整个市场，具有传递性。

在我国，股价暴涨暴跌现象比较普遍。根据银河证券的研究报告，从 1997 年至 2008 年短短 11 年中，我国股市经历了四次暴跌，从时间上看，平均时间为 22.5 个月，从空间上看，平均振幅为 51.56%，最高振幅为 80.31%，最低振幅也达到了 33.48%①。Morck et al. (2000) [76] 对比了不同国家的股价同步性水平。股价同步性是指个股的价格趋势与市场整体股价走势之间的一致性水平，同步性越高，表明股价中反映的公司特有信息越少，信息环境越不透明。Morck et al. (2000) [76] 发现新兴市场的股价同步性水平显著高于发达市场，在 40 个样本国家中，中国股票市场的同步性程度处于第二高的水平。其他学者比如 Jin and Myers (2006) [77]、Fernandes and Ferreira (2008) [78] 和 Fernandes and Ferreira (2009) [79] 同样也发现了股价同步性在新兴市场要高于发达市场。可见，作为新兴市场，

---

① 见中国银河证券研究所 2008 年的研究报告《暴涨—暴跌模型 vs 正确的投资理念》。

我国的股票市场具有不成熟性和不稳定性。

第二节　假设提出

关于卖空能否起到稳定市场的作用、能否降低市场股价暴跌风险，现有文献尚无定论。Hong and Stein (2003)[8]通过建立投资者异质信念模型，指出卖空限制的存在使得部分投资者对公司的负面消息不能反映在股票价格中，这些负面信息持续累积，直到市场股价开始下跌，此时大量累计的负面消息在短时间内释放出来，加剧了市场的下跌，最终导致股价的崩盘。按照这个观点，一个合理的推论是，当市场的卖空限制被取消时，股票回报率出现极端负值的现象会大大减少。陈国进和张贻军（2009）[41]在我国股市限制卖空的背景下，以Hong and Stein (2003)[8]的异质信念模型为基础，探讨了投资者的异质信念和我国股市暴跌现象之间的关系，文章指出，及时推出融资融券，将有助于降低我国股市的暴跌风险。因此，这类文献从理论上说明卖空约束是股价暴跌的原因之一，允许卖空将会起到稳定市场的作用，降低股价暴跌的概率。

但是，另外一些研究却表明，允许卖空不能起到稳定市场的作用，相反的，卖空会导致市场波动性增大。Allen and Gale (1991)[17]建立一个不完全市场的一般均衡模型，分析得出，当卖空被禁止时，公司完全竞争，此时市场均衡是有效的；但是当市场允许卖空时，均衡被破坏了，市场将变得不稳定。Bernardo and Welch (2004)[18]通过构建模型分析得出，金融危机的产生源于对未来流动性冲击的担忧，而非当时流动性冲击本身所造成的，而允许市场上部分投资者利用私有信息优势抢先进行交易会加剧这种担忧，因此，从这个角度，限制卖空交易可以有效地防止金融危机的出现，支持了 Allen and Gale (1991)[17]认为卖空会导致市场不稳定的观点。Chang et al. (2007)[19]利用香港市场的数据，发现公司加入标的证券名单后，股价的波动性更大了，并不支持卖空能够起稳定市场作用的观点。可见，卖空机制与股价波动性之间的关系，目前的研究并没有明确的结论。

在中国，融资融券的推出对上市公司股价波动性的影响存在着不同于发达市场的特点。首先，不同于美国的情形，证券市场产生之初即有卖空交易。我国证券市场曾经不允许卖空，在单边市的环境下，投资者需要的是上市公司的"好消息"，对"坏消息"没有需求。卖空机制的引入，改变了市场对负面消息的需求，挖掘上市公司的负面私有信息变得有利可图。因此，成为融资融券标的证券后，上市公司的负面新闻更有可能被曝光。

其次，我国正处于新兴加转轨时期，一些制度层面的缺陷导致传统的公司治理机制不能得到有效的发挥，独立董事、机构投资者、经理人市场等作用受限（阎达五和谭劲松，2003[2]；支晓强和童盼，2005[3]；薄仙慧和吴联生，2009[4]；刘峰等，2004[5]）。大股东的绝对控制和市场干预机制的失效，让中小投资者在很多情况下只能选择"用脚投票"，即通过抛售手中所持的股票，拉低股价，被动地表达其反对意见。融券业务的推出，通过促进负面私有信息的挖掘和传播，向外界释放对公司前景不看好的信号，对"用脚投票"机制具有放大效应。当公司的负面新闻被曝光，甚至是公司卖空量的提高，都会引发投资者抛售股票。这种放大效应会加剧公司股价的波动性，造成股价暴跌的可能性增大。

另外，从上文对融资融券事件的市场反应检验中，新增标的公司在公告日附近的累计超常收益率显著为负，表明投资者对标的公司表现出信心不足，这种信心不足可能导致未来公司股价波动性的增大。以 2011 年的双汇"瘦肉精"事件和 2012 年的白酒塑化剂事件为例：在 2011 年 3 月 15 日央视曝光"瘦肉精"事件当天，双汇发展作为首批 90 只融资融券标的证券之一，双汇发展就被融券卖空了，投资者纷纷抛售手中的股票，这次事件导致上市公司市值蒸发 103 亿元；在 2012 年 11 月 19 日，酒鬼酒被爆查出塑化剂含量超标 2.6 倍，酒鬼酒临时停牌，没有停牌的白酒类上市公司也遭受重挫，截至当天收盘，白酒板块跌幅居首，据相关估算，两市白酒股总市值共蒸发近 330 亿元，而当时的白酒类上市公司中有四家公司属于融资融券标的证券。

可见，上市公司成为标的证券后，负面消息更容易被曝光；而且卖空的震慑作用不仅影响到上市公司，对投资者的信心也产生影响，当公司出现"坏消息"时，投资者更倾向于卖掉股票，造成股价暴跌可能性的增大。

基于上述分析，我们提出本章的假设：

假设 1：上市公司在成为融资融券标的证券后，其股价暴跌风险提高了。

第三节　研究设计

一、数据来源与样本选择

2010 年 3 月，我国酝酿已久的融资融券试点正式启动，首批 90 家上市公司进入融资融券名单。而后，经过几次标的证券的调整，截至 2012 年 12 月 31 日，融资融券公司共有 278 家。在这 278 家公司中，有 4 家公司曾经被剔除出名单①，另有 33 家金融行业的公司，我们予以删除，因此，本书的融资融券样本公司为 241 家。同时，我们以沪深两市 A 股上市公司中没有进入融资融券名单的非金融类公司作为控制组，以 2006 年至 2012 年作为检验期间。由于融资融券的影响在事件年度并不明朗，参照现有文献的做法（Chen et al.，2013）[80]，对于样本公司，我们剔除了进入融资融券名单当年数据，并确保其在融资融券前后均有数值。我们还根据以下标准剔除了部分观测值：（1）2009 年之后 IPO；（2）净资产为负；（3）变量缺失。样本的筛选过程和行业分布见表 5-1。为控制极端值的影响，我们对所有连续变量按照 1% 的标准进行 winsorize 处理。本书所有财务数据均来自 CSMAR 数据库，融资融券各批次公司名单来自沪深交易所网站。

表 5-1　样本筛选过程及样本描述

Panel A：样本选择			
2012 年 12 月 31 日融资融券公司			278
减去：	曾经被剔除出融资融券名单的公司	(4)	
	金融行业的公司	(33)	
融资融券公司			241
Panel B：融资融券公司的行业分布			
行业名称	数量	比例	行业名称	数量	比例

行业名称	数量	比例	行业名称	数量	比例
农、林、牧、渔业	3	1.24	电力、煤气及水的生产和供应业	8	3.32
采掘业	34	14.11	建筑业	7	2.90
食品、饮料	13	5.39	交通运输、仓储业	8	3.32

① 这 4 家公司于 2010 年 7 月被剔除出融资融券公司名单，于 2011 年 12 月恢复融资融券。

续表

行业名称	数量	比例	行业名称	数量	比例
纺织、服装、皮毛	3	1.24	信息技术业	8	3.32
石油、化学、塑胶、塑料	8	3.32	批发和零售贸易	6	2.49
电子	7	2.90	房地产业	31	12.86
金属、非金属	28	11.62	社会服务业	5	2.07
机械、设备、仪表	39	16.18	传播与文化产业	3	1.24
医药、生物制品	16	6.64	综合类	14	5.81
			合计	241	100

二、实证模型

首先，我们考虑融资融券标的公司自身的情形。融资融券事件影响股票暴跌风险的回归模型如下：

$$CrashRisk_{i,t} = \alpha + \beta\ POST_{i,t} + \sum Control + \sum Industry + e_{i,t} \tag{5-1}$$

其中，*CrashRisk* 为股价暴跌风险。在主检验中，我们采用 *CRASH* 进行衡量。在敏感性测试部分，我们采用 *NCSKEW* 和 *DUVOL* 进行衡量。*POST* 为融资融券公司成为标的证券后的虚拟变量。当 *CrashRisk* 为 *CRASH* 时，模型采用 *logit* 回归；当 *CrashRisk* 为 *NCSKEW* 或 *DUVOL* 时，模型采用 *OLS* 回归。模型中控制了行业固定效应。参照现有研究（Kim et al., 2011）[81]，我们控制了其他可能影响公司股价暴跌风险的因素，包括：上一年度股票回报率的负向偏度（*lNCSKEW*）、上一年度的公司规模（*lSIZE*）、上一年度的市价账面比（*lMTB*）、上一年度的资产负债率（*lLEV*）、盈利能力（*ROA*）、上一年度的投资者异质信念（*ldTURN*）。各变量的具体定义见表5-2。主要的测试变量是 *POST*，其系数用 β 表示，融资融券公司在成为标的证券后股价暴跌风险所发生的变化。若假设1成立，模型（5-1）中 β 显著为正，则表明进入融资融券标的证券名单后，融资融券公司的股价暴跌概率提高了。

表 5-2　变量定义：股价暴跌风险检验

	变量名称	具体定义
因变量	CRASH	股价暴跌风险，虚拟变量，参考 Kim et al. (2011) [81] 和 Hutton et al.(2009)[82]，利用拓展的市场回归模型的残差计算出公司特定周回报率，若在某一会计年度，公司特定周回报率经历了一次或多次比其年均值低 3.09 个标准差的情形，该变量为 1，否则为 0
	NCSKEW	股票回报率的负向偏度，参考 Kim et al. (2011) [81]，利用拓展的市场回归模型的残差计算出公司特定周回报率。该变量为公司特定周回报率在该年度偏度的负值
	DUVOL	Down-to-Up Volatility，参考 Kim et al. (2011) [81]，利用拓展的市场回归模型的残差计算出公司特定周回报率。将公司特定周回报率按照年均值分为高低两组，分别算出其标准差。该变量为公司特定周回报率低于年均值组的标准差与高于年均值组的标准差之间的比值，再取自然对数
主要变量	LIST	融资融券名单，虚拟变量，融资融券标的公司，该变量为 1，否则为 0
	POST	融资融券时点，虚拟变量，公司进入融资融券名单之后的年度，该变量为 1，之前年度为 0
控制变量	lNCSKEW	上一年度股票回报率的负向偏度
	lSIZE	上一年度的公司规模，公司规模 = log（所有者权益的市场价值）
	lMTB	上一年度的市价账面比，市价账面比 = 所有者权益的市场价值 / 净资产
	lLEV	上一年度的资产负债率，资产负债率 = 负债 / 总资产
	ROA	盈利能力 = 营业利润 / 上年总资产
	ldTURN	上一年度的投资者异质信念，投资者异质信念为当年月度换手率的均值减去上一年度月度换手率的均值
	Year	年度虚拟变量
	Industry	行业虚拟变量，其中制造业按二级分类，其他行业按一级分类

　　模型（5-1）对比的是标的公司股价暴跌风险的前后变化。接下来，我们

采用双重差分模型(DID)[①]。由于双重差分模型能够控制住相同时期共同影响因素的作用，因此双重差分对比能够更好地检验融资融券事件对上市公司带来的影响。借鉴 Bertrand and Mullainathan（2003）[84]、Yun（2009）[85] 和 Jayaraman and Shivakumar（2013）[86] 的研究方法，我们的回归模型如下：

$$
\begin{aligned}
CrashRisk_{i,t} &= \alpha + \beta_1 LIST_i + \beta_2 POST_{i,t} \times LIST_i \\
&+ \sum Control + \sum Year + \sum Industry + e_{i,t}
\end{aligned}
\tag{5--2}
$$

其中，$LIST$ 为融资融券公司的虚拟变量，我们以沪深两市 A 股上市公司中没有进入融资融券名单的非金融类公司作为控制组，其他变量如上文定义。按照模型（5–2），我们控制了年度和行业固定效应。主要的测试变量是交互项 $POST \times LIST$，其系数用 $\beta 2$ 表示，融资融券公司在成为标的证券后股价暴跌风险发生的变化，与控制组公司的变化之间的差异。若假设 1 成立，模型（5–2）中 $\beta 2$ 显著为正，则表明对比控制组公司，进入融资融券标的证券名单后，融资融券公司的股价暴跌概率提高了。

关于股价暴跌风险，我们参考 Kim et al. (2011)[81]，对拓展的市场回归模型分年度进行回归：

$$
R_{i,t} = \beta_{0,i} + \beta_{1,i} R_{m,t-2} + \beta_{2,i} R_{m,t-1} + \beta_{3,i} R_{m,t} + \beta_{4,i} R_{m,t+1} + \beta_{5,i} R_{m,t+2} + \varepsilon_{i,t}
\tag{5--3}
$$

其中，$R_{i,t}$ 为公司周回报率，$R_{m,t}$ 为以流通市值加权计算的市场周回报率，公司特定周回报率 $W_{i,t}$ 为 $\ln(1+\varepsilon_{i,t})$，并计算其年均值和年标准差。

$CRASH$ 的定义为：若在某一会计年度，公司的特定周回报率 $W_{i,t}$ 经历了一次或多次比其年均值低 3.09 个标准差的情形，则 $CRASH$ 取 1，表明在该期间公司股价出现暴跌，否则 $CRASH$ 为 0。参考 Hutton et al. (2009)[82]，若公司特定周回报率服从正态分布，3.09 的选取使得公司在一年当中的任何一周出现暴跌的可能性为 0.1%。

---

① 双重差分模型（DID, difference-in-differences），由 Ashenfelter and Card (1985)[83] 首次提出，被广泛应用于政策效应的评价。双重差分模型的基本原理如下：研究样本中，受到政策影响的样本为处理组（treatment group），不受政策影响的样本为控制组（control group）；分别计算出处理组在政策实施前后发生的变化（difference[T]）和控制组在政策实施前后发生的变化（difference[C]）；将前后比较与截面比较相结合，即为双重差分估计量（difference[T] - difference[C]）。双重差分模型的优势在于，能够更好地控制处理组和控制组之间的系统性差异，包括时间趋势上的变化以及其他外界共同因素的影响，更合理地衡量政策实施的效果。

三、变量描述性统计

表 5–3 是变量的描述性统计分析。对股价暴跌风险检验所用到的主要变量，分别报告了其样本量、均值、标准差、第一四分位数、中位数、第三四分位数等统计量。从中可以看到，在样本期间内，绝大部分上市公司没有经历过股价的暴跌。

表 5–3　描述性统计分析：股价暴跌风险检验

变量名称	样本量	均值	标准差	Q1	中位数	Q3
CRASH	9572	0.088	0.284	0.000	0.000	0.000
lNCSKEW	9572	-0.294	0.615	-0.643	-0.276	0.080
lSIZE	9572	21.292	1.157	20.491	21.298	22.040
lMTB	9572	2.676	2.758	0.941	1.822	3.349
lLEV	9572	0.497	0.192	0.359	0.510	0.640
ROA	9572	0.037	0.066	0.009	0.034	0.068
ldTURN	9572	-0.041	0.423	-0.298	-0.020	0.238

注：此表报告主要变量的描述性统计。变量定义见表 5–2。

表 5–4 则给出了股价暴跌风险检验主要变量之间的相关系数检验结果，其中，下三角为 Pearson 相关系数矩阵，上三角为 Spearman 相关系数矩阵，变量间不存在严重的多重共线性问题。为了控制潜在的自相关问题，我们在回归中对标准误进行公司维度的 cluster 处理。

表 5–4　相关性分析：股价暴跌检验

	CRASH	lNCSKEW	lSIZE	lMTB	lLEV	ROA	ldTURN
CRASH		-0.008	0.086***	0.132***	-0.028**	0.000	0.039***
lNCSKEW	-0.011		-0.075***	-0.045***	-0.037***	0.012	-0.195***
lSIZE	0.081***	-0.059***		0.497***	0.008	0.203***	-0.013
lMTB	0.113***	-0.016	0.309***		0.073***	0.043***	0.064***
lLEV	-0.024*	-0.035***	0.008	0.139***		-0.281***	0.078***
ROA	-0.001	0.006	0.221***	0.013	-0.272***		-0.038***
ldTURN	0.034***	-0.176***	0.008	0.050***	0.101***	-0.047***	

注：左下角为 Pearson 相关系数，右上角为 Spearman 相关系数。变量定义见表 4–2。*** 、** 、* 分别表示在 1%、5%、10% 的统计水平上显著。

第四节　实证结果

卖空机制影响标的公司股价暴跌风险的 logit 回归结果［模型（5-1），$CrashRisk = CRASH$］见表 5–5。在表的第 1 列中，我们先不控制行业固定效应，主要变量 $POST$ 的系数为 0.697，且在 5% 的水平下显著。上一年度的公司规模（$lSIZE$）、上一年度的市价账面比（$lMTB$）与股价暴跌风险显著正相关，盈利能力（ROA）与股价暴跌风险显著负相关。表的第 2 列，我们控制了行业固定效应，结果较为相似，$POST$ 的系数为 0.662，同样在 5% 的水平下显著。上一年度的公司规模（$lSIZE$）、上一年度的市价账面比（$lMTB$）与股价暴跌风险显著正相关，盈利能力（ROA）与股价暴跌风险显著负相关。上述结果表明，引入卖空机制后，标的公司的股价暴跌概率提高了，与假设 1 的预期一致。

表 5–5　卖空机制与公司股价暴跌风险：标的公司前后对比

变量名称	CRASH	CRASH
POST	0.697**	0.662**
	(2.26)	(2.14)
INCSKEW	0.293	0.263
	(1.45)	(1.39)
lSIZE	0.329***	0.404***
	(2.65)	(2.98)
lMTB	0.229***	0.220***
	(5.91)	(4.82)
lLEV	-0.553	-0.624
	(-0.76)	(-0.75)
ROA	-5.864***	-7.450***
	(-2.70)	(-3.21)
ldTURN	0.605	0.475

续表

变量名称	CRASH	CRASH
	(1.57)	(1.16)
Industry	No	Yes
Pseudo R^2	0.110	0.137
观测值	1,235	1,157

注：此表报告回归模型（5–1）的结果。变量定义见表5–2。括号内数字为T统计值，***、**、*分别表示在1%、5%、10%的统计水平上显著。

然而，模型（5–1）只反映了标的公司自身前后的对比，并没有控制住同时期外界可能影响上市公司的其他因素。因此，我们有必要将标的公司与其他公司（控制组公司）进行对比，这样二者的共同影响因素就能相互抵消，其差异才是融资融券事件本身带来的影响。

采用双重差分模型，对比控制组公司，标的公司股价暴跌风险的变化见表5–6（ _CrashRisk = CRASH_ ）。按照回归模型（5–2），在表的第1列中，我们控制了年度固定效应，主要变量 _POST×LIST_ 的系数为0.548，在5%的水平下显著。上一年度股票回报率的负向偏度（ _lNCSKEW_ ）、上一年度的市价账面比（ _lMTB_ ）与股价暴跌风险显著正相关，而上一年度的资产负债率（ _lLEV_ ）则与股价暴跌概率显著负相关。表的第2列，我们控制了年度固定效应和行业固定效应[①]，结果较为相似，_POST×LIST_ 的系数为0.560，同样在5%的水平下显著。上一年度的市价账面比（ _lMTB_ ）与股价暴跌风险显著正相关，上一年度的资产负债率（ _lLEV_ ）则与股价暴跌概率显著负相关。上述结果表明，对比控制组公司，引入卖空机制后，融资融券公司的股价暴跌概率显著提高了，支持假设1。

表5–6 卖空机制与公司股价暴跌风险：双重差分对比

变量名称	CRASH	CRASH
LIST	-0.550***	-0.478***

---

① 若控制公司固定效应，结果没有发生实质性改变（POST×LIST 的系数为0.780，在5%的水平下显著）。

续表

变量名称	CRASH	CRASH
	(-3.16)	(-2.71)
POST×LIST	0.548**	0.560**
	(2.23)	(2.27)
lNCSKEW	0.104*	0.081
	(1.66)	(1.28)
lSIZE	-0.006	0.002
	(-0.11)	(0.04)
lMTB	0.055***	0.050***
	(4.50)	(3.90)
lLEV	-0.494**	-0.422*
	(-2.51)	(-1.95)
ROA	-0.358	-0.626
	(-0.57)	(-0.97)
ldTURN	-0.178	-0.176
	(-1.54)	(-1.50)
Year	Yes	Yes
Industry	No	Yes
Pseudo R^2	0.073	0.079
观测值	9,572	9,572

注：此表报告回归模型（5-2）的结果。变量定义见表5-2。括号内数字为Z统计值，***、**、*分别表示在1%、5%、10%的统计水平上显著。

第五节　敏感性分析

在敏感性测试部分，我们采用另外两种方法来衡量公司的股价暴跌风险，分别为 NCSKEW 和 DUVOL，对模型（5-1）和模型（5-2）采用 OLS 回归。

其中，NCSKEW（*negative coefficient of skewness*），股票回报率的负向偏度，即公司特定周回报率 $W_{i,t}$[①] 在该年度偏度的负值，衡量公司股价暴跌的倾向。股票回报率的分布越向左偏，股价暴跌的可能性越大。因而，NCSKEW 数值越大，股价越可能暴跌。其计算方法如下：

$$NCSKEW_{i,t} = -\frac{[n(n-1)^{3/2}\sum W^3_{i,t}]}{[(n-1)(n-2)(\sum W^2_{i,t})^{3/2}]} \tag{5-4}$$

DUVOL（*Down-to-Up Volatility*），将公司特定周回报率 $W_{i,t}$ 按照年均值分为高低两组，分别算出其标准差。DUVOL 为公司特定周回报率低于年均值组的标准差与高于年均值组的标准差之间的比值，再取自然对数。同样的，DUVOL 越大，发生暴跌的可能性越大。

卖空机制影响标的公司股价暴跌风险的 OLS 回归结果 [模型（5-1），CrashRisk = NCSKEW 或 DUVOL] 见表 5-7。在表 5-7 的第 1 列和第 2 列中，我们均不控制行业固定效应，主要变量 POST 的系数为 0.176 和 0.125，都在 1% 的水平下显著。上一年度的公司规模（lSIZE）、上一年度的市价账面比（lMTB）、上一年度的投资者异质信念（ldTURN）与本年度的股价暴跌风险显著正相关。表 5-7 的第 3 列和第 4 列，我们控制了行业固定效应，结果较为相似，POST 的系数均大于 0，且在 1% 的水平下显著。上一年度的公司规模（lSIZE）、上一年度的市价账面比（lMTB）、上一年度的投资者异质信念（ldTURN）与本年度的股价暴跌风险显著正相关。这些结果表明，成为融资融券标的证券后，标的公司的股价更容易发生暴跌，符合假设 1 的预期。

表 5-7　敏感性测试：采用其他方法衡量股价暴跌风险，标的公司前后对比

变量名称	NCSKEW	DUVOL	NCSKEW	DUVOL
POST	0.176***	0.125***	0.179***	0.124***
	(4.16)	(5.93)	(4.18)	(5.85)
lNCSKEW	0.038	0.018	0.029	0.013
	(1.36)	(1.21)	(0.99)	(0.88)
lSIZE	0.041***	0.023***	0.045***	0.027***
	(2.69)	(2.82)	(2.83)	(3.10)

---

① 公司特定周回报率的计算，请见本章第三节相关内容的介绍。

续表

变量名称	NCSKEW	DUVOL	NCSKEW	DUVOL
lMTB	0.046***	0.026***	0.041***	0.023***
	(5.06)	(5.41)	(4.79)	(4.97)
lLEV	-0.065	-0.023	-0.040	-0.009
	(-0.64)	(-0.43)	(-0.40)	(-0.18)
ROA	0.132	0.061	0.062	0.017
	(0.42)	(0.37)	(0.20)	(0.11)
ldTURN	0.239***	0.123***	0.241***	0.123***
	(4.39)	(4.38)	(4.49)	(4.49)
Industry	No	No	Yes	Yes
Adj.R^2	0.083	0.106	0.098	0.121
观测值	1,235	1,235	1,235	1,235

注：此表报告回归模型（5-1）的结果。变量定义见表 5-2。括号内数字为 T 统计值，***、**、* 分别表示在 1%、5%、10% 的统计水平上显著。

NCSKEW 和 DUVOL 的双重差分结果见表 5-8。同样的，在表 5-8 的第 1 列和第 2 列中，我们控制了年度固定效应，主要变量 POST×LIST 的系数为 0.251 和 0.150，都在 1% 的水平下显著。上一年度股票回报率的负向偏度（lNCSKEW）、上一年度的市价账面比（lMTB）与股价暴跌风险显著正相关，而上一年度的资产负债率（lLEV）则与股价暴跌概率显著负相关。表 5-8 的第 3 列和第 4 列，我们控制了年度固定效应和公司固定效应，结果较为相似，POST×LIST 的系数为 0.256 和 0.152，同样在 1% 的水平下显著。上一年度股票回报率的负向偏度（lNCSKEW）、上一年度的市价账面比（lMTB）与股价暴跌风险显著正相关，上一年度的资产负债率（lLEV）则与股价暴跌概率显著负相关。该部分的检验表明，对比控制组公司，引入卖空机制后，融资融券公司的股价暴跌概率显著提高了。因此，采用其他方法衡量公司的股价暴跌风险，假设 1 同样能够得到支持。

表5-8　敏感性测试：采用其他方法衡量股价暴跌风险，双重差分对比

变量名称	NCSKEW	DUVOL	NCSKEW	DUVOL
LIST	-0.072***	-0.047***	-0.056**	-0.039***
	(-3.17)	(-3.86)	(-2.36)	(-3.13)
POST×LIST	0.251***	0.150***	0.256***	0.152***
	(6.13)	(7.51)	(6.19)	(7.52)
lNCSKEW	0.055***	0.027***	0.051***	0.025***
	(5.09)	(4.97)	(4.74)	(4.63)
lSIZE	0.011	0.005	0.015	0.007
	(1.27)	(1.02)	(1.64)	(1.46)
lMTB	0.027***	0.014***	0.025***	0.013***
	(9.22)	(9.02)	(8.31)	(8.13)
lLEV	-0.175***	-0.097***	-0.158***	-0.085***
	(-4.69)	(-5.07)	(-4.06)	(-4.24)
ROA	-0.082	-0.078	-0.075	-0.078
	(-0.76)	(-1.34)	(-0.68)	(-1.32)
ldTURN	-0.034	-0.016	-0.033	-0.016
	(-1.57)	(-1.47)	(-1.52)	(-1.46)
Year	Yes	Yes	Yes	yes
Industry	No	No	yes	Yes
Adj.R^2	0.072	0.085	0.076	0.089
观测值	9,572	9,572	9,572	9,572

　　注：此表报告回归模型（5-2）的结果。变量定义见表5-2。括号内数字为T统计值，***、**、*分别表示在1%、5%、10%的统计水平上显著。

第六节　本章小结

在上一章，我们讨论了融资融券标的证券确定事件的市场反应，研究发现，进入融资融券标的证券名单的公司，在标的确定公告日附近的市场反应显著为负；对于转融通标的公司，也表现出负向的长期市场反应；相反的，被剔除出标的名单的公司，市场反应并不明显，甚至长期走势为正。可见，投资者对于上市公司有可能在未来被卖空持消极的态度，导致了标的公司股价在融资融券标的的调整公告日附近出现显著的下跌。显著为负的标的确定市场反应，在一定程度上表明了卖空具有震慑作用，是卖空机制影响公司行为的作用路径之一。

本章从另外一个角度讨论卖空机制对上市公司的影响路径，我们分析卖空机制对标的公司股价波动性带来的变化，主要考察标的公司的股价暴跌风险。卖空交易会改变上市公司私有信息的传播，对股价和投资者信心造成影响。第四章市场反应检验的结果也反映出投资者对标的公司缺乏信心。通过股价暴跌检验，我们发现：成为融资融券标的证券之后，标的公司的股价更容易出现暴跌。这也解释了为什么在标的确定公告日附近，CAR 是显著为负的（假设 1）。卖空的作用机理在于，挖掘标的公司的负面消息，做空该公司的股票，通过股价的下跌而获利。股价暴跌更加频繁，体现了卖空机制的震慑作用。

至此，我们分别从融资融券事件的市场反应和公司股价暴跌发生的频率两个角度，探讨了卖空机制对公司行为的影响路径。卖空机制的震慑作用，是否以及如何对上市公司的行为带来影响，则是本书后面章节讨论的重点。

第六章　卖空机制与盈余管理

第一节　研究背景介绍

上文从市场反应和股价暴跌风险两个角度分析了卖空机制对公司行为的影响路径，表明卖空机制具有震慑作用。本章开始，我们探讨卖空机制的治理效应。我们先考察上市公司的盈余管理行为和会计稳健性水平，以此作为会计信息质量的检验。本章将重点分析卖空机制对公司盈余管理行为的影响，会计稳健性的讨论则在下一章中介绍。

Healy and Wahlen (1999) [20] 在对盈余管理文献进行回顾时，将盈余管理定义为：公司的管理层在编制财务报告的过程中，运用会计判断或者构造交易事项来改变财务报告的内容，以达到误导公司利益相关者对公司业绩进行评价或是影响那些基于会计信息的合同的执行结果的目的。Healy and Wahlen (1999) [20] 在此定义中强调了两点：第一，管理层运用会计判断影响财务报告有多种方式，例如固定资产使用年限和残值的估计、应收账款坏账准备的计提、存货计价方法的选择等；第二，管理层这样做的目的是为了获得自身利益而误导公司利益相关者，使其无法正确了解公司的经营状况，若是管理层运用会计判断向财务报告使用者传递更多的有用的公司信息，则不属于盈余管理的范畴。

盈余管理分为两种类型：应计盈余管理和真实盈余管理。应计盈余管理，是指管理层利用会计应计项目，通过选择不同的会计政策、改变会计估计的方法等手段来进行盈余管理，使其利润达到一定的水平。由于应计项目反映了权责发生制与收付实现制二者的差异，一定水平的应计项目是正常的、不可避免的，但是当应计项目超出了正常范围，则表明管理层更有可能运用应计项目进行利润操纵。因此，应计盈余管理的衡量可以采用将可操控性应计与非操控性应计相分离的方法，如 Jones 模型（Jones，1991）[87]、修正的 Jones 模型

（Kothari et al.，2005）[88]等。学术上，应计盈余管理的动机和经济后果的研究已经取得大量的成果。

真实盈余管理，是指公司管理层利用真实存在的交易活动，误导利益相关者使其相信公司在正常的经营活动中已经达到某种水平的财务报告目标（Roychowdury，2006）[89]。与应计盈余管理不同，应计盈余管理仅仅是对会计账面的应计科目进行调整，并不会对公司的经营活动产生影响，但是真实盈余管理使得公司的经营活动偏离了正常的生产经营水平，不仅影响会计利润，对现金流也会产生影响。因而，真实盈余管理具有更强隐蔽性的同时，对公司经营成长带来的不利影响也更大。Roychowdury (2006) [89] 提出了真实盈余管理的三种方式：操纵销售收入、操纵生产成本以及操纵可操控性费用。（1）提高销售收入。公司管理层可以通过放宽信用条件、提供价格折扣等非正常的降价促销手段，使得销售收入在短期内暂时性地得到提高。这种行为相应的会表现为公司经营活动现金流低于预期的正常水平。（2）降低生产成本。管理层可以通过提高产量，大量生产某种产品，分摊单位产品成本中的固定成本，使得当期的销售成本降低。相应的，操纵生产成本的行为会表现为公司经营活动现金流低于预期的正常水平，以及生产成本高于预期的正常水平。（3）降低可操控性费用。管理层可以通过削减维修支出、研发支出以及广告支出等，使得当期的利润得以提高。相应的，降低可操控性费用的行为会表现为公司经营活动现金流高于预期的正常水平，以及可操控性费用低于预期的正常水平。近年来，监管措施的加强使得公司管理层更倾向于使用真实盈余管理（Cohen et al.，2008）[90]，真实盈余管理也受到学者们越来越多的关注。

第二节　假设提出

在投资者保护较弱的现状下，上市公司管理层有动机进行盈余管理。操纵利润能够给管理层带来种种"好处"，国内已有大量研究予以证实。陆建桥（1999）[91] 的研究发现，为了避免连续三年亏损而受到惩罚，上市公司在出现亏损及其前后年份普遍存在着利润操纵行为。林舒和魏明海（2000）[92] 分析指出，上市公司在 IPO 前会运用盈余管理手段"美化"报告收益。雷光勇和刘慧龙（2006）[93] 研究发现上市公司在配股时会实施盈余操纵。王克敏和王志超（2007）[94] 研究结论表明，高管报酬与盈余管理正相关。除了采用应计项目盈余管理，上市公司管理层还会运用真实活动盈余管理以达到其目的。白云霞等（2005）[95] 发现，业绩低于阈值的控制权转移公司，会采用资产处置的方法而使公司报告业绩高于阈值。李增福等（2011）[96] 以我国 2007 年的所得税改革为背景，研究上市公司盈余管理方式的选择。他们发现，上市公司预计税率上升，会更倾向于采用真实盈余管理；而上市公司预计税率下降，会更倾向于采用应计盈余管理。由此可见，盈余管理是中国上市公司管理层规避亏损、获取融资、提高薪酬等的惯用手段。

然而，融资融券的推出，尤其是卖空机制的引入，会影响公司的盈余管理行为。具体而言，卖空会提高盈余管理的风险，减少管理层操纵利润带来的"好处"。Desai et al.（2002）[15]、Jones and Lamont（2002）[44] 和 Grullon et al.（2015）[45] 的研究均表明，卖空会导致公司股价下跌。公司股价的下跌可能会造成管理层报酬的减少。除了影响公司股价，卖空还会引致更加严厉的监管，导致公司财务错报被发现的概率加大（Karpoff and Lou，2010[56]；Fang et al.，2016[13]）和退市风险的提高（Desai et al.，2002[15]）。不仅如此，卖空还会直接对企业的实际经营活动带来不利影响。Grullon et al.（2015）[45] 的研究发现，卖空导致的股价下跌使得公司权益融资减少，进一步造成公司投资水平的下降。因而，卖空对公司带来的负面影响对公司发展或是管理层自身都是不利的，其导致的退市风险加大、投资融资水平降低、股价下跌等大大削弱了盈余管理的"优势"。

另外，从卖空者的角度，他们在选择目标公司时，公司的盈余质量是其关注的重点，盈余管理会增加公司被卖空的概率。Desai et al.（2006）[37] 和 Karpoff and Lou（2010）[56] 发现，卖空者关注公司的财务信息质量，他们对财务重述等事件有敏锐的嗅觉。基于 Sloan（1996）[58]，可操控性应计水平可预测股价的后续走势，Hirshleifer et al.（2011）[12] 分析得出，盈余质量是卖空者的重要判断指标，他们通过公司的应计水平高低来识别目标公司，卖空与应计水平成正比。因此，卖空投资者对应计质量的重视会进一步抑制管理层操纵利润的动机。

综上分析，引入卖空机制，会促使公司管理层提高盈余质量，减少利润操纵行为。Fang et al.（2016）[13] 和 Massa et al.（2015）[14] 利用发达市场的数据，实证结果支持了这一观点。在我国，融券业务的推出，为投资者提供了一种新的获利方式，即通过寻找价值被高估的上市公司，做空该公司的股票而获利。投资者，尤其是融券交易的主要参与者——机构投资者，会更有动机去挖掘和传播标的公司的负面私有信息。对于其他中小投资者，卖空的信号传导机制会加剧"用脚投票"现象，使得对公司管理层的惩罚更有力也更及时。双汇发展就是一个例子。作为首批 90 只融资融券标的之一，在 2011 年 3 月 15 日央视曝光"瘦肉精"事件当天，双汇发展就被融券卖空了，投资者纷纷抛售手中的股票。双汇集团董事长万隆接受采访时表示，除了上市公司市值蒸发 103 亿元，双汇的品牌美誉度也受到了巨大的伤害，损失难以估量。因此，卖空机制的这种震慑作用将迫使企业更加谨慎，其中包括盈余管理程度的降低。基于此，我们提出本章的第一个假设：

假设 1：上市公司在成为融资融券标的证券后，其盈余管理水平降低了。

作为一项创新金融工具，融资融券业务能否被投资者所接受，与外部的市场运行环境紧密相关。外部市场环境可以从以下几个方面影响融资融券交易。第一，从金融机构的业务推广角度。在市场化程度较高的地区，有着较为成熟的金融中介市场，拥有更多的资源推广创新金融业务。融资融券较一般的金融产品更为复杂，投资者必须了解融资融券业务规则和业务风险，并通过融资融券基础知识测评和风险测评，才能提出业务申请。市场化程度较高的地区，更多的金融中介机构能够提供相关的渠道帮助投资者熟悉业务流程，降低投资者的学习成本。第二，从投资者的风险承担角度。由于融资融券的杠杠作用，在放大投资收益的同时也带来投资风险的加大，投资者要承担的风险远远高于普通的证券交易。在 2013 年 3 月之前，根据证监会的窗口指导意见，融资融券投资者的资质条件为：开户时间不少于 18 个月，证券资产不低于 50 万元。在市场化程度较高的地区，投资者有更好的经济基础，面对较高的交易门槛和费用，这些地区的投资者更能够抵抗风险。第三，从行业的配套建设角度。市场化程度较高的地区，能够通过减少政府干预、加强法律执行、促进产权保护等吸引更多的中介机构和投资者参与其中。根据中国证券金融股份有限公司的统计报告显示，2011 年末，25 家具备融资融券业务资格的证券公司已有 2156 家营业部开展融资融券业务，其中近半数分布在广东、上海、北京、江苏和浙江等 5 个省市，并且这 5 个省市的融资融券客户数量和资产规模占全国总数的 2/3[①]。可见，作为融资融券交易实施的基础和平台，市场环境可以通过影响投资者的参与成本进而影响融资融券交易的广度和深度。

---

① 见中国证券金融股份有限公司 2012 年编制的《2011 年中国融资融券统计年度报告》。

另外，现有研究表明，无论是个人投资者还是机构投资者，无论是国外投资者还是国内投资者，他们在进行投资决策时，都具有"本地化偏好"，更倾向于选择地理位置接近的、易于熟悉了解的本地公司股票（French and Poterba，1991[97]；Coval and Moskowitz，1999[98]；Ivković and Weisbenner，2005[99]；董大勇和肖作平，2011[100]；宋玉等，2012[101]）。投资者与上市公司的距离接近，其信息获取成本更低，上市公司的信息不对称程度也会降低，这有利于投资者通过挖掘上市公司未被曝光的负面信息，做空该公司的股票进而获利。当上市公司进入融资融券标的名单后，在未来有可能被卖空的事实使得卖空机制具有震慑作用。这种事先的监督并不局限于投资者实际的卖空行为。因此，在市场化程度较高的地区，卖空交易更加活跃，而投资行为的"本地化偏好"则会给当地上市公司带来更加明显的约束作用。市场环境是影响卖空机制治理效应的重要外部因素。

在中国，各地区经济发展不平衡。以 2009 年的樊纲市场化进程指数为例，最高分和最低分分别是浙江 11.8、西藏 0.38（樊纲等，2011[23]），说明我国公司的外部市场环境存在明显的差异。本书以樊纲市场化进程指数作为公司所处地区外部市场环境的替代变量。我们预期，在市场化指数较高的地区，更加活跃的卖空交易使其对盈余管理的抑制作用更能体现。这是本章的第二个假设：

假设 2：在市场化程度较高的地区，卖空机制更能抑制盈余管理。

根据上文分析，卖空机制可以降低公司盈余管理水平，而良好的外部市场环境又可以促进这种作用的发挥，至此我们并没有考虑公司自身对盈余管理的不同约束程度可能带来的不同影响。

由于特殊的历史原因，股权高度集中是我国上市公司的一个显著特征，"一股独大"现象导致第二类代理问题，即控股股东和中小股东的冲突较为严重。股权结构缺乏制衡的公司，大股东拥有绝对的地位和话语权，缺少监督和约束，更可能通过关联交易、资金占用、过度投资等方式进行侵占，损害中小股东的利益（陈晓和王琨，2005[24]；叶康涛等，2007[25]；俞红海等，2010[26]）。而盈余管理则成了大股东掩盖"掏空"事实的工具。高雷和张杰（2009）[33]研究发现，盈余管理是控股股东掩饰资金占用导致上市公司不良业绩的手段之一。章卫东（2010）[27]结果表明，在定向增发新股的过程中，控股股东的持股比例与盈余管理的程度成正比。可以看出，大股东缺乏制衡的公司，盈余管理现象越普遍。因而，作为重要的内部约束机制，公司的股权制衡深刻影响着管理层操纵利润的动机和行为。

当公司的股权结构缺乏制衡时，盈余管理的程度可能更为严重，盈余质量改进的空间也更大，此时卖空机制对盈余管理的约束作用应该更明显，良好的外部市场环境所起的促进作用应该会更显著。相比之下，若公司的股权结构较为合理，大股东能够受到一定的制衡，那么外部市场环境作为一种替代的约束机制，其发挥的作用可能就没有那么明显了。综合考虑外部市场环境和内部股权结构的影响，我们提出本章的第三个假设：

假设3：当公司的股权结构缺乏制衡时，外部市场环境对卖空机制治理效应的影响更加明显。

第三节 研究设计

一、数据来源与样本选择

和上一章的检验相同，对于公司盈余管理的检验，我们以截至 2012 年 12 月 31 日的融资融券标的公司为样本，融资融券样本公司共有 241 家。同时，我们以沪深两市 A 股上市公司中没有进入融资融券名单的非金融类公司作为控制组，以 2006 年至 2012 年作为检验期间。由于融资融券的影响在事件年度并不明朗，对于样本公司，我们剔除了进入融资融券名单当年数据[1]，并确保其在融资融券前后均有数值。我们还根据以下标准剔除了部分观测值：（1）2009 年之后 IPO；（2）净资产为负；（3）变量缺失[2]。为控制极端值的影响，我们对所有连续变量按照 1% 的标准进行 winsorize 处理。本书所有财务数据均来自 CSMAR 数据库，融资融券各批次公司名单来自沪深交易所网站。

二、实证模型

本章研究融资融券的推出对公司盈余管理的影响。我们首先考察融资融券标的公司自身的变化，即成为融资融券标的证券之后，盈余管理程度是否与之前不同。我们采用的模型如下：

$$absDAC_{i,t} = \alpha + \beta_1 POST_{i,t} + \sum Control + \sum Industry + e_{i,t} \tag{6-1}$$

---

① 保留事件年度当年数据，见本章第五节：敏感性测试。

② 本章与下一章检验所用变量与第五章不尽相同，因此样本量与上文检验有所差异。

$$REM_{i,t} = \alpha + \beta_1 POST_{i,t} + \sum Control + \sum Industry + e_{i,t} \qquad (6\text{--}2)$$

其中，*absDAC* 为应计盈余管理，*REM* 为真实盈余管理，*POST* 为融资融券公司成为标的证券后的虚拟变量。模型中控制了行业固定效应。上市公司所属行业的分类采用中国证监会行业分类标准，其中，制造业按照二级分类，其他行业按照一级分类。参照现有研究（Jiang et al.，2010[102]；Roychowdhury，2006[89]），我们控制了其他可能影响公司盈余管理的因素。其中，应计盈余管理的控制变量包括：公司规模（*SIZE*）、资产负债率（*LEV*）、投资机会（*Q*）、上市年龄（*AGE*）、经营活动现金流的标准差（*stdOCF*）、销售增长率的标准差（*stdSGRW*）以及主营业务收入的标准差（*stdSALE*）。真实盈余管理的控制变量包括：公司规模（*SIZE*）、资产负债率（*LEV*）、投资机会（*Q*）、盈利能力（*ROA*）和可疑盈利的虚拟变量（*SUSPECT*）。各变量的具体定义见表 6–1。主要的测试变量是 *POST*，其系数用 β_1 表示，融资融券公司在成为标的证券后盈余管理水平发生的变化。若假设 1 成立，模型（6–1）和模型（6–2）中 β_1 显著为负，则表明进入融资融券标的证券名单后，融资融券公司的盈余管理水平降低了。

表 6–1　变量定义：盈余管理检验

	变量名称	具体定义
因变量	absDAC	应计盈余管理，参考 Kothari et al.（2005）[88]，控制公司上年业绩（ROA），分年度计算的修正 Jones 模型的操控性应计的绝对值
	absDAC2	应计盈余管理，参考 Kothari et al.（2005）[88]，控制公司当年业绩（ROA），分年度计算的修正 Jones 模型的操控性应计的绝对值
	absDAC3	应计盈余管理，参考 Kothari et al.（2005）[88]，控制公司上年业绩（ROA），分年度分行业计算的修正 Jones 模型的操控性应计的绝对值
	absDAC4	应计盈余管理，修正 Jones 模型计算的操控性应计的绝对值
	DD	应计盈余管理，参考 Dechow and Dichev（2002）[103]，采用 10 年窗口期计算的 DD 模型残差的标准差

	变量名称	具体定义
	REM	真实盈余管理，参考 Roychowdhury（2006）[89]，分年度计算出经营活动现金模型、操控性费用模型和生产成本模型的残差：r_CFO、r_DISEXP 和 r_PROD，该变量为 r_PROD − r_CFO − r_DISEXP
	REM2	真实盈余管理，根据 Roychowdhury（2006）[89]，计算出操控性费用模型和生产成本模型的残差：r_DISEXP 和 r_PROD，该变量为 r_PROD − r_DISEXP
	REM3	真实盈余管理，参考 Roychowdhury（2006）[89]，分年度分行业计算出经营活动现金模型、操控性费用模型和生产成本模型的残差：r_CFO、r_DISEXP 和 r_PROD，该变量为 r_PROD − r_CFO − r_DISEXP
主要变量	LIST	融资融券名单，虚拟变量，融资融券标的公司，该变量为1，否则为0
	POST	融资融券时点，虚拟变量，公司进入融资融券名单之后的年度，该变量为1，之前年度为0
	MKT_high	市场环境，虚拟变量，按照 2009 年樊纲市场化进程指数，若公司注册地所在省份的指数高于中位数，则该变量为1，否则为0
	BALANCE	股权制衡，虚拟变量，按照第一大股东和后四大股东的持股比例的比值在行业内进行排序，若公司的该比值超过行业的上四分位数，则该变量为0，否则为1
控制变量	SIZE	公司规模 = log（总资产）
	LEV	资产负债率 = 负债 / 总资产
	Q	投资机会 =（总资产 − 所有者权益 + 所有者权益的市场价值）/ 总资产
	AGE	上市年龄
	stdOCF	经营活动现金流的标准差，根据公司当年及前四年的数值进行计算，要求至少为四年的数值
	stdSGRW	销售增长率的标准差，根据公司当年及前四年的数值进行计算，要求至少为四年的数值
	stdSALE	主营业务收入的标准差，根据公司当年及前四年的数值进行计算，要求至少为四年的数值
	ROA	盈利能力 = 营业利润 / 上年总资产

续表

变量名称	具体定义
SUSPECT	可疑盈利，虚拟变量，ROA 在 0 和 0.005 之间，该变量为 1，否则为 0
Year	年度虚拟变量
Industry	行业虚拟变量，其中制造业按二级分类，其他行业按一级分类

　　接下来，我们采用双重差分模型（DID）。由于能更好地控制样本组公司和控制组公司之间的系统性差异，DID 模型被广泛地应用于检验某个事件前后所发生的变化。借鉴 Bertrand and Mullainathan（2003）[84]、Yun（2009）[85] 和 Jayaraman and Shivakumar（2013）[86] 的研究方法，研究模型如下：

$$absDAC_{i,t} = \alpha + \beta_1 LIST_i + \beta_2 POST_{i,t} \times LIST_i$$
$$+ \sum Control + \sum Year + \sum Industry + e_{i,t} \tag{6-3}$$

$$REM_{i,t} = \alpha + \beta_1 LIST_i + \beta_2 POST_{i,t} \times LIST_i$$
$$+ \sum Control + \sum Year + \sum Industry + e_{i,t} \tag{6-4}$$

　　其中，*LIST* 为融资融券公司的虚拟变量，其他变量如上文定义。同样的，模型中控制了年度和行业固定效应。主要的测试变量是交互项 *POST × LIST*，其系数用 β_2 表示，融资融券公司在成为标的证券后盈余管理水平发生的变化，与控制组公司的变化之间的差异。若假设 1 成立，模型（6–3）和模型（6–4）中 β_2 显著为负，则表明对比控制组公司，进入融资融券标的证券名单后，融资融券公司的盈余管理水平降低了。在敏感性测试中，我们还采用一对一配对样本进行检验。

　　关于应计盈余管理水平（*absDAC*），我们首先采用操控性应计的绝对值来衡量。参考 Kothari et al.（2005）[88] 和章卫东（2010）[27] 的研究方法，我们采用控制公司上年业绩（*ROA*）的修正 Jones（1991）[87] 模型来计算。

$$\frac{ACCR_{i,t}}{AT_{i,t-1}} = \theta_0 + \theta_1 \frac{1}{AT_{i,t-1}} + \theta_2 \frac{\Delta SALE_{i,t} - \Delta AR_{i,t}}{AT_{i,t-1}} + \theta_3 \frac{PPE_{i,t}}{AT_{i,t-1}} + \theta_4 ROA_{i,t-1} + e_{i,t}$$

（6–5）

　　其中，Δ 表示当年与上年的变化额，*AT* 是公司总资产，*ACCR* 为营业利润与经营活动现金流的差额，*SALE* 是主营业务收入，*AR* 是应收账款净额，*PPE* 是固定资产净额，*ROA* 为营业利润与上年总资产的比值。*absDAC* 即残差的绝对值，表示操控性应计水平，该数值越高，公司实施应计盈余管理的可能性越大。

关于真实盈余管理水平（*REM*），我们借鉴 Roychowdhury（2006）[89]的研究方法，从经营活动现金流、可操控性费用、生产成本三个方面进行衡量，对模型（6–6）、模型（6–7）和模型（6–8）分别计算出残差 *r_CFO*，*r_DISEXP* 和 *r_PROD*。

$$\frac{CFO_{i,t}}{AT_{i,t-1}} = \theta_0 + \theta_1 \frac{1}{AT_{i,t-1}} + \theta_2 \frac{SALE_{i,t}}{AT_{i,t-1}} + \theta_3 \frac{\Delta SALE_{i,t}}{AT_{i,t-1}} + e_{i,t} \tag{6–6}$$

$$\frac{DISEXP_{i,t}}{AT_{i,t-1}} = \theta_0 + \theta_1 \frac{1}{AT_{i,t-1}} + \theta_2 \frac{SALE_{i,t}}{AT_{i,t-1}} + e_{i,t} \tag{6–7}$$

$$\frac{PROD_{i,t}}{AT_{i,t-1}} = \theta_0 + \theta_1 \frac{1}{AT_{i,t-1}} + \theta_2 \frac{SALE_{i,t}}{AT_{i,t-1}} + \theta_3 \frac{\Delta SALE_{i,t}}{AT_{i,t-1}} + \theta_4 \frac{\Delta SALE_{i,t-1}}{AT_{i,t-1}} + e_{i,t} \tag{6–8}$$

其中，*CFO* 为经营活动产生的现金流净额，*DISEXP* 为销售费用和管理费用之和 [①]，*PROD* 为销售成本与存货变化之和，其他变量定义如上文介绍。针对上市公司三种可能存在的真实盈余管理方式，我们参考 Cohen and Zarowin（2010）[104] 的做法，构建指标 *REM* 来反映公司整体的真实活动盈余管理水平（*REM = r_PROD – r_CFO – r_DISEXP*）。该数值越大，公司利用真实盈余管理增大利润的可能性越高。

为了检验假设 2 和假设 3，我们把公司按照外部市场环境和内部股权结构进行分组。分组检验的好处体现在：一是控制变量的系数在两组公司间不要求一致；二是由于主回归中主要测试变量是交互项 *POST×LIST*，如果在分组检验时采用交互项，就会出现三个变量相乘的交互项，可能有多重共线性问题，导致结果的不稳定。因此，我们采用分组回归，再对其系数差异进行检验（Denis and Sibilkov, 2010[105]；Chen et al., 2011[106]；Kusnadi and Wei, 2011[107]）。

外部市场环境（*MKT_high*）的测度，本书采用 2009 年市场化进程指数（樊纲等，2011[23]），若公司注册地所在省份的指数高于中位数，则该变量为 1，否则为 0。该指数从政府与市场的关系、非国有经济的发展、产品市场的发育程度、要素市场的发育程度、市场中介组织发育和法律制度环境五个方面，对各地区的市场化进程进行衡量。公司内部股权结构（*BALANCE*）的衡量，我们参

---

① 参考李增福等（2011），在我国，公司没有专门单独披露当年的研发费用和广告费用，而是包含在销售费用、管理费用等里面。因此，本书中该指标包含销售费用和管理费用。

照王跃堂等（2006）[108] 股权制衡的计算方法，即按照第一大股东和后四大股东的持股比例的比值在行业内进行排序，若公司的该比值超过行业的上四分位数，则该变量为 0，否则为 1。若假设 2 成立，则模型（6–3）和模型（6–4）中 $POST \times LIST$ 的系数 β_2 在市场化程度较高的地区（$MKT\_high = 1$）应当为负数，并且明显小于其在市场化程度较低的地区（$MKT\_high = 0$）。若假设 3 成立，那么对于大股东缺乏制衡的公司（$BALANCE = 0$），模型（6–3）和模型（6–4）中 $POST \times LIST$ 的系数 β_2 在所处地区市场化程度较高组和较低组之间的差别，要大于其在股权结构得到制衡的公司（$BALANCE = 1$）中的差别。

三、变量描述性统计

表 6–2 是变量的描述性统计分析。对应计盈余管理和真实盈余管理两项检验所用到的主要变量，分别报告了其样本量、均值、标准差、第一四分位数、中位数、第三四分位数等统计量。由于应计盈余管理和真实盈余管理的计算所用变量不同，以及部分控制变量为两项检验共有，因此，不同的变量对应的样本数量存在一定的差异。

表6-2 描述性统计分析：盈余管理检验

变量名称	样本量	均值	标准差	Q1	中位数	Q3
absDAC	8667	0.067	0.067	0.020	0.046	0.089
REM	9703	-0.005	0.253	-0.116	0.015	0.128
SIZE	9766	21.696	1.193	20.866	21.591	22.388
LEV	9766	0.503	0.196	0.362	0.515	0.649
Q	9766	1.829	1.189	1.086	1.454	2.115
AGE	8667	11.822	3.943	9.000	12.000	15.000
stdOCF	8667	0.072	0.051	0.035	0.057	0.095
stdSGRW	8667	0.235	0.373	0.072	0.127	0.238
stdSALE	8667	0.152	0.141	0.067	0.110	0.183
ROA	9703	0.051	0.084	0.010	0.038	0.082
SUSPECT	9703	0.039	0.193	0.000	0.000	0.000

注：此表报告主要变量的描述性统计。变量定义见表 6–1。

表 6–3 描述了融资融券公司与其他上市公司的一些基本公司特征的对比，分别报告了基本变量的均值、均值的差异以及对差异的检验结果。从中可以看出，融资融券公司特征与沪深证券交易所的标的公司选取标准（见本书第二章第一节介绍）较为符合，融资融券公司的规模更大，上市时间更长，业绩更好。而关于盈余管理，在本书的样本期间，融资融券公司的应计盈余管理水平平均高于其他上市公司（P 值 =0.018），而真实盈余管理则显著低于其他上市公司（P 值 =0.000）。所以，从总体上看，融资融券公司的盈余质量并不一定好于其他上市公司。

表 6–3　描述性统计分析：公司特征对比

变量名称	融资融券公司 (a)	其他上市公司 (b)	(a) – (b)	p-value
absDAC	0.071	0.066	0.005	0.018**
REM	-0.027	-0.001	-0.026	0.000***
SIZE	23.106	21.489	1.617	0.000***
LEV	0.525	0.500	0.025	0.000***
Q	1.833	1.829	0.004	0.912
AGE	12.166	11.770	0.396	0.002***
ROA	0.096	0.044	0.052	0.000***

注：此表报告融资融券公司与其他上市公司基本特征的均值、差异及其检验。变量定义见表 6–1。***、**、* 分别表示在 1%、5%、10% 的统计水平上显著。

表 6–4 报告了融资融券公司在事件前后两类盈余管理水平的均值、均值的差异以及对差异的检验结果。在进入标的名单之后，融资融券公司的应计盈余管理水平显著降低了（P 值 =0.000），而真实盈余管理的变化并不明显（P 值 =0.269）。应计盈余管理的变化趋势初步验证了假设 1 的观点。但是由于没有控制同时期盈余管理水平趋势上的变化，我们还不能判断融资融券事件对公司盈余管理水平带来的真正影响。

表 6–4 描述性统计分析：事件前后对比

变量名称	进入标的名单之前 (a)	进入标的名单之后 (b)	(b) – (a)	p-value
absDAC	0.077	0.049	-0.028	0.000***
REM	-0.025	-0.036	-0.011	0.269

注：此表报告融资融券公司在事件前后主要变量的均值、差异及其检验。变量定义见表 6–1。***、**、* 分别表示在 1%、5%、10% 的统计水平上显著。

因此，结合表 6–3 和表 6–4 的分析，在回归实证检验部分，我们分别从融资融券公司自身对比、融资融券公司与其他上市公司对比（DID）两个角度进行讨论。采用 DID 方法可以更好地控制时间趋势上的影响。在敏感性测试部分，我们还采用一对一配对样本，选择与融资融券公司进入标的名单前盈余管理程度最接近的公司作为配对公司，对文章的几个假设进行敏感性检验。

表 6–5 则给出了主要变量之间的相关系数检验结果，其中，下三角为 Pearson 相关系数矩阵，上三角为 Spearman 相关系数矩阵，变量间不存在严重的多重共线性问题。为了控制潜在的自相关问题，本书在所有回归中对标准误进行公司维度的 cluster 处理。

表6-5 相关性分析：盈余管理检验

	absDAC	REM	SIZE	LEV	Q	AGE	stdOCF	stdSGRW	stdSALE	ROA	SUSPECT
absDAC		0.044***	-0.047***	0.076***	0.083***	0.037***	0.365***	0.179***	0.147***	0.096***	-0.033**
REM	0.109***		0.076***	0.288***	-0.183***	0.065***	0.128***	0.147***	0.119***	-0.427***	0.090***
SIZE	-0.035**	0.068***		0.346***	-0.390***	0.091***	0.029**	0.090***	0.001	0.179***	-0.025*
LEV	0.082***	0.286***	0.334***		-0.164***	0.094***	0.122***	0.158***	0.113***	-0.308***	0.051***
Q	0.078***	-0.205***	-0.398***	-0.210***		0.077***	0.022*	-0.023*	0.004	0.114***	-0.038***
AGE	0.053***	0.059***	0.080***	0.091***	0.056***		0.072***	0.060***	0.050***	-0.067***	-0.001
stdOCF	0.438***	0.128***	0.046***	0.112***	0.017	0.103***		0.422***	0.309***	0.131***	-0.020
stdSGRW	0.246***	0.080***	0.139***	0.128***	-0.074***	0.080***	0.395***		0.690***	0.090***	-0.012
stdSALE	0.155***	0.130***	0.025*	0.071***	-0.006	0.063***	0.285***	0.528***		0.069***	-0.012
ROA	0.196***	-0.423***	0.167***	-0.298***	0.133***	-0.054***	0.190***	0.224***	0.109***		-0.216***
SUSPECT	-0.039***	0.075***	-0.023*	0.046***	-0.020*	-0.003	-0.023*	-0.025*	-0.016	-0.116***	

注：左下角为Pearson相关系数，右上角为Spearman相关系数。变量定义见表6-1。***、**、*分别表示在1%、5%、10%的统计水平上显著。

第四节　实证结果

一、卖空机制与盈余管理

卖空机制影响标的公司应计盈余管理的回归结果 [模型（6-1）] 见表6-6。在第1列中，我们先不控制行业固定效应，主要变量 POST 的系数为 -0.027，且在1%的水平下显著。经营活动现金流的标准差（stdOCF）与应计盈余管理显著正相关。表的第2列，我们控制了行业固定效应，结果较为相似，POST×LIST 的系数为 -0.027，同样在1%的水平下显著。经营活动现金流的标准差（stdOCF）与应计盈余管理显著正相关，上市年龄（AGE）与应计盈余管理显著负相关。上述结果与单变量检验（表6-4）的结果一致，表明引入卖空机制后，标的公司的应计盈余管理水平显著降低了，符合假设1的预期。而且，公司的经营风险越大，越倾向于采用应计盈余管理。

表6-6　卖空机制与应计盈余管理：标的公司前后对比

变量名称	absDAC	absDAC
POST	-0.027***	-0.027***
	(-4.97)	(-5.04)
SIZE	-0.002	-0.000
	(-1.00)	(-0.09)
LEV	0.013	0.008
	(0.89)	(0.54)
Q	0.002	0.002
	(0.98)	(1.17)
AGE	0.000	-0.000
	(0.32)	(-0.74)
stdOCF	0.523***	0.420***
	(10.46)	(7.61)
stdSGRW	0.012	0.014
	(1.27)	(1.51)

续表

变量名称	absDAC	absDAC
stdSALE	-0.013	-0.000
	(-0.62)	(-0.00)
Industry	No	Yes
Adj.R^2	0.178	0.195
观测值	1,140	1,140

注：此表报告回归模型（6-1）的结果。变量定义见表6-1。括号内数字为T统计值，***、**、* 分别表示在1%、5%、10%的统计水平上显著。

表6-7报告标的公司真实盈余管理的回归结果［模型（6-2）］。第1列中，主要变量 *POST* 的系数为-0.027，接近10%的显著水平。资产负债率（*LEV*）与真实盈余管理显著正相关，而投资机会（*Q*）和盈利能力（*ROA*）则与真实盈余管理显著负相关。控制行业固定效应的结果在第2列，*POST* 的系数为-0.009，但是并不显著。资产负债率（*LEV*）和可疑盈利的虚拟变量（*SUSPECT*）与真实盈余管理显著正相关，而盈利能力（*ROA*）则与真实盈余管理显著负相关。与表6-4的发现相符合，表6-7的结果并不能支持假设1。

表6-7　卖空机制与真实盈余管理：标的公司前后对比

变量名称	REM	REM
POST	-0.027	-0.009
	(-1.61)	(-0.63)
SIZE	-0.006	-0.005
	(-0.49)	(-0.52)
LEV	0.342***	0.153**
	(4.20)	(2.17)
Q	-0.029***	-0.010
	(-3.03)	(-1.30)
ROA	-1.101***	-0.977***

续表

变量名称	REM	REM
	(-6.77)	(-7.13)
SUSPECT	0.029	0.060*
	(0.68)	(1.74)
Industry	No	Yes
Adj.R^2	0.277	0.453
观测值	1,246	1,246

注：此表报告回归模型（6-2）的结果。变量定义见表6-1。括号内数字为T统计值，***、**、*分别表示在1%、5%、10%的统计水平上显著。

由于模型（6-1）和模型（6-2）只考虑了标的公司自身的情形，并没有控制住同时期外界可能影响上市公司的其他因素，因此，我们有必要将标的公司与其他公司（控制组公司）进行对比，这样二者的共同影响因素才能相互抵消，其差异才是融资融券事件本身带来的影响。

采用双重差分模型，对比控制组公司，标的公司应计盈余管理的变化见表6-8。按照回归模型（6-3），在第1列中，我们控制了年度固定效应，主要变量POST×LIST的系数为-0.013，且在1%的水平下显著。资产负债率（LEV）、投资机会（Q）、上市年龄（AGE）、经营活动现金流的标准差（stdOCF）和销售增长率的标准差（stdSGRW）与应计盈余管理显著正相关，而公司规模（SIZE）则与应计盈余管理显著负相关。在第2列，我们控制了年度固定效应和公司固定效应，结果较为相似，POST×LIST的系数为-0.013，同样在1%的水平下显著。资产负债率（LEV）、投资机会（Q）、经营活动现金流的标准差（stdOCF）和销售增长率的标准差（stdSGRW）与应计盈余管理显著正相关，公司规模（SIZE）和主营业务收入的标准差（stdSALE）则与应计盈余管理显著负相关。上述结果表明，对比控制组公司，引入卖空机制后，融资融券公司的应计盈余管理水平显著降低了，与假设1的预期相符。公司的负债水平越高，经营风险越大，越倾向于采用应计盈余管理；相反，公司规模越大，上市时间越长，运用应计项目操纵利润的概率越低。

表6–8　卖空机制与应计盈余管理：双重差分对比

变量名称	absDAC	absDAC
LIST	0.006**	0.005
	(2.08)	(1.49)
POST×LIST	-0.013***	-0.013***
	(-2.96)	(-2.96)
SIZE	-0.003***	-0.002***
	(-3.44)	(-2.99)
LEV	0.019***	0.019***
	(4.79)	(4.53)
Q	0.004***	0.004***
	(4.58)	(4.83)
AGE	0.000**	0.000
	(2.35)	(1.24)
stdOCF	0.524***	0.500***
	(27.23)	(24.79)
stdSGRW	0.020***	0.020***
	(5.46)	(5.40)
stdSALE	-0.011	-0.012*
	(-1.50)	(-1.65)
Year	Yes	Yes
Industry	No	Yes
Adj.R^2	0.219	0.222
观测值	8,667	8,667

　　注：此表报告回归模型（6–3）的结果。变量定义见表6–1。括号内数字为T统计值，***、**、*分别表示在1%、5%、10%的统计水平上显著。

　　表6–9报告卖空机制影响公司真实盈余管理的双重差分模型回归结果。根据回归模型（6–4），第1列加入年度固定效应，主要变量POST×LIST的系数

为 -0.034，在 1% 的水平下显著。资产负债率（*LEV*）和可疑盈利的虚拟变量（*SUSPECT*）与真实盈余管理显著正相关，而投资机会（*Q*）和盈利能力（*ROA*）则与真实盈余管理显著负相关。控制年度固定效应和公司固定效应的结果在第 2 列，*POST* × *LIST* 的系数为 -0.025，在 5% 的水平下显著。同样的，资产负债率（*LEV*）和可疑盈利的虚拟变量（*SUSPECT*）与真实盈余管理显著正相关，而投资机会（*Q*）和盈利能力（*ROA*）则与真实盈余管理显著负相关。这些结果表明，卖空机制可以抑制管理层操纵利润的动机，不仅减少了应计盈余管理，真实盈余管理的程度也降低了，支持假设 1 的说法。公司的规模越大、负债比例越高，越有动机进行真实盈余管理，而获利水平的提高则会减缓真实盈余管理。

表 6-9　卖空机制与真实盈余管理：双重差分对比

变量名称	REM	REM
LIST	0.021	0.011
	(1.16)	(0.68)
POST × LIST	-0.034***	-0.025**
	(-2.66)	(-1.99)
SIZE	0.003	0.002
	(0.59)	(0.42)
LEV	0.176***	0.100***
	(7.60)	(4.63)
Q	-0.033***	-0.022***
	(-6.82)	(-5.08)
ROA	-1.129***	-1.106***
	(-18.90)	(-19.98)
SUSPECT	0.033***	0.028***
	(3.62)	(3.25)
Year	Yes	Yes
Industry	No	Yes
Adj.R^2	0.229	0.323
观测值	9,703	9,703

注：此表报告回归模型（6-4）的结果。变量定义见表 6-1。括号内数字为 T 统计

值，***、**、* 分别表示在 1%、5%、10% 的统计水平上显著。

二、外部市场环境的影响

为了检验假设 2，我们把公司按照地区市场化指数高低进行分组，并采用双重差分模型。表 6-10 给出了应计盈余管理的分组结果，其中，列（1）为市场化程度较低组，列（2）为市场化程度较高组。从中可以看到，主要变量 $POST \times LIST$ 在列（1）中并不显著，在列（2）的系数为 -0.019，并且在 1% 的水平下显著。可见，在市场化程度较高的地区，引入卖空机制才能显著降低公司的应计盈余管理水平，初步验证了假设 2。我们进一步检验主要变量 $POST \times LIST$ 的系数在市场化程度较低组和较高组［列（1）和列（2）］之间的差异，表的最后一栏的第一项给出了结果。可以看到，$POST \times LIST$ 的系数在两组间并没有显著的差异，假设 2 只能得到微弱的支持。

表 6-10　卖空机制与应计盈余管理：外部市场环境的影响

变量名称	MKT_high = 0 (1)	MKT_high = 1 (2)
LIST	0.004	0.005
	(0.98)	(1.15)
POST × LIST	-0.008	-0.019***
	(-1.38)	(-2.75)
SIZE	-0.002**	-0.003**
	(-2.04)	(-2.15)
LEV	0.013**	0.026***
	(2.26)	(4.04)
Q	0.004***	0.005***
	(3.05)	(3.69)
AGE	-0.000	0.001**
	(-0.96)	(2.32)
stdOCF	0.466***	0.529***
	(16.77)	(18.31)

续表

变量名称	MKT_high = 0 (1)	MKT_high = 1 (2)
stdSGRW	0.021***	0.018***
	(4.61)	(3.32)
stdSALE	-0.010	-0.010
	(-1.03)	(-0.89)
Year	Yes	Yes
Industry	Yes	Yes
Adj.R^2	0.203	0.243
观测值	4,665	4,002
零假设	(1) 和 (2) 中 POST × LIST 系数相同	
P 值	0.230	

注：此表报告分组检验回归模型（6–3）的结果，样本公司按照市场化程度高低（MKT_high）进行分组。变量定义见表6–1。括号内数字为 T 统计值，***、**、* 分别表示在 1%、5%、10% 的统计水平上显著。

表 6–11 是真实盈余管理的分组结果。与应计盈余管理类似，在列（1）中市场化指数较低组的 *POST × LIST* 并不显著，在列（2）中市场化指数较高组的 *POST × LIST* 系数为 -0.031，在 10% 的水平下显著，表明只有当外部市场环境较好时，卖空机制的推出才能抑制真实盈余管理。同样的，我们检验了主要变量 *POST × LIST* 的系数在市场化程度较低组和较高组 [列（1）和列（2）] 之间的差异，从最后一栏的第一项可以看到，*POST × LIST* 的系数在两组间的差别并不明显。

表 6–11　卖空机制与真实盈余管理：外部市场环境的影响

变量名称	MKT_high = 0 (1)	MKT_high = 1 (2)
LIST	-0.000	0.027

变量名称	MKT_high = 0 (1)	MKT_high = 1 (2)
	(-0.01)	(1.35)
POST×LIST	-0.014	-0.031*
	(-0.79)	(-1.83)
SIZE	0.003	-0.005
	(0.46)	(-0.68)
LEV	0.057**	0.159***
	(2.05)	(4.77)
Q	-0.018***	-0.028***
	(-3.55)	(-4.01)
ROA	-1.086***	-1.114***
	(-14.29)	(-13.92)
SUSPECT	0.021**	0.044***
	(2.08)	(2.89)
Year	Yes	Yes
Industry	Yes	Yes
Adj.R^2	0.346	0.318
观测值	5,081	4,622
零假设	(1) 和 (2) 中 POST×LIST 系数相同	
P 值	0.497	

注：此表报告分组检验回归模型（6-4）的结果，样本公司按照市场化程度高低（MKT_high）进行分组。变量定义见表 6-1。括号内数字为 T 统计值，***、**、* 分别表示在 1%、5%、10% 的统计水平上显著。

因此，无论是应计盈余管理还是真实盈余管理，卖空机制的约束作用都只有在市场化程度较高的地区才能发挥，而外部市场环境所起的促进作用却不显著，假设 2 只能得到微弱的支持，我们有必要进一步考虑公司自身对盈余管理的不同约束程度带来的不同影响。

三、外部市场环境和内部股权结构的相互作用

为了检验假设 3，我们在假设 2 的基础上，加入公司股权结构的因素，按照股权结构制衡与否以及地区市场化程度高低将公司分为四组。表 6–12 给出了应计盈余管理的检验结果。其中，列（1）是股权缺乏制衡且市场化程度较低的公司，列（2）是股权缺乏制衡且市场化程度较高的公司，列（3）是股权得到制衡且市场化程度较低的公司，列（4）是股权得到制衡且市场化程度较高的公司。从中可以看出，在列（1）至（2）股权缺乏制衡的公司中，主要变量 POST × LIST 的系数在市场化程度较低时并不显著［列（1）］，在市场化程度较高时显著为负［列（2），系数为 -0.033，在 5% 的水平下显著］；在列（3）至（4）股权得到制衡的公司中，无论外部市场环境如何，主要变量 POST × LIST 的系数均不显著。说明对于内部股权缺乏制衡的公司，只有当其所处地区市场化程度较高时，融资融券才能抑制应计盈余管理；对于股权结构较为合理的公司，融资融券对应计盈余管理的约束作用并不明显。同时，我们检验了主要变量 POST × LIST 的系数在相同股权结构但不同市场环境的公司间的差异，进一步分析市场环境的作用。具体而言，我们检验在大股东缺乏制衡的公司中，市场化程度高低对融资融券治理效应的影响是否明显［列（1）和列（2）的对比］；在大股东得到制衡的公司中，市场化程度高低的作用是否显著［列（3）和列（4）的对比］。最后一栏的最后两项给出了比较的结果，POST × LIST 的系数在列（1）和列（2）是有显著差异的（P 值为 0.052），而在列（3）和列（4）并没有显著差异，支持假设 3 的观点。这表明当公司的股权结构失去制衡时，采用应计项目操纵利润也可能更为普遍，在这种情况下，外部市场环境的好坏对卖空机制治理效应的影响才有显著的差别；当公司的股权结构比较合理、大股东能够得到制衡时，外部市场环境的影响并不明显。这也可能是 POST × LIST 的系数在表 6–10 中没有明显差别的原因，股权结构得到制衡这类公司的存在，弱化了外部市场环境的影响，使得假设 2 得不到有力的支持。

表 6-12 卖空机制与应计盈余管理：外部市场环境和内部股权结构的影响

变量名称	BALANCE = 0 MKT_high = 0 (1)	BALANCE = 0 MKT_high = 1 (2)	BALANCE = 1 MKT_high = 0 (3)	BALANCE = 1 MKT_high = 1 (4)
LIST	-0.011*	0.011	0.009*	0.001
	(-1.80)	(1.30)	(1.66)	(0.31)
POST × LIST	-0.002	-0.033**	-0.009	-0.011
	(-0.18)	(-2.54)	(-1.34)	(-1.28)
SIZE	-0.002	-0.001	-0.002*	-0.004**
	(-1.21)	(-0.54)	(-1.65)	(-2.47)
LEV	0.020**	0.019	0.012*	0.027***
	(2.10)	(1.62)	(1.74)	(3.58)
Q	0.004**	0.002	0.003**	0.006***
	(2.33)	(0.68)	(2.30)	(3.91)
AGE	0.001	0.000	-0.000	0.001*
	(0.78)	(0.81)	(-1.37)	(1.92)
stdOCF	0.459***	0.610***	0.475***	0.493***
	(8.76)	(12.41)	(13.70)	(13.20)
stdSGRW	0.019**	0.031***	0.021***	0.014**
	(2.34)	(3.24)	(3.61)	(2.06)
stdSALE	-0.015	-0.042**	-0.010	0.001
	(-1.09)	(-2.14)	(-0.84)	(0.05)
Year	Yes	Yes	Yes	Yes
Industry	Yes	Yes	Yes	Yes
Adj.R^2	0.178	0.291	0.214	0.226
观测值	1,284	1,161	3,381	2,841
零假设	(1) 和 (2) 中 POST × LIST 系数相同		(3) 和 (4) 中 POST × LIST 系数相同	
P 值	0.052		0.909	

注：此表报告分组检验回归模型（6–3）的结果，样本公司按照市场化程度高低（MKT_high）和股权是否制衡（BALANCE）进行分组。变量定义见表6–1。括号内数字为T统计值，***、**、*分别表示在1%、5%、10%的统计水平上显著。

表6–13报告了真实盈余管理的分组结果。与应计盈余管理结果相似，在列（1）至（2）股权缺乏制衡的公司中，主要变量 POST × LIST 的系数在市场化程度较低时并不显著［列（1）］，在市场化程度较高时显著为负［列（2），系数为 –0.076，在5%的水平下显著］；在列（3）至（4）股权得到制衡的公司中，无论市场化程度如何，主要变量 POST × LIST 的系数均不显著。说明当公司的股权结构缺乏制衡时，其所处地区市场化程度较高，卖空机制才能降低真实盈余管理；否则，当公司的股权结构较为合理，真实盈余管理的动机不那么强烈时，卖空机制的约束作用并不明显。同样的，我们检验了 POST × LIST 的系数在相同股权结构但不同市场环境的公司间的差异，以此来分析市场环境的作用。表6–13最后一栏的最后两项给出了比较的结果，POST × LIST 的系数在列（1）和列（2）有显著的差异（P值为0.019），而在列（3）和列（4）的差异不显著，符合假设3的预期。表明当公司的大股东没有得到制衡时，采用真实盈余管理的概率也可能更高，在这种情况下，外部市场环境对卖空机制治理效应的影响才有显著的差别；当公司的股权结构能够有效地制衡控股股东时，外部市场环境并没有太大的影响。在前文对假设2的分析中，POST × LIST 的系数在市场化程度较低组和较高组（表6–11）之间并没有显著的差异，现在我们对公司的股权制衡情况加以区分，并着眼于大股东缺乏制衡的情形，外部市场环境所起的促进作用就能突显出来了。

表6–13　卖空机制与真实盈余管理：外部市场环境和内部股权结构的影响

变量名称	BALANCE = 0 MKT_high = 0 (1)	BALANCE = 0 MKT_high = 1 (2)	BALANCE = 1 MKT_high = 0 (3)	BALANCE = 1 MKT_high = 1 (4)
LIST	-0.002	0.034	-0.001	0.031
	(-0.07)	(0.91)	(-0.02)	(1.47)
POST × LIST	0.041	-0.076**	-0.033	-0.007
	(1.22)	(-2.02)	(-1.48)	(-0.36)
SIZE	-0.004	0.001	0.004	-0.012

续表

变量名称	BALANCE = 0 MKT_high = 0 (1)	BALANCE = 0 MKT_high = 1 (2)	BALANCE = 1 MKT_high = 0 (3)	BALANCE = 1 MKT_high = 1 (4)
	(-0.43)	(0.05)	(0.57)	(-1.39)
LEV	0.116**	0.248***	0.042	0.138***
	(2.21)	(4.03)	(1.35)	(3.73)
Q	-0.028***	-0.027**	-0.013**	-0.029***
	(-3.21)	(-2.32)	(-2.35)	(-3.64)
ROA	-0.929***	-1.195***	-1.134***	-1.069***
	(-6.19)	(-7.97)	(-13.78)	(-11.84)
SUSPECT	0.004	0.021	0.032**	0.051***
	(0.22)	(0.63)	(2.34)	(3.02)
Year	Yes	Yes	Yes	Yes
Industry	Yes	Yes	Yes	Yes
Adj.R^2	0.368	0.324	0.340	0.326
观测值	1,345	1,202	3,736	3,420
零假设	(1) 和 (2) 中 POST × LIST 系数相同		(3) 和 (4) 中 POST × LIST 系数相同	
P 值	0.019		0.370	

注：此表报告分组检验回归模型（6–4）的结果，样本公司按照市场化程度高低（MKT_high）和股权是否制衡（BALANCE）进行分组。变量定义见表 6–1。括号内数字为 T 统计值，***、**、* 分别表示在 1%、5%、10% 的统计水平上显著。

以上结果表明，综合考虑内部股权结构和外部市场环境的影响，股权没有受到制衡的公司其盈余质量改进的空间更大，此时，当外部市场环境能够为金融市场的发展提供良好的基础、为法律政策的执行提供充分的保障时，卖空机制才能约束管理层的机会主义行为，提高公司内部治理效率，卖空机制的治理效应才能真正发挥。

第五节 敏感性分析

在敏感性测试中，我们进行了如下检验：

（1）采用一对一配对样本。在上文的检验中，我们用沪深两市 A 股上市公司中没有进入融资融券标的证券名单的其他公司作为控制组，在敏感性测试中，我们为每家融资融券样本公司选取一个配对公司，同样进行双重差分（DID）检验。配对公司按照以下方法选取：①没有进入融资融券标的证券名单；②公司注册地与样本公司所在省份相同；③公司规模（SIZE）与样本公司之差的绝对值不超过样本公司规模的 10%；④公司的 ROA 与样本公司最为接近；⑤事件前后均有数据。找到配对公司后，按照模型（6–9）对前文的三个假设进行检验，模型（6–9）中变量定义如前文所介绍。

$$absDAC_{i,t}(or\ REM_{i,t}) = \alpha + \beta_1 POST_{i,t} + \beta_2 LIST_i + \beta_3 POST_{i,t} \times LIST_i \\ + \sum CONTROL + \sum Industry + \sum matched\ pair\ dummy + e_{i,t}$$ (6–9)

（2）采用一对一配对样本。在我国，融资融券标的证券由证券交易所依据一定的条件（如上市年龄、流通市值、股东人数、换手率、涨跌幅等）进行选取。为了控制可能存在的内生性问题，我们在选取配对公司时考虑公司的盈余管理水平，在满足所在省份相同、公司规模接近的前提下，选择与样本公司进入标的名单前盈余管理程度最接近的公司作为配对公司，对本章的三个假设进行检验。

表 6–14 报告了采用配对样本进行敏感性测试中主要变量 POST×LIST 的结果[①]。其中，列（1）为假设 1 的全样本检验，列（2）和列（3）为假设 2 的分组检验，列（4）至（7）为假设 3 的分组检验。在 Panel A，配对样本按照公司规模、所在地区、公司业绩进行匹配。Panel B 中配对样本按照公司规模、所在地区、公司盈余管理程度进行匹配。从中可以看出，在假设 1 的全样本检验结果中，POST×LIST 的系数均是显著为负的，支持假设 1 的观点；在假设 2 的分组检验中，POST×LIST 的系数在列（2）中并不显著，在列（3）中大多显著为负，表明卖空机制对盈余管理的约束作用只有在市场化程度高的地区才能发挥作用；对假设 3 的分组检验，POST×LIST 的系数在列（5）是显著为负的，说明卖空机制的治理效应主要集中在市场化程度高同时股权缺乏制衡的一组公司。因此，采用一一配对样本进行检验，并且采用不同的方法进行配对，我们的主要研究结论依然成立。

---

① 为了全文结构安排更加合理，在敏感性测试中，我们仅报告主要变量 POST×LIST 的结果。

表6-14 敏感性测试：采用配对样本

	全样本 (1)	MKT_high = 0 (2)	MKT_high = 1 (3)	BALANCE = 0 MKT_high = 0 (4)	BALANCE = 0 MKT_high = 1 (5)	BALANCE = 1 MKT_high = 0 (6)	BALANCE = 1 MKT_high = 1 (7)
Panel A: 采用配对样本，按照公司规模、所在地区、公司业绩进行匹配							
absDAC	-0.010*	-0.002	-0.018**	-0.003	-0.030**	-0.001	-0.012
	(-1.75)	(-0.22)	(-1.97)	(-0.25)	(-2.13)	(-0.08)	(-1.04)
REM	-0.033**	-0.016	-0.048**	-0.023	-0.104***	-0.007	-0.043
	(-2.01)	(-0.65)	(-2.05)	(-0.55)	(-2.66)	(-0.24)	(-1.50)
Panel B: 采用配对样本，按照公司规模、所在地区、公司盈余管理程度进行匹配							
absDAC	-0.013**	-0.004	-0.023***	-0.013	-0.033***	-0.001	-0.017*
	(-2.49)	(-0.65)	(-3.02)	(-1.24)	(-2.75)	(-0.07)	(-1.76)
REM	-0.031*	-0.031	-0.030	-0.017	-0.093***	-0.037	-0.012
	(-1.76)	(-1.25)	(-1.25)	(-0.41)	(-2.23)	(-1.20)	(-0.38)

注：此表报告回归模型（6-9）中主要变量 POST×LIST 的结果。变量定义见表6-1。括号内数字为 T 统计值，***、**、* 分别表示在 1%、5%、10% 的统计水平上显著。

（3）采用盈余管理的其他衡量方法。应计盈余管理的衡量，我们首先采用操控性应计的其他衡量方法。参考 Kothari et al.（2005）[88]，*absDAC2* 为控制公司当年业绩（ROA），分年度计算的修正横截面 Jones 模型的操控性应计的绝对值；*absDAC3* 为参考 Kothari et al.（2005）[88]，分年度分行业计算的 absDAC；*absDAC4* 为修正的横截面 Jones 模型计算的操控性应计的绝对值。

Dechow and Dichev（2002）[103] 提出了另外一种衡量企业应计盈余管理水平的方法，通过分析应计利润与经营活动现金流量的匹配程度，作为企业应计盈余管理水平的衡量指标。参考 Dechow and Dichev（2002）[103]，DD 为采用10 年窗口期计算的 DD 模型残差的标准差。

真实盈余管理的衡量，借鉴 Roychowdhury（2006）[89]，计算出操控性费用模型和生产成本模型的残差：r_DISEXP 和 r_PROD，*REM2* 为 r_PROD − r_DISEXP；*REM3* 为分年度分行业计算的 REM。具体变量定义见表 6–1。

表 6–15 报告了采用其他方法衡量盈余管理时主要变量 *POST×LIST* 的结果。同样的，列（1）为假设 1 的全样本检验，列（2）和列（3）为假设 2 的分组检验，列（4）至（7）为假设 3 的分组检验。可以看到，*POST×LIST* 的系数在列（1）、列（3）和列（5）中绝大多数是显著为负的，表明公司的盈余管理水平在引入卖空机制后显著降低，并且卖空机制的治理效应主要集中在市场化程度高同时股权缺乏制衡的公司。因此，采用盈余管理的其他衡量方法，上文的几个假设都能得到支持。

表6-15 敏感性测试：采用盈余管理的其他衡量方法

	全样本 (1)	MKT_high=0 (2)	MKT_high=1 (3)	BALANCE=0 MKT_high=0 (4)	BALANCE=0 MKT_high=1 (5)	BALANCE=1 MKT_high=0 (6)	BALANCE=1 MKT_high=1 (7)
absDAC2	-0.014***	-0.010*	-0.020***	-0.008	-0.029**	-0.010	-0.014*
	(-3.43)	(-1.71)	(-3.20)	(-0.74)	(-2.47)	(-1.35)	(-1.89)
absDAC3	-0.011**	-0.007	-0.014**	0.003	-0.027**	-0.009	-0.009
	(-2.52)	(-1.22)	(-2.25)	(0.32)	(-2.46)	(-1.35)	(-1.18)
absDAC4	-0.010**	-0.008	-0.013*	-0.005	-0.025*	-0.007	-0.007
	(-2.19)	(-1.27)	(-1.81)	(-0.50)	(-1.90)	(-0.92)	(-0.73)
DD	-0.008**	-0.005	-0.012**	-0.003	-0.024**	-0.003	-0.012
	(-2.53)	(-1.52)	(-2.10)	(-0.38)	(-2.03)	(-0.89)	(-1.54)
REM2	-0.011	0.001	-0.021*	0.038	-0.055**	-0.011	-0.002
	(-1.26)	(0.11)	(-1.73)	(1.59)	(-2.13)	(-0.69)	(-0.13)
REM3	-0.025*	-0.029	-0.019	-0.013	-0.088**	-0.031	0.011
	(-1.94)	(-1.43)	(-1.12)	(-0.41)	(-2.28)	(-1.22)	(0.56)

注：此表报告回归模型（6-3）和（6-4）中主要变量POST×LIST的结果。变量定义见表6-1。括号内数字为T统计值，***、**、* 分别表示在1%、5%、10%的统计水平上显著。

（4）区分应计盈余管理的不同方向。在上文的检验中，参考国内现有研究（例如，陈信元和夏立军，2006[109]；胡奕明和唐松莲，2008[110]；魏明海等，2013[22]；陈武朝，2013[111]；等等），应计盈余管理采用不区分方向的、可操控性应计的绝对值来衡量。现实中，上市公司管理层可能为了规避亏损或者实现 IPO 等目的，进行向上的、调增利润的盈余管理（陆建桥，1999[91]；林舒和魏明海，2000[92]），也可能出于避税动因，或者利润出现大亏时"洗大澡"（big bath）而进行向下的、调低利润的盈余管理（王跃堂等，2009[112]）。而无论是何种方向的操纵利润行为，都可能引发公司负面新闻的曝光，因而管理层会有动机减少其盈余管理行为。因此，在敏感性测试，我们对应计盈余管理的不同方向进行了探讨。可操控性应计（DAC）大于 0，表示公司更可能实施正向应计盈余管理，向上调整盈余；可操控性应计（DAC）小于 0，则表示公司更可能实施负向应计盈余管理，向下调低利润。

区分不同方向的应计盈余管理的检验结果见表 6–16。其中，Panel A 是正向应计盈余管理的结果。在列（1）的全样本检验中，主要变量 $POST \times LIST$ 的系数是显著为负的（–0.017，t = –2.44），表明融资融券公司在进入标的名单后，显著减少了调增利润的应计盈余管理行为。考虑了市场环境和股权结构，调增利润行为的减少主要集中在市场化程度高同时股权缺乏制衡的公司，与假设的预期相符合。Panel B 是向下调低利润的情形。在全样本检验中，$POST \times LIST$ 的系数是显著为正的（0.010，t = 1.89），表明上市公司成为融资融券标的名单后，向下调低利润的应计盈余管理行为也明显减少了。同样的，调低利润行为的减少主要集中在市场化程度高同时股权缺乏制衡的公司。可见，卖空机制对公司操纵利润行为的约束作用，不仅体现在向上的、调增盈余的行为，对向下的、调低利润的行为也有明显的抑制作用。

表 6-16 敏感性测试：区分应计盈余管理的不同方向

	全样本 (1)	MKT_high = 0 (2)	MKT_high = 1 (3)	BALANCE = 0 MKT_high = 0 (4)	BALANCE = 0 MKT_high = 1 (5)	BALANCE = 1 MKT_high = 0 (6)	BALANCE = 1 MKT_high = 1 (7)
Panel A: 正向应计盈余管理（DAC > 0）							
DAC	-0.017**	-0.013	-0.020*	-0.004	-0.040*	-0.015	-0.014
	(-2.44)	(-1.59)	(-1.73)	(-0.33)	(-1.74)	(-1.50)	(-1.04)
Panel B: 负向应计盈余管理（DAC < 0）							
DAC	0.010*	0.004	0.016**	-0.001	0.033**	0.005	0.008
	(1.89)	(0.50)	(2.38)	(-0.05)	(2.45)	(0.55)	(0.97)

注：此表报告回归模型（6-3）和（6-4）中主要变量 POST×LIST 的结果。变量定义见表 6-1。括号内数字为 T 统计值，***、**、* 分别表示在 1%、5%、10% 的统计水平上显著。

（5）采用不同的样本区间。首先，在主检验中，由于卖空的影响在事件年度并不明朗，参照现有文献的做法（Chen et al.，2013）[80]，对于样本公司，我们剔除了进入融资融券名单当年数据。在敏感性测试中，我们对事件年度当年数据予以保留，并作为POST=1。检验结果见表6–17的Panel A。

其次，在主检验中，我们以2006年至2012年作为样本期间。在敏感性测试中，我们把样本拓展到2013年，并采用事件前后3年的对称样本。测试结果见表6–17的Panel B。同样的，列（1）为假设1的全样本检验，列（2）和列（3）为假设2的分组检验，列（4）至（7）为假设3的分组检验。可以看到，$POST×LIST$的系数在列（1）、列（3）和列（5）中绝大多数是显著为负的，表明公司的盈余管理水平在引入卖空机制后显著降低，并且卖空机制的治理效应主要集中在市场化程度高同时股权缺乏制衡的公司。因此，采用不同的样本期间，本章的几个假设都能得到支持。

表 6-17 敏感性测试：改变样本期间

	全样本 (1)	MKT_high=0 (2)	MKT_high=1 (3)	BALANCE=0 MKT_high=0 (4)	BALANCE=0 MKT_high=1 (5)	BALANCE=1 MKT_high=0 (6)	BALANCE=1 MKT_high=1 (7)
Panel A: 保留事件年度当年数据，作为 POST=1							
absDAC	-0.014***	-0.011*	-0.017**	0.001	-0.024*	-0.013	-0.014
	(-3.04)	(-1.76)	(-2.50)	(0.05)	(-1.74)	(-1.47)	(-1.54)
REM	-0.017	-0.009	-0.021	0.026	-0.078**	-0.020	0.006
	(-1.57)	(-0.59)	(-1.48)	(0.90)	(-2.29)	(-1.05)	(0.38)
Panel B: 将样本期间扩展到 2013 年，采用对称样本							
absDAC	-0.010**	-0.006	-0.015**	0.000	-0.025*	-0.009	-0.010
	(-2.33)	(-0.97)	(-2.36)	(0.04)	(-1.91)	(-1.21)	(-1.40)
REM	-0.030**	-0.023	-0.032**	0.019	-0.040*	-0.013	-0.007
	(-2.44)	(-1.22)	(-1.99)	(0.78)	(-1.70)	(-0.74)	(-0.57)

注：此表报告回归模型（6-3）和（6-4）中主要变量 POST×LIST 的结果。变量定义见表 6-1。括号内数字为 T 统计值，***、**、* 分别表示在 1%、5%、10% 的统计水平上显著。

（6）控制影响盈余管理的其他可能因素。公司的盈余管理行为，受到公司内外部诸多因素的影响。本书考查其中一项可能的影响因素：卖空机制的作用。在敏感性测试中，我们考虑盈余管理的其他可能影响因素，对卖空机制如何影响公司盈余管理行为做更全面的评价。现有研究表明，公司的盈余管理水平，受到高管的股权激励、公司的内部控制水平、公司独立董事的比例、外部审计师、机构投资者的持股比例等因素的影响（苏冬蔚和林大庞，2010[113]；方红星和金玉娜，2011[114]；胡奕明和唐松莲，2008[110]；杨德明和胡婷，2010[115]；夏冬林和李刚，2008[116]）。因此，我们分别控制上述因素，分析卖空机制对盈余管理的作用。

表 6–18 报告了检验结果，从中可以看到，*POST×LIST* 的系数在列（1）、列（3）和列（5）中绝大多数是显著为负的，说明在成为融资融券标的证券后，公司的盈余管理水平显著降低，并且卖空机制的治理效应主要集中在市场化程度高同时股权缺乏制衡的公司。可见，控制住影响盈余管理的其他可能因素后，本章的主要结论依然成立。

表6-18 敏感性测试：控制影响盈余管理的其他可能因素

	全样本 (1)	MKT_high = 0 (2)	MKT_high = 1 (3)	BALANCE = 0 MKT_high = 0 (4)	BALANCE = 0 MKT_high = 1 (5)	BALANCE = 1 MKT_high = 0 (6)	BALANCE = 1 MKT_high = 1 (7)
Panel A: 控制股权激励的影响							
absDAC	-0.013***	-0.008	-0.019***	-0.002	-0.033**	-0.010	-0.011
	(-2.96)	(-1.40)	(-2.75)	(-0.18)	(-2.53)	(-1.36)	(-1.28)
REM	-0.028**	-0.016	-0.037**	0.039	-0.086**	-0.035	-0.010
	(-2.34)	(-0.91)	(-2.23)	(1.15)	(-2.25)	(-1.59)	(-0.53)
Panel B: 控制企业内控水平的影响							
absDAC	-0.009*	-0.007	-0.012*	0.000	-0.031**	-0.008	-0.002
	(-1.85)	(-0.99)	(-1.66)	(0.01)	(-2.04)	(-0.99)	(-0.28)
REM	-0.022*	-0.009	-0.031*	0.050	-0.071*	-0.030	-0.010
	(-1.66)	(-0.42)	(-1.82)	(1.48)	(-1.84)	(-1.13)	(-0.55)
Panel C: 控制独董比例的影响							
absDAC	-0.009*	-0.007	-0.012	-0.000	-0.031**	-0.009	-0.002
	(-1.85)	(-1.07)	(-1.63)	(-0.05)	(-2.04)	(-1.09)	(-0.25)
REM	-0.023*	-0.010	-0.032*	0.055	-0.070*	-0.032	-0.011
	(-1.69)	(-0.46)	(-1.84)	(1.63)	(-1.78)	(-1.21)	(-0.58)
Panel D: 控制审计师的影响							

续表

	全样本 (1)	MKT_high = 0 (2)	MKT_high = 1 (3)	BALANCE = 0 MKT_high = 0 (4)	BALANCE = 0 MKT_high = 1 (5)	BALANCE = 1 MKT_high = 0 (6)	BALANCE = 1 MKT_high = 1 (7)
absDAC	-0.009*	-0.006	-0.012*	-0.000	-0.030**	-0.008	-0.002
	(-1.83)	(-0.95)	(-1.67)	(-0.04)	(-2.03)	(-0.98)	(-0.30)
REM	-0.021	-0.008	-0.028	0.049	-0.075*	-0.028	-0.004
	(-1.52)	(-0.41)	(-1.57)	(1.45)	(-1.92)	(-1.07)	(-0.22)
Panel D: 控制机构投资者持股的影响							
absDAC	-0.013***	-0.008	-0.018***	-0.001	-0.036***	-0.010	-0.010
	(-1.83)	(-0.95)	(-1.67)	(-0.04)	(-2.03)	(-0.98)	(-0.30)
REM	-0.023*	-0.008	-0.033*	0.037	-0.071*	-0.022	-0.010
	(-1.78)	(-0.41)	(-1.87)	(1.05)	(-1.84)	(-0.96)	(-0.53)

注：此表报告回归模型（6-3）和（6-4）中主要变量 POST×LIST 的结果。变量定义见表 6-1。括号内数字为 T 统计值，***、**、* 分别表示在 1%、5%、10% 的统计水平上显著。

（7）控制公司固定效应。在前面的检验中，我们控制了年度固定效应和行业固定效应。在敏感性测试中，我们控制了公司固定效应，重新检验了本章的三个假设。表6-19报告了回归结果。从中可以看到，*POST×LIST*的系数在列（1）、列（3）和列（5）中均是显著为负的，说明卖空机制能够约束公司的盈余管理行为，并且卖空机制的治理效应主要集中在市场化程度高同时股权缺乏制衡的公司。因此，控制住公司固定效应后，我们的主要结论依然能够得到支持。

表6-19 敏感性测试：控制公司固定效应

	全样本 (1)	MKT_high =0 (2)	MKT_high =1 (3)	BALANCE =0 MKT_high =0 (4)	BALANCE =0 MKT_high =1 (5)	BALANCE =1 MKT_high =0 (6)	BALANCE =1 MKT_high =1 (7)
absDAC	-0.014***	-0.008	-0.019**	0.006	-0.029*	-0.011	-0.011
	(-2.62)	(-1.27)	(-2.35)	(0.44)	(-1.78)	(-1.24)	(-1.28)
REM	-0.021**	-0.011	-0.029**	0.017	-0.045*	-0.016	-0.021
	(-2.38)	(-0.84)	(-2.50)	(0.71)	(-1.66)	(-0.93)	(-1.48)

注：此表报告主要变量 POST×LIST 的结果。变量定义见表6-1。括号内数字为 T 统计值，***、**、* 分别表示在1%、5%、10%的统计水平上显著。

第六节　进一步分析

在前面两章，我们分析了卖空机制对公司行为的可能影响路径。其中，第四章分析引入卖空机制时的市场反应，发现卖空机制的推出对上市公司的股票价格带来显著为负的影响，说明卖空机制的震慑作用；第五章分析卖空机制对上市公司股价波动性的影响，发现上市公司加入融资融券标的证券名单后，更有可能出现股价暴跌现象，这是卖空机制发挥震慑作用的另外一个影响路径。在讨论了卖空机制对公司行为的影响路径之后，本章开始检验卖空机制对上市公司的治理效应。卖空机制的震慑作用，能否抑制上市公司管理层盈余管理的动机，则是本章分析的重点。通过上文的实证研究，我们发现，上市公司成为融资融券标的证券后，其应计项目盈余管理和真实活动盈余管理均显著降低，表明了卖空机制的治理效应。

在本节的进一步测试中，我们进行了几项检验，将本章的发现与第四章和第五章的讨论相结合，探讨卖空机制的震慑作用是否在上市公司间存在差异，在事先，对于盈余管理程度较高的公司，卖空机制的震慑作用是否更为强烈；在事后，对于盈余管理得到较大改进的公司，其股价暴跌现象是否得到缓解。

第一，我们对第四章中标的调整事件的市场反应进行分组检验。若卖空机制具有震慑作用，我们预测，对于盈余管理程度较高的公司，加入融资融券标的证券名单后，负向的市场反应会更加明显。我们把新增标的公司按照盈余管理程度分为高低两组，分别计算出新增标的公告日附近的累计超常收益率的均值和中位数，并检验其在两组间的差异。

表6-20　标的证券调整事件的短期市场反应：盈余管理程度分组检验

盈余管理程度低		盈余管理程度高		组间差异检验			
均值 (1)	中位数 (2)	均值 (3)	中位数 (4)	(3)－(1)	p 值	(4)－(2)	p 值
Panel A: 应计盈余管理							
-0.010	-0.013	-0.016	-0.018	-0.006	0.080	-0.005	0.074
Panel B: 真实盈余管理							
-0.010	-0.012	-0.016	-0.019	-0.006	0.112	-0.007	0.050

注：此表报告不同盈余管理程度的标的公司在新增标的公告日（t = 0）附近的累计超常收益率（CAR）的统计量及其差异检验，窗口期为（-1,1）。

表6-20报告了分组检验的结果。对于应计盈余管理程度高的公司，加入融资融券标的证券名单的负向市场反应显著强于盈余管理程度低的公司，真实盈余管理的情形也类似。该分组检验结果进一步印证了我们的预测，负向的市场反应在盈余管理程度高的公司中更为明显，说明卖空机制的震慑作用，是卖空机制抑制公司的盈余管理行为的可能原因。

第二，我们对第五章卖空机制对股价暴跌风险的影响进行分组检验。如果卖空机制的引入，使得标的公司股价波动性更大，更容易发生暴跌，则表明卖空机制对上市公司具有一定的震慑作用。结合本章的发现，卖空机制能够抑制公司的盈余管理行为，我们预测，对于盈余管理程度较高的公司，加入融资融券标的证券名单后，股价暴跌的可能性会增大。因此，我们把新增标的公司按照进入标的名单前的盈余管理程度分为高低两组，分别检验卖空机制对其股价暴跌风险带来的影响。

表6-21 卖空机制与公司股价暴跌风险：盈余管理程度分组检验

变量名称	应计盈余管理		真实盈余管理	
	盈余管理程度低	盈余管理程度高	盈余管理程度低	盈余管理程度高
POST	0.186	1.159***	0.213	1.291***
	(0.39)	(2.79)	(0.47)	(2.78)
lNCSKEW	0.349	0.271	0.276	0.397
	(1.38)	(0.87)	(0.92)	(1.30)
lSIZE	0.369**	0.298*	0.314*	0.340**
	(2.05)	(1.81)	(1.77)	(2.08)
lMTB	0.231***	0.246***	0.260***	0.209***
	(3.48)	(5.24)	(4.53)	(4.21)
lLEV	-0.423	-0.819	-0.548	-0.739
	(-0.40)	(-0.84)	(-0.61)	(-0.57)
ROA	-3.609	-8.627***	-7.755***	-4.534
	(-1.30)	(-2.69)	(-2.65)	(-1.32)
ldTURN	0.386	0.894	0.820	0.556
	(0.71)	(1.61)	(1.39)	(1.02)
Pseudo R^2	0.075	0.153	0.117	0.126
观测值	594	641	615	616

注：此表报告回归模型（5-1）的结果。变量定义见表5-2。括号内数字为T统计值，***、**、*分别表示在1%、5%、10%的统计水平上显著。

表6-21报告了分组检验的回归结果。可以看到，标的公司股价暴跌风险的提高，主要集中于盈余管理程度高的公司组。无论是应计项目盈余管理，还是真实活动盈余管理，主要变量POST的系数都只在盈余管理程度高的公司中显

著为正，在盈余管理程度低的公司中，主要变量的系数并不显著①。可见，在事先，卖空机制的震慑作用对于盈余管理程度较高的公司更为强烈。卖空机制的震慑作用，是卖空机制促使上市公司减少盈余管理的可能的原因。卖空机制的震慑作用，为卖空机制治理效应提供了一种解释。

第三，我们考察上市公司盈余管理的改进幅度，进一步分析卖空机制对股价暴跌风险的影响是否在公司间存在差异。如果卖空机制的约束作用，使得标的公司主动减少其盈余管理行为，我们预测，对于盈余管理改进幅度较大的公司，加入融资融券标的证券名单后，股价暴跌的可能性不会发生明显的变化；而股价暴跌风险的提高，更可能出现在盈余管理改进幅度较小的公司。因此，我们把新增标的公司按照盈余管理的改进幅度分为高低两组，分别检验卖空机制对其股价暴跌风险带来的影响。

表 6-22　卖空机制与公司股价暴跌风险：盈余管理改进幅度分组检验

变量名称	应计盈余管理		真实盈余管理	
	改进幅度小	改进幅度大	改进幅度小	改进幅度大
POST	1.145***	0.097	0.835**	0.580
	(2.98)	(0.19)	(2.03)	(1.19)
INCSKEW	0.323	0.294	0.113	0.517
	(1.02)	(1.12)	(0.44)	(1.51)
lSIZE	0.378**	0.222	0.260	0.396**
	(2.39)	(1.01)	(1.63)	(2.07)
lMTB	0.190***	0.338***	0.171***	0.299***
	(3.77)	(5.43)	(3.51)	(4.85)
lLEV	-0.833	0.003	-0.608	-0.663
	(-0.80)	(0.00)	(-0.57)	(-0.69)
ROA	-5.866*	-7.347**	-5.156	-7.181**
	(-1.91)	(-2.30)	(-1.61)	(-2.41)
ldTURN	1.073	0.084	0.180	1.223*

① 若控制行业固定效应，结果没有发生实质性改变。

续表

变量名称	应计盈余管理		真实盈余管理	
	改进幅度 小	改进幅度 大	改进幅度 小	改进幅度 大
	(1.63)	(0.18)	(0.37)	(1.87)
Pseudo R^2	0.110	0.142	0.079	0.161
观测值	640	595	616	615

注：此表报告回归模型（5-1）的结果。变量定义见表5-2。括号内数字为 T 统计值，***、**、*分别表示在 1%、5%、10％的统计水平上显著。

表 6-22 报告了按照公司盈余管理改进幅度进行分组检验的回归结果。可以看到，标的公司股价暴跌风险的提高，主要集中于盈余管理改进幅度较小的公司组。无论是应计盈余管理，还是真实盈余管理，主要变量 POST 的系数在盈余管理得到较大改进的公司中均不显著。因此，卖空机制的震慑作用，会随着事后上市公司改进行为的变化而变化。当上市公司的利润操纵现象得到明显的改善时，其股价暴跌发生的可能性也降低了；但是对于那些没有采取措施降低盈余管理的公司，卖空机制的震慑作用依然存在。

最后，我们结合上市公司事先的盈余管理程度，以及事后的盈余管理改进幅度，补充检验不同公司间卖空机制对股价暴跌风险的影响。我们预测，股价暴跌风险的提高，最有可能出现于盈余管理程度高而改进幅度小的一类公司中。因此，我们把新增标的公司按照盈余管理程度和盈余管理改进幅度分为四组，分别检验卖空机制对其股价暴跌风险带来的不同影响。检验结果见表 6-23。可以看到，无论是应计盈余管理，还是真实盈余管理，公司股价暴跌风险的提高，只集中于盈余管理程度高但是改进幅度小的公司组，与我们的预期相符。对于那些盈余管理程度较高，但是能够得到较大完善的公司组，或者是本身盈余管理程度较低的公司组，股价暴跌发生的可能性并没有明显的变化。

综上分析，卖空机制的震慑作用，在事先能够给上市公司带来约束，对不同盈余管理程度的公司，卖空机制的震慑作用会有所差异；而且，卖空机制的震慑作用会随着事后上市公司改进行为的变化而变化。对于盈余管理程度高却又没有得到改进的上市公司，卖空机制的震慑作用依然存在并且最为强烈。

表6-23　卖空机制与公司股价暴跌风险：盈余管理程度与改进幅度分组检验

变量名称	应计盈余管理				真实盈余管理			
	盈余管理程度低 改进幅度小	盈余管理程度低 改进幅度大	盈余管理程度高 改进幅度小	盈余管理程度高 改进幅度大	盈余管理程度低 改进幅度小	盈余管理程度低 改进幅度大	盈余管理程度高 改进幅度小	盈余管理程度高 改进幅度大
POST	0.184	0.174	2.233***	0.369	-0.036	0.840	1.774***	1.270
	(0.29)	(0.24)	(3.18)	(0.58)	(-0.07)	(0.89)	(2.94)	(1.52)
INCSKEW	0.822**	0.023	0.368	0.202	0.262	0.175	0.179	0.940
	(2.49)	(0.07)	(0.81)	(0.48)	(0.81)	(0.32)	(0.52)	(1.30)
ISIZE	0.691***	0.069	0.122	0.435*	0.238	0.556	0.301	0.204
	(3.33)	(0.26)	(0.49)	(1.67)	(1.02)	(1.47)	(1.41)	(0.72)
IMTB	0.256***	0.247**	0.334***	0.217***	0.328***	0.208***	0.157***	0.453***
	(2.79)	(2.40)	(3.79)	(3.36)	(3.70)	(3.16)	(2.93)	(3.49)
ILEV	-2.239	1.208	-0.574	-1.649	0.212	-0.495	-1.892	-0.084
	(-1.47)	(0.79)	(-0.33)	(-1.27)	(0.14)	(-0.29)	(-1.06)	(-0.04)
ROA	-4.578	-3.844	-7.312	-9.546***	-10.428***	-2.306	-11.893***	5.601
	(-1.10)	(-0.94)	(-1.31)	(-2.59)	(-2.69)	(-0.42)	(-2.87)	(1.45)
ldTURN	0.692	0.141	1.560	0.390	0.524	1.052	0.180	0.944
	(0.61)	(0.23)	(1.49)	(0.57)	(0.79)	(0.86)	(0.25)	(1.23)
Pseudo R²	0.146	0.056	0.195	0.146	0.137	0.146	0.176	0.191
观测值	292	302	327	314	308	307	307	309

注：此表报告回归模型（5-1）的结果。变量定义见表5-2。括号内数字为T统计值，***、**、*分别表示在1%、5%、10%的统计水平上显著。

第七节　本章小结

在这一章，我们探讨卖空机制对上市公司盈余管理行为的影响。我国的融资融券业务试点于 2010 年 3 月 31 日正式启动。融资融券交易的经济后果也成为国内学者们关注的热点，他们从市场流动性、市场波动性、价格发现功能等角度，探讨融资融券业务带来的影响（杨阳和万迪昉，2010[117]；杨德勇和吴琼，2011[118]；廖士光，2011[119]；许红伟和陈欣，2012[120]；黄洋等，2013[121]）。然而，国内现阶段关于卖空机制的研究仅停留在市场效率的层面，尚未有文献从公司治理的角度对融资融券的效果进行探讨。因此，我们从公司盈余管理的角度出发检验卖空机制是否对公司自身起到一定的约束作用，是否具有治理效应，并结合我国各地区差异化的市场环境以及特殊的公司股权结构，从公司层面的微观视角对融资融券的实施效果做出评价。

具体的，我们以截至 2012 年 12 月 31 日的 241 家融资融券公司为样本，采用被广泛应用于评价政策效应的双重差分模型（DID），检验融资融券交易对上市公司盈余管理带来的影响。实证结果发现：（1）对比控制组公司，在进入融资融券标的证券名单后，融资融券公司的应计盈余管理和真实盈余管理水平显著降低了；（2）在市场化程度较高的地区，卖空机制能够抑制盈余管理，而在市场化程度较低的地区，卖空机制的上述作用并不明显；（3）考虑公司内部股权结构的影响，对于大股东缺乏制衡的公司，只有处于市场化程度较高的地区，卖空机制对盈余管理的约束作用才能体现，此时外部市场环境的影响更加明显。在敏感性测试中，我们运用配对样本进行检验，采用盈余管理的其他衡量方法，控制影响盈余管理的其他可能因素，上述结论依然成立。可见，在中国，卖空机制具有治理效应，卖空机制作用的发挥，离不开各地区经济法律制度等外部市场环境的建设。

在本章讨论了卖空机制对公司盈余管理行为的影响之后，在下一章，我们考察另外一项公司会计特征——会计稳健性水平，分析卖空机制的引入如何影响公司的会计稳健性。

第七章 卖空机制与会计稳健性

第一节 研究背景介绍

上一章讨论了卖空机制如何影响公司的盈余管理行为，结果表明卖空能够抑制上市公司管理层操纵利润的动机，在上市公司成为标的证券后，其应计项目盈余管理和真实活动盈余管理均显著降低。本章从另外一个角度，分析卖空机制对公司会计稳健性水平的影响。

稳健性是会计核算的一项重要原则，是指公司在处理不确定的经济业务时，应持谨慎的态度，对可能的费用和损失要提前确认，对不确定的收入则不能予以确认。稳健性原则在我国财政部颁布的《企业会计准则》中有多处体现。例如，"企业会计准则第1号——存货"中规定，"资产负债表日，存货应当按照成本与可变现净值孰低计量"；"企业会计准则第2号——长期股权投资"中规定，"可收回金额低于长期股权投资账面价值的，应当计提减值准备"；"企业会计准则第6号——无形资产"中规定，"企业内部研究开发项目研究阶段的支出，应当于发生时计入当期损益"；"企业会计准则第13号——或有事项"中规定，"企业不应当确认或有资产"；"企业会计准则第14号——收入"中规定，"销售商品收入同时满足下列条件的，才能予以确认：1.企业已将商品所有权上的主要风险和报酬转移给购货方；2.企业既没有保留通常与所有权相联系的继续管理权，也没有对已售出的商品实施有效控制；3.收入的金额能够可靠地计量；4.相关的经济利益很可能流入企业；5.相关的已发生或将发生的成本能够可靠地计量"。以上稳健性原则的具体运用确保了企业在面对不确定因素时，谨慎地选择会计处理方法和程序，避免造成损失的低估和收益的夸大。

学术上关于会计稳健性的讨论，有两种划分：非条件稳健性和条件稳健性。非条件稳健性是指事先的、独立于外界因素的谨慎会计处理方法，比如企业对研发支出采取费用化处理，对固定资产采用加速折旧方法等，属于非条件稳健性。条件稳健性是指事后的、基于外界因素的会计处理方式，具体而言，企业对"坏消息"的确认要更加及时，对"好消息"的确认要更加审慎。比如对存货的计价采用成本与市价孰低法，对长期股权投资计提减值准备等，则属于条件稳健性（Beaver and Ryan，2005）[122]。

条件稳健性的研究以 Basu (1997) [123] 为代表，采用会计盈余对股票回报率的逆回归模型，衡量会计盈余反映"好消息"与"坏消息"的及时程度。Basu (1997) [123] 稳健性的衡量在国内得到了广泛的应用（例如，刘峰和周福源，2007[124]；刘运国等，2010[35]；陈艳艳等，2013[125]；等等）。本书对会计稳健性的检验主要参考 Basu (1997) [123] 和 Khan and Watts (2009)[126]，分析卖空机制对标的公司条件稳健性带来的影响。

第二节　假设提出

会计稳健性能够缓解代理问题，降低公司与外界的信息不对称。在 Watts (2003a) [28] 提出的会计稳健性存在的四种解释中，降低契约成本被认为是最重要的（Watts，2003b）[29]。以企业与银行的借款合同为例，借款合同的双方存在着不对称的信息和损失函数，银行处于信息劣势，无法获知企业的私有信息，这种信息不对称大大增加了借款的难度和成本。此时，会计稳健性的存在，由于对"坏消息"的确认更加及时，有助于银行在事后及时发现企业的违约风险，降低银行的损失，企业也因此能够在事先获得更低的借款利率（Zhang，2008）[127]。国内外许多研究结论也支持这一观点（Ahmed et al.，2002[128]；Wittenberg-Moerman，2008[129]；魏明海和陶晓慧，2007[30]）。不仅仅是银行贷款，公司的债券融资、股权融资，也是如此（Ahmed et al.，2002[128]）。可见，降低公司与外部投资者之间的信息不对称，会计稳健性发挥了重要的作用。

而"坏消息"的及时确认和信息不对称程度的降低，使得投资者通过挖掘公司负面消息，做空该公司股票进而获利的可能性降低。卖空投资者的获利需要依赖公司不透明的信息环境，发现、揭露并放大公司经营活动中存在的"污点"，例如财务造假、会计舞弊等（Desai et al.，2006[37]；Karpoff and Lou，2010[56]）。会计信息越稳健，公司的"坏消息"披露得越及时，越不可能出现大量的公司负面私有信息同时曝光的情形，卖空者的获利空间越小。因此，在缓解信息不对称的同时，会计稳健性也降低了公司被卖空的可能，当上市公司成为标的证券后，为了避免被卖空，其管理层有动机提高会计稳健性。

而且，前文对引入卖空机制时市场反应的检验和股价暴跌风险的检验，结果发现当上市公司进入标的证券名单时，市场出现显著的负向反应；当上市公司成为标的公司后，股价暴跌的可能性增大了。表明卖空机制对上市公司具有一定的震慑作用。在我国，卖空机制的推出，改变了市场对上市公司负面消息的需求。面对这种需求的转变，企业在经营活动中会更加谨慎，避免负面新闻的曝光，降低被卖空的可能性。卖空的这种震慑作用，会带来企业动机的调整和行为的变化，体现在会计处理上即为会计稳健性的提高。

基于上述分析，我们提出本章的第一个假设：

假设 1：上市公司在成为融资融券标的证券后，其会计稳健性提高了。

在中国，由于特殊的历史原因，股权高度集中是上市公司的一个显著特征。股权结构缺乏制衡的公司，大股东拥有绝对的地位和话语权，缺少监督和约束，更有可能牺牲中小投资者的利益达到"掏空"的目的。已有研究发现，控股股东会通过关联交易、资金占用、过度投资等方式侵占中小股东的利益（陈晓和王琨，2005[24]；叶康涛等，2007[25]；俞红海等，2010[26]）。而绝大部分的公司私有信息被控股股东所掌握，他们为了掩饰"掏空"行为，会隐瞒或者选择性地披露部分公司特有信息。因此，股权缺乏制衡的公司，信息不对称程度也可能更加严重。

信息不对称严重的公司，更容易吸引卖空投资者的关注。已有研究分析了卖空投资者的投资策略，他们通过判断公司的会计信息，能够提前识别财务报表出问题的公司，进行卖空操作（Desai et al.，2006[37]；Karpoff and Lou，2010[56]）。信息环境越不透明，公司被卖空的可能性越大。因此，股权缺乏制衡的公司，为了避免公司的股票被卖空，其管理层会更有动机提高会计稳健性。

另外，公司的股权结构也会直接影响公司的会计行为。股权得到制衡的公司，会计盈余有较高的稳健性。修宗峰（2008）[130]指出，当公司的股权高度集中，大股东可能通过及时确认"好消息"以及滞后确认"坏消息"的方式来掩盖其"掏空"行为，会计盈余稳健性较低。因此，股权缺乏制衡的公司，会计稳健性改进的空间更大，卖空机制的促进作用会更加明显。基于上述分析，我们提出本章的第二个假设：

假设 2：对于股权结构缺乏制衡的公司，卖空机制对会计稳健性的促进作

用更加明显。

融资融券作为一项创新金融工具，不仅会影响市场效率，还会对公司的实际经营产生影响。卖空交易会提高公司的资本成本，导致公司的融资水平降低。首先，卖空交易会对公司的股票价格带来负面影响（Desai et al.，2002[15]；Cohen et al.，2007[16]；Chang et al.，2007[19]），公司股票价格的下跌，又会进一步造成公司发行股票数量的减少，降低公司的融资水平（Grullon et al.，2015[45]）。其次，卖空交易的市场传递信号，增加了投资者对公司信息不对称的感知水平，公司负面私有信息的曝光会对公司未来的融资活动产生消极的影响。因此，卖空会加剧公司融资受约束的程度。

而会计稳健性能够通过降低公司与外界的信息不对称，缓解公司的融资约束，这一观点得到了国内外研究的支持。在股权融资方面，已有文献探讨会计稳健性在增发新股过程中的作用，研究结果支持了会计稳健性能够降低公司的股权融资成本。李伟和曾建光（2012）[131]也发现，会计稳健性与公司的权益资本成本显著负相关。在债权融资方面，魏明海和陶晓慧（2007）[30]研究发现，公司的会计处理越稳健，获得新增贷款的可能性越高，直接验证了会计稳健性的债务契约有用性。因此，对于融资受到约束的公司，当其成为融资融券标的证券后，管理层提高公司会计稳健性的动机会更强烈。基于此，我们提出本章的第三个假设：

假设3：对于融资受到约束的公司，卖空机制对会计稳健性的促进作用更加显著。

第三节　研究设计

一、数据来源与样本选择

与上文公司盈余管理的检验相同，会计稳健性的检验，我们以截至2012年12月31日的融资融券标的公司为样本。因此，融资融券样本公司为241家。由于Basu模型有较多的交互项，对会计稳健性的检验我们采用配对样本，从沪深两市A股上市公司中没有进入融资融券名单的非金融类公司中，为每家标的公司选取一个控制公司，以2006年至2012年作为检验期间，分别对标的公司和控制公司进行回归，再对其差异的显著性进行检验。采用配对样本对标的公司和控制公司分别进行回归的好处在于：第一，控制变量的系数在两组公司间不要求一致；第二，由于主回归中主要测试变量是交互项 *RET×dRET×POST*，如果采用交互项，就会出现四个变量相乘的交互项，可能有多重共线性问题，导致结果的不稳定。因此，在本章的会计稳健性检验中，我们采用分组回归，再对其系数差异进行检验（Denis and Sibilkov, 2010[105]；Chen et al., 2011[106]；Kusnadi and Wei, 2011[107]）。

配对公司的选取按照以下方法进行：1. 没有进入融资融券名单；2. 公司所在行业（Industry）与样本公司相同；3. 公司规模（SIZE）与样本公司之差的绝对值不超过样本公司规模的 10%；4. 公司的 ROA 与样本公司最为接近；5. 事件前后均有数据。由于融资融券的影响在事件年度并不明朗，我们同样剔除了进入融资融券名单当年数据 ①。我们还根据以下标准剔除了部分观测值：（1）2009 年之后 IPO；（2）净资产为负；（3）变量缺失。为控制极端值的影响，我们对所有连续变量按照 1% 的标准进行 winsorize 处理。本书所有财务数据均来自 CSMAR 数据库，融资融券各批次公司名单来自沪深交易所网站。

二、实证模型

国内外许多研究采用 Basu（1997）[123] 会计稳健性的衡量方法，例如 Francis et al.（2004）[132]、刘峰和周福源（2007）[124]、刘运国等（2010）[35]，等等。本书在主检验部分，我们借鉴 Basu (1997) [123] 会计稳健性的模型进行分析。在下文的敏感性测试部分，我们还采用 Khan and Watts (2009)[126] 的 C_Score 作为公司会计稳健性的衡量。

基于 Basu 稳健性的检验模型如下：

$$
\begin{aligned}
EARNING_{i,t} = {} & \alpha + \beta_1 RET_{i,t} + \beta_2 dRET_{i,t} + \beta_3 RET_{i,t} \times dRET_{i,t} \\
& + \beta_4 POST_{i,t} + \beta_5 RET_{i,t} \times POST_{i,t} + \beta_6 dRET_{i,t} \times POST_{i,t} \\
& + \beta_7 RET_{i,t} \times dRET_{i,t} \times POST_{i,t} + \sum Year + \sum Industry + e_{i,t}
\end{aligned} \tag{7-1}
$$

其中，*EARNING* 为会计盈余，*RET* 为股票回报率，*dRET* 反映"好消息"与"坏消息"，*POST* 为融资融券公司成为标的证券后的虚拟变量。各变量的具体定义见表 7–1。若公司的会计信息是稳健的，那么其会计盈余应该能更加及时地反映出"坏消息"，表现为 Basu 模型中 *RET×dRET* 的系数显著大于 0。该

---

① 保留事件年度当年数据，见本章第五节：敏感性测试。

检验中，主要测试变量是 *RET×dRET×POST*，表示公司成为融资融券标的证券后，其会计稳健性发生的变化。我们采用双重差分方法，可以更好地控制样本组公司和控制组公司之间的系统性差异。我们分别对标的公司和配对公司按照公式（7-1）进行回归，再对其主要变量 RET × dRET × POST 的系数差异进行检验。标的公司和配对公司 β 7 的差，代表融资融券对会计稳健性的影响。若假设 1 成立，融资融券标的公司的 β 7 显著高于配对公司的该系数，则说明标的公司的会计稳健性显著提高了。

为了检验假设 2，我们以公司第一大股东持股比例和后四大股东持股比例的比值（TOP）作为股权集中程度的衡量，按照 TOP 的行业中位数把公司分为高低两组。该比值越高，股权结构越难得到制衡。若假设 2 成立，在股权缺乏制衡组中，卖空机制对会计稳健性的促进作用更加显著。在敏感性测试中，我们还采用公司第一大股东持股比例（TOP2）作为股权制衡的衡量。

对假设 3 的检验，我们把公司按照融资约束的程度进行分组。参考 Kaplan and Zingales（1997）[133] 和 Almeida et al.（2004）[134]，我们采用 KZ 指数作为融资约束的衡量。KZ 指数越高，表明公司融资受约束的程度越严重。借鉴 Almeida et al.（2004）[134]，我们以 KZ 指数的第 30 百分位和第 70 百分位为分界点，将公司分为三组，KZ 指数高于第 70 百分位的公司为融资受到约束的公司，低于第 30 百分位的公司为融资不受约束的公司。若假设 3 成立，在融资受约束的公司中，会计稳健性的提高会更明显。在敏感性测试中，我们采用单一指标，公司的负债比例（LEV）作为融资约束的衡量。

表 7-1　变量定义：会计稳健性检验

	变量名称	具体定义
因变量	EARNING	会计盈余 = 每股收益 / 当年 4 月末公司股票收盘价格 ①
	C_Score	参考 Khan and Watts (2009) [126] 的计算方法
主要变量	RET	公司股票年回报率，以当年 5 月至次年 4 月的考虑现金红利的公司月度回报率计算所得
	dRET	"坏消息"的衡量，虚拟变量，当 RET 小于 0，该变量为 1，否则为 0

---

① 参考刘峰和周福源（2007）[124] 和陈艳艳等（2013）[125]，由于我国上市公司的财务报告最迟必须在每年 4 月 30 日前公布，因此我们选择 4 月末的股票收盘价格作为计算标准。

续表

	变量名称	具体定义
	POST	融资融券时点，虚拟变量，公司进入融资融券名单之后的年度，该变量为 1，之前年度为 0
	TOP	公司第一大股东持股比例和后四大股东持股比例的比值
	TOP2	公司第一大股东持股比例
	KZ	KZ 指数，参考 Kaplan and Zingales（1997）[133] 和 Almeida et al.（2004）[134]
	LEV	负债比例＝负债／总资产
控制变量	SIZE	公司规模＝log（所有者权益的市场价值）
	MTB	市价账面比＝所有者权益的市场价值／净资产
	VOLATILITY	波动性＝当年和上年公司月度回报率的标准差
	CYCLE	投资周期＝上一年总资产／折旧费用
	AGE	上市年龄
	Firm	公司虚拟变量
	Year	年度虚拟变量
	Industry	行业虚拟变量，其中制造业按二级分类，其他行业按一级分类

三、变量描述性统计

表 7-2 是变量的描述性统计分析。对会计稳健性检验（Basu 模型）用到的主要变量，分别报告了其样本量、均值、标准差、第一四分位数、中位数、第三四分位数等统计量。

表 7-2　描述性统计分析：会计稳健性检验

变量名称	样本量	均值	标准差	Q1	中位数	Q3
EARNING	2237	0.119	0.158	0.035	0.075	0.154
RET	2237	0.373	0.955	-0.184	0.045	0.489
dRET	2237	0.453	0.498	0.000	0.000	1.000

注：此表报告主要变量的描述性统计。变量定义见表 7-1。

第四节 实证结果

一、卖空机制与会计稳健性

卖空机制影响公司会计稳健性的回归结果见表 7–3 [模型（7–1），采用 Basu 模型]。在表的第 1 列和第 2 列，我们控制了年度固定效应。第 1 列是标的公司的回归结果，主要变量 *RET×dRET×POST* 的系数为 0.362，在 1% 的水平下显著，表明标的公司自身的稳健性显著提高了。表的第 2 列是配对的控制公司的回归结果，主要变量 *RET×dRET×POST* 的系数为 -0.049，并不显著。标的公司和配对公司主要变量 *RET×dRET×POST* 的差异检验结果在表 7–3 最后一行的第一项，可以看到，P 值为 0.002，说明对比控制组公司，标的公司在进入标的名单后，会计稳健性有明显的提高。在表的第 3 列和第 4 列，我们同时控制了年度固定效应和行业固定效应，结果较为相似，标的公司的主要变量 *RET×dRET×POST* 的系数为 0.394，在 1% 的水平下显著，而配对公司的主要变量 *RET×dRET×POST* 并不显著。两者的差异检验结果见表 7–3 的最后一行的最后一项，P 值为 0.000，表明采用双重差分检验，标的公司会计稳健性的提高是显著的[①]。上述结果表明，引入卖空机制后，标的公司的会计稳健性提高了，支持假设 1 的预期。

表 7–3 卖空机制与会计稳健性

变量名称	标的公司 (1)	配对公司 (2)	标的公司 (3)	配对公司 (4)
RET	0.001	0.004	0.002	0.007
	(0.10)	(0.33)	(0.13)	(0.59)
dRET	-0.028*	0.025	-0.029*	0.022
	(-1.74)	(1.27)	(-1.83)	(1.14)
RET × dRET	0.057	0.116*	0.036	0.113*
	(1.33)	(1.95)	(0.83)	(1.81)
POST	0.055**	0.057**	0.054**	0.052**

---

① 若在回归模型中加入 SIZE、MTB 和 LEV 作为控制变量，结论依然成立。

变量名称	标的公司 (1)	配对公司 (2)	标的公司 (3)	配对公司 (4)
	(2.28)	(2.42)	(2.34)	(2.37)
RET × POST	-0.090**	0.015	-0.049	0.012
	(-2.11)	(0.40)	(-1.23)	(0.32)
dRET × POST	0.033	-0.043	0.043	-0.057*
	(0.99)	(-1.35)	(1.37)	(-1.86)
RET × dRET × POST	0.362***	-0.049	0.394***	-0.086
	(3.61)	(-0.59)	(3.72)	(-1.01)
Year	Yes	Yes	Yes	Yes
Industry	No	No	Yes	Yes
Adj.R^2	0.195	0.096	0.251	0.129
观测值	1,068	1,169	1,068	1,169
零假设	（1）和（2）中 RET × dRET × POST 系数相同		（3）和（4）中 RET × dRET × POST 系数相同	
P 值	0.002		0.000	

注：此表报告回归模型（7–1）的结果。配对样本中控制组公司按照以下方法选取：1. 没有进入融资融券名单；2. 公司所在行业（Industry）与样本公司相同；3、公司规模（SIZE）与样本公司之差的绝对值不超过样本公司规模的 10%；4. 公司的 ROA 与样本公司最为接近；5. 事件前后均有数据。变量定义见表 7–1。括号内数字为 T 统计值，***、**、* 分别表示在 1%、5%、10% 的统计水平上显著。

二、公司股权结构的影响

表 7–4 报告假设 2 的检验结果。我们把公司分为两类，股权得到制衡与股权缺乏制衡。列（1）和列（2）分别对应股权得到制衡的标的公司和配对公司，列（3）和列（4）分别对应股权缺乏制衡的标的公司和配对公司，均控制了年度固定效应和行业固定效应。从中可以发现，股权得到制衡组中，标的公司和

配对公司的主要变量 RET × dRET × POST 的系数都是不显著的（0.202，t = 1.20；-0.039，t = -0.32）；股权缺乏制衡组中，标的公司的系数显著为正（0.550，t = 3.99），而对应的配对公司也是不显著的（-0.112，t = -0.84）。因此，只有股权缺乏制衡的标的公司提高了会计稳健性。从双重差分检验结果可以看到，只有在股权缺乏制衡的情况下，标的公司和配对公司的系数差异才是显著的（P 值 = 0.000）。说明对比控制组公司，股权缺乏制衡的标的公司，显著提高了其会计稳健性，而对于股权得到制衡的公司，其会计稳健性水平没有发生明显的变化。因此，当公司的股权结构缺乏制衡时，卖空机制对公司会计稳健性的促进作用更加明显，假设 2 得到了支持。

表 7-4　卖空机制与会计稳健性：内部股权结构的影响

变量名称	股权得到制衡的公司		股权缺乏制衡的公司	
	标的公司 (1)	配对公司 (2)	标的公司 (3)	配对公司 (4)
RET	0.004	-0.001	-0.000	0.020
	(0.21)	(-0.05)	(-0.01)	(1.13)
dRET	-0.025	0.009	-0.042**	0.045
	(-1.00)	(0.36)	(-2.08)	(1.60)
RET × dRET	0.065	0.074	-0.006	0.160*
	(0.84)	(0.97)	(-0.12)	(1.69)
POST	0.073**	0.067**	-0.133*	0.064*
	(2.23)	(1.99)	(-1.85)	(1.78)
RET × POST	-0.032	0.012	-0.063	0.007
	(-0.59)	(0.24)	(-1.13)	(0.14)
dRET × POST	0.012	-0.054	0.069	-0.065
	(0.27)	(-1.38)	(1.40)	(-1.34)
RET × dRET × POST	0.202	-0.039	0.550***	-0.112
	(1.20)	(-0.32)	(3.99)	(-0.84)
Year	Yes	Yes	Yes	Yes

续表

变量名称	股权得到制衡的公司		股权缺乏制衡的公司	
	标的公司 （1）	配对公司 （2）	标的公司 （3）	配对公司 （4）
Industry	Yes	Yes	Yes	Yes
Adj.R^2	0.240	0.215	0.293	0.131
观测值	544	589	524	580
零假设	（1）和（2）中 RET × dRET × POST 系数相同		（3）和（4）中 RET × dRET × POST 系数相同	
P 值	0.230		0.000	

注：此表报告回归模型（7–1）的结果。公司按照第一大股东持股比例和后四大股东持股比例的比值（TOP）进行分组，TOP 低于行业中位数的为股权得到制衡的公司，反之为股权缺乏制衡的公司。变量定义见表 7–1。括号内数字为 T 统计值，*** 、** 、* 分别表示在 1%、5%、10 % 的统计水平上显著。

三、公司融资约束的影响

假设 3 的检验结果见表 7–5。我们把公司按照融资约束程度分为两类。列（1）和列（2）分别对应融资不受约束的标的公司和配对公司，列（3）和列（4）分别对应融资受到约束的标的公司和配对公司，都对年度固定效应和行业固定效应加以控制。可以看到，在融资不受约束组中，标的公司和配对公司主要变量 RET × dRET × POST 的系数都是不显著的（0.317，t = 1.34；–0.148，t = –0.68）；在融资受到约束组中，标的公司主要变量 RET × dRET × POST 的系数是显著为正的（0.531，t = 2.87），而对应的配对公司也是不显著的（–0.325，t = –1.38）。因此，只有融资受到约束的标的公司提高了会计稳健性。而从双重差分检验结果中，我们发现，只有在融资受到约束的情况下，标的公司与配对公司的差异才是显著的（P 值 = 0.003），说明对比控制组公司，融资受到约束的标的公司，显著提高了其会计稳健性，而对于融资不受约束的公司，其会计稳健性水平没有发生明显的变化。因此，当公司的融资受到约束时，卖空机制提高会计稳健性的效果更加明显，假设 3 得到了支持。

表 7-5　卖空机制与会计稳健性：外部融资约束的影响

变量名称	融资不受约束的公司		融资受到约束的公司	
	标的公司 (1)	配对公司 (2)	标的公司 (3)	配对公司 (4)
RET	0.002	-0.027	-0.008	-0.001
	(0.06)	(-1.48)	(-0.50)	(-0.03)
dRET	-0.045	0.015	-0.046	0.008
	(-1.65)	(0.47)	(-1.64)	(0.32)
RET × dRET	-0.021	0.233	-0.006	0.129*
	(-0.33)	(1.48)	(-0.07)	(1.71)
POST	-0.228**	-0.143**	0.023	-0.069
	(-2.59)	(-2.60)	(0.81)	(-0.86)
RET × POST	0.133	0.137**	-0.002	0.145
	(1.15)	(2.38)	(-0.05)	(0.76)
dRET × POST	0.142**	0.013	0.129**	-0.089
	(2.24)	(0.20)	(2.36)	(-1.54)
RET × dRET × POST	0.317	-0.148	0.531***	-0.325
	(1.34)	(-0.68)	(2.87)	(-1.38)
Year	Yes	Yes	Yes	Yes
Industry	Yes	Yes	Yes	Yes
Adj.R^2	0.315	0.231	0.263	0.172
观测值	307	320	317	335
零假设	（1）和（2）中 RET × dRET × POST 系数相同		（3）和（4）中 RET × dRET × POST 系数相同	
P 值	0.126		0.003	

注：此表报告回归模型（7-1）的结果。公司按照 KZ 指数（KZ）进行分组，KZ 指数低于第 30 百分位的为融资不受约束的公司，高于第 70 百分位的为融资受到约束的公司。变量定义见表 7-1。括号内数字为 T 统计值，***、**、* 分别表示在 1%、5%、

10%的统计水平上显著。

第五节　敏感性分析

在敏感性测试中，我们做了以下几项检验：

（1）采用 C_Score 作为公司会计稳健性水平的衡量。我们参考陈艳艳等（2013）[125]，借鉴 Khan and Watts (2009) [126] 的研究方法，计算出每年度公司的稳健性分数（C_Score）进行检验。C_Score 稳健性的检验模型如下：

$$C\_Score_{i,t} = \alpha + \beta POST_{i,t} + \sum Control + \sum Year + \sum Industry + e_{i,t} \qquad (7\text{--}2)$$

其中，C_Score 的计算参考 Khan and Watts (2009) [126]，对模型（7–3）进行回归，再按照公式（7–4）进行计算。具体方法如下：

$$
\begin{aligned}
EARNING_{i,t} = {} & \beta_1 + \beta_2 dRET_{i,t} + RET_{i,t} \times (\mu_1 + \mu_2 SIZE_{i,t} + \mu_3 MTB_{i,t} + \mu_4 LEV_{i,t}) \\
& + RET_{i,t} \times dRET_{i,t} \times (\lambda_1 + \lambda_2 SIZE_{i,t} + \lambda_3 MTB_{i,t} + \lambda_4 LEV_{i,t}) \\
& + (\delta_1 + \delta_2 SIZE_{i,t} + \delta_3 MTB_{i,t} + \delta_4 LEV_{i,t} + \delta_5 \times dRET_{i,t} \times SIZE_{i,t} \\
& + \delta_6 \times dRET_{i,t} \times MTB_{i,t} + \delta_7 \times dRET_{i,t} \times LEV_{i,t}) + \varepsilon_{i,t}
\end{aligned}
$$

$$\qquad (7\text{--}3)$$

$$C\_Score_{i,t} = \lambda_1 + \lambda_2 SIZE_{i,t} + \lambda_3 MTB_{i,t} + \lambda_4 LEV_{i,t} \qquad (7\text{--}4)$$

其中，*SIZE* 为公司规模，等于所有者权益市场价值的自然对数，*MTB* 为市价账面比，*LEV* 为资产负债率，其余变量的定义同模型（7-1）。Khan and Watts (2009) [126] 认为，Basu 模型中"坏消息"确认及时性的衡量，*RET×dRET* 的系数，是公司规模（*SIZE*）、市价账面比（*MTB*）和资产负债率（*LEV*）这三个公司特征的线性函数 [公式（7–4）]；同样的，"好消息"确认的及时程度 *RET* 的系数，也是这三个变量的线性函数。将公式（7–4）代入 Basu 模型，同时控制新增变量的主效应，得到模型（7–3）。对模型（7–3）分年度进行回归，得到公司规模（*SIZE*）、市价账面比（*MTB*）和资产负债率（*LEV*）的系数。运用公式（7–4）可以求得 C_Score。C_Score 的数值越大，表明公司越稳健。

参照现有研究（Goh and Li，2011）[135]，在模型（7–2）中，我们控制了其他可能影响公司会计稳健性的因素，包括公司规模（SIZE）、市价账面比（MTB）、波动性（VOLATILITY）、投资周期（CYCLE）和上市年龄（AGE）。

各变量的具体定义见表 7–1。主要的测试变量是 *POST*,标的公司组的系数(β)表示,融资融券公司在成为标的证券后会计稳健性所发生的变化。

采用 C_Score 衡量公司会计稳健性的回归结果见表 7–6 [模型(7–2)]。其中,列(1)和列(2)分别对应全样本的标的公司和配对公司,列(3)至列(6)为公司股权结构的分组检验,列(7)至列(10)为公司融资约束的分组检验。在检验中,我们均控制了年度固定效应和行业固定效应。在表 7–6 的最下方,我们给出了主要变量 *POST* 在标的公司和配对公司间系数差异的检验。可以看到,卖空机制对公司会计稳健性的促进作用,主要体现在全样本公司、股权缺乏制衡的公司以及融资受到约束的公司中,对比控制组公司,标的公司显著提高了其会计稳健性水平,与我们的预期相符。因此,采用 C_Score 作为公司会计稳健性水平的衡量,我们的结论依然能够得到支持。

表7-6 敏感性测试：采用C_Score衡量会计稳健性

变量名称	全样本		股权得到制衡的公司		股权缺乏制衡的公司		融资不受约束的公司		融资受到约束的公司	
	标的公司 (1)	配对公司 (2)	标的公司 (3)	配对公司 (4)	标的公司 (5)	配对公司 (6)	标的公司 (7)	配对公司 (8)	标的公司 (9)	配对公司 (10)
POST	0.099***	-0.048***	0.058***	0.050***	0.092***	0.056***	0.044***	0.044***	0.096***	0.076***
	(17.12)	(-7.25)	(12.37)	(5.98)	(12.66)	(7.80)	(6.00)	(4.44)	(14.34)	(10.99)
SIZE	0.008***	0.007***	0.010***	0.009***	0.008***	0.004*	-0.000	0.001	0.004*	0.006**
	(4.04)	(3.99)	(3.04)	(3.39)	(3.59)	(1.69)	(-0.10)	(0.32)	(1.79)	(2.49)
MTB	-0.014***	-0.012***	-0.015***	-0.011***	-0.013***	-0.013***	-0.008***	-0.005***	-0.005***	-0.003
	(-9.80)	(-8.59)	(-7.31)	(-4.87)	(-7.75)	(-7.17)	(-4.36)	(-2.92)	(-5.56)	(-1.03)
VOLATILITY	0.124***	0.093*	0.108*	0.132*	0.155**	0.058	-0.049	-0.104	0.002	0.045
	(2.77)	(1.97)	(1.82)	(1.80)	(2.19)	(0.95)	(-1.09)	(-1.33)	(0.05)	(0.63)
CYCLE	-0.000	-0.000	-0.000	0.000	-0.000	-0.000	0.000	-0.000	-0.000	-0.000
	(-0.10)	(-0.27)	(-0.46)	(0.12)	(-0.38)	(-0.90)	(1.15)	(-1.13)	(-1.28)	(-0.98)
AGE	-0.000	-0.000	-0.001	0.001*	0.000	-0.001	0.000	0.001	-0.001*	0.001*
	(-0.91)	(-0.09)	(-1.21)	(1.67)	(0.74)	(-0.97)	(0.10)	(0.99)	(-1.70)	(1.91)
Year	Yes	Yes	Yes	Yes	Yes	Yes	Yes	Yes	Yes	Yes
Industry	Yes	Yes	Yes	Yes	Yes	Yes	Yes	Yes	Yes	Yes
Adj.R²	0.897	0.828	0.890	0.842	0.906	0.815	0.698	0.631	0.886	0.608
观测值	1,021	1,091	511	544	510	547	294	295	308	319
零假设	标的公司和配对公司的POST系数相同									
P值	0.000		0.413		0.000		0.989		0.027	

注：此表报告回归模型（7-2）的结果。变量定义见表7-1。括号内数字为T统计值，***、**、*分别表示在1%、5%、10％的统计水平上显著。

（2）采用公司股权结构的其他衡量方法。在主检验中，我们以公司第一大股东持股比例和后四大股东持股比例的比值（TOP）作为股权集中程度的衡量，该比值越高，股权结构越难得到制衡。"一股独大"现象，在我国上市公司中较为突出。因此，在敏感性测试中，我们直接采用公司第一大股东的持股比例（TOP2）来衡量公司的股权结构。同样的，该比例越高，股权结构越难得到制衡。

假设2分组检验的结果见表7-7。列（1）和列（2）分别对应股权得到制衡的标的公司和配对公司，列（3）和列（4）分别对应股权缺乏制衡的标的公司和配对公司，均控制了年度固定效应和行业固定效应。从中可以发现，主要变量 RET × dRET × POST 的系数只有在股权缺乏制衡组的标的公司中显著为正（0.662，t = 3.88），在股权得到制衡组的标的公司中并不显著（0.031，t = 0.47）。而且，标的公司和配对公司的系数差异，在股权缺乏制衡组中也更为显著（P 值 = 0.004），符合假设2的预期。

表7-7　敏感性测试：采用股权结构的其他衡量方法

变量名称	股权得到制衡的公司		股权缺乏制衡的公司	
	标的公司 (1)	配对公司 (2)	标的公司 (3)	配对公司 (4)
RET	0.010	0.004	-0.002	0.005
	(0.60)	(0.22)	(-0.08)	(0.27)
dRET	-0.011	0.019	-0.041	0.031
	(-0.61)	(0.60)	(-1.44)	(1.26)
RET × dRET	0.124**	0.169*	-0.018	0.059
	(2.54)	(1.83)	(-0.26)	(0.80)
POST	0.029	-0.012	0.105**	0.144***
	(1.63)	(-0.48)	(2.09)	(3.05)
RET × POST	-0.062**	0.054	-0.097	-0.017
	(-2.06)	(1.09)	(-1.25)	(-0.31)
dRET × POST	-0.012	-0.014	0.077	-0.071

续表

变量名称	股权得到制衡的公司		股权缺乏制衡的公司	
	标的公司(1)	配对公司(2)	标的公司(3)	配对公司(4)
	(-0.47)	(-0.36)	(1.33)	(-1.54)
RET × dRET × POST	0.031	-0.201*	0.662***	0.085
	(0.47)	(-1.74)	(3.88)	(0.78)
Year	Yes	Yes	Yes	Yes
Industry	Yes	Yes	Yes	Yes
Adj.R^2	0.278	0.119	0.242	0.135
观测值	541	568	527	601
零假设	(1)和(2)中 RET × dRET × POST 系数相同		(3)和(4)中 RET × dRET × POST 系数相同	
P值	0.077		0.004	

注：此表报告回归模型（7-1）的结果。公司按照第一大股东持股比例（TOP2）进行分组，TOP2 低于行业中位数的为股权得到制衡的公司，反之为股权缺乏制衡的公司。变量定义见表 7-1。括号内数字为 T 统计值，***、**、* 分别表示在 1%、5%、10％ 的统计水平上显著。

（3）采用公司融资约束的其他衡量方法。在主检验中，我们参考 Kaplan and Zingales（1997）[133] 和 Almeida et al.（2004）[134]，采用 KZ 指数作为融资约束的衡量。KZ 指数越高，表明公司融资受约束的程度越严重。在敏感性测试中，我们采用单一变量，公司的负债比例（LEV），衡量公司的融资约束。参考 Hu and Schiantarelli（1998）[136]，高负债率的公司，还本付息的压力更大，在未来获得融资的可能性更低，融资约束可能更严重。

假设 3 分组检验的结果见表 7-8。列（1）和列（2）分别对应融资不受约束的标的公司和配对公司，列（3）和列（4）分别对应融资受到约束的标的公司和配对公司，我们同时控制了年度固定效应和行业固定效应。我们发现，主要变量 RET × dRET × POST 的系数只有在融资受到约束组的标的公司中显著为正（0.570，t = 3.77），在融资不受约束组的标的公司中并不显著（0.160，t = 1.22）。并且，标的公司和配对公司的系数差异，在融资受到约束组中也更为显著（P 值 = 0.003）。因此，采用其他指标衡量公司的融资约束程度，假设 3 也能得到支持。

表 7-8 敏感性测试：采用融资约束的其他衡量方法

变量名称	融资不受约束的公司		融资受到约束的公司	
	标的公司 (1)	配对公司 (2)	标的公司 (3)	配对公司 (4)
RET	-0.023	0.004	0.026	0.006
	(-1.32)	(0.18)	(1.30)	(0.41)
dRET	-0.023	0.037	-0.035*	0.017
	(-0.85)	(1.41)	(-1.74)	(0.57)
RET × dRET	0.154***	0.190**	-0.052	0.058
	(2.65)	(2.07)	(-0.77)	(0.76)
POST	0.009	0.021	0.036	0.102**
	(0.23)	(0.59)	(0.49)	(2.09)
RET × POST	-0.053	0.025	-0.126*	0.125
	(-1.05)	(0.67)	(-1.89)	(1.09)
dRET × POST	0.041	0.005	0.016	-0.080
	(0.82)	(0.12)	(0.38)	(-1.49)
RET × dRET × POST	0.160	-0.127	0.570***	-0.067
	(1.22)	(-1.07)	(3.77)	(-0.43)
Year	Yes	Yes	Yes	Yes
Industry	Yes	Yes	Yes	Yes
Adj.R^2	0.272	0.141	0.255	0.166
观测值	508	567	560	602
零假设	（1）和（2）中 RET × dRET × POST 系数相同		（3）和（4）中 RET × dRET × POST 系数相同	
P 值	0.100		0.003	

注：此表报告回归模型（7–1）的结果。公司按照负债比例（LEV）进行分组，LEV 高于中位数的为融资受到约束的公司，低于中位数的为融资不受约束的公司。变量定义见表 7–1。括号内数字为 T 统计值，***、**、* 分别表示在 1%、5%、10％的统计水平上显著。

（4）公司回报率采用市场回报率进行调整。在主检验中，公司股票年回报率（RET），我们是以考虑现金红利的公司月度回报率计算所得。考虑到我国股票市场波动性较大，我国上市公司的股票价格出现同涨共跌的现象较为普遍（Morck et al., 2000）[76]，因此，在敏感性测试中，我们参考程六兵和刘峰（2013）[137] 的做法，采用同时期的市场回报率对公司回报率进行调整，同时，"坏消息"的虚拟变量（dRET）也依据调整后的变量进行计算。

检验结果见表 7–9。其中，列（1）和列（2）分别对应全样本的标的公司和配对公司，列（3）至列（6）为公司股权结构的分组检验，列（7）至列（10）为公司融资约束的分组检验。在检验中，我们同时控制了年度固定效应和行业固定效应。在表的最下方，我们给出了主要变量 RET × dRET × POST 在标的公司和配对公司间系数差异的检验结果。我们发现，在全样本公司、股权缺乏制衡的公司以及融资受到约束的公司中，对比控制组公司，标的公司显著提高了其会计稳健性水平，与我们的预期相符。因此，采用市场回报率对公司回报率进行调整，本章三个假设依然能够得到支持。

表7-9 敏感性测试：公司回报率采用市场回报率进行调整

变量名称	全样本 标的公司 (1)	全样本 配对公司 (2)	股权得到制衡的公司 标的公司 (3)	股权得到制衡的公司 配对公司 (4)	股权缺乏制衡的公司 标的公司 (5)	股权缺乏制衡的公司 配对公司 (6)	融资不受约束的公司 标的公司 (7)	融资不受约束的公司 配对公司 (8)	融资受到约束的公司 标的公司 (9)	融资受到约束的公司 配对公司 (10)
RET	-0.016	-0.002	-0.003	0.001	-0.030	0.002	-0.023	-0.033	-0.015	-0.016
	(-0.91)	(-0.09)	(-0.13)	(0.03)	(-1.09)	(0.07)	(-0.53)	(-1.47)	(-0.65)	(-0.50)
dRET	-0.041**	-0.014	-0.029	-0.016	-0.053***	-0.008	-0.099**	-0.025	0.011	-0.015
	(-2.32)	(-0.88)	(-1.11)	(-0.81)	(-2.70)	(-0.39)	(-2.50)	(-0.86)	(0.44)	(-0.53)
RET × dRET	0.030	0.004	0.013	-0.037	0.061	0.047	-0.066	-0.028	0.087	0.052
	(0.61)	(0.09)	(0.17)	(-0.54)	(1.02)	(0.71)	(-0.70)	(-0.45)	(0.94)	(0.53)
POST	-0.145***	0.008	-0.136**	0.019	-0.193***	0.002	-0.135**	-0.087*	-0.122**	-0.152**
	(-4.03)	(0.45)	(-2.41)	(0.68)	(-3.18)	(0.07)	(-2.14)	(-1.79)	(-2.04)	(-2.29)
RET × POST	-0.045	0.039	0.017	0.040	-0.069	0.043	0.031	0.127**	-0.047	0.237
	(-1.02)	(1.01)	(0.21)	(0.66)	(-1.15)	(0.81)	(0.20)	(2.13)	(-1.05)	(1.56)
dRET × POST	0.001	-0.014	0.020	-0.000	-0.018	0.001	0.075	0.029	-0.019	-0.018
	(0.02)	(-0.55)	(0.40)	(-0.01)	(-0.38)	(0.02)	(0.96)	(0.57)	(-0.35)	(-0.35)
RET × dRET × POST	0.356***	-0.024	0.231	0.069	0.388***	-0.027	0.263	0.120	0.411*	-0.371*
	(3.16)	(-0.23)	(1.25)	(0.45)	(2.80)	(-0.19)	(1.17)	(0.81)	(1.78)	(-1.93)

续表

变量名称	全样本		股权得到制衡的公司		股权缺乏制衡的公司		融资不受约束的公司		融资受到约束的公司	
	标的公司 (1)	配对公司 (2)	标的公司 (3)	配对公司 (4)	标的公司 (5)	配对公司 (6)	标的公司 (7)	配对公司 (8)	标的公司 (9)	配对公司 (10)
Year	Yes	Yes	Yes	Yes	Yes	Yes	Yes	Yes	Yes	Yes
Industry	Yes	Yes	Yes	Yes	Yes	Yes	Yes	Yes	Yes	Yes
Adj.R²	0.255	0.127	0.238	0.214	0.308	0.127	0.334	0.227	0.255	0.169
观测值	1,068	1,169	544	589	524	580	307	320	317	335
零假设	标的公司和配对公司的 RET × dRET × POST 系数相同									
P值	0.011		0.487		0.032		0.575		0.006	

注：此表报告回归模型（7-1）的结果。RET 为经市场调整的公司股票回报率。其他变量定义见表 7-1。括号内数字为 T 统计值，***、**、* 分别表示在 1%、5%、10% 的统计水平上显著。

（5）控制公司固定效应。在前面的检验中，我们控制了年度固定效应和行业固定效应。在敏感性测试中，我们对公司固定效应加以控制，进一步分析卖空机制对公司会计稳健性水平的影响。

检验结果见表 7-10。同样的，列（1）和列（2）分别对应全样本的标的公司和配对公司，列（3）至列（6）为公司股权结构的分组检验，列（7）至列（10）为公司融资约束的分组检验结果。我们发现，加入了公司固定效应后，在全样本检验中，标的公司的 RET × dRET × POST 的系数变异不显著了，但是仍然高于配对公司的该系数，二者的差在 10% 的水平下显著。主要变量 RET × dRET × POST 在标的公司和配对公司间系数差异显著，在股权缺乏制衡的公司以及融资受到约束的公司，对比控制组公司，标的公司显著提高了其会计稳健性，与我们的预期相符。因此，控制住公司固定效应后，我们的研究结论依然能够得到支持。

表7-10 敏感性测试：控制公司固定效应

变量名称	全样本		股权得到制衡的公司		股权缺乏制衡的公司		融资不受约束的公司		融资受到约束的公司	
	标的公司 (1)	配对公司 (2)	标的公司 (3)	配对公司 (4)	标的公司 (5)	配对公司 (6)	标的公司 (7)	配对公司 (8)	标的公司 (9)	配对公司 (10)
RET	0.030***	0.022***	0.020*	0.015*	0.039***	0.028**	0.045**	0.005	0.026**	0.021
	(3.36)	(2.60)	(1.69)	(1.76)	(2.99)	(2.05)	(2.26)	(0.36)	(2.06)	(1.32)
dRET	-0.037*	0.016	-0.025	-0.012	-0.053*	0.049	-0.044	-0.026	-0.044	-0.002
	(-1.87)	(0.72)	(-0.91)	(-0.40)	(-1.93)	(1.47)	(-1.20)	(-0.92)	(-1.47)	(-0.07)
RET × dRET	0.107*	0.152***	0.192*	0.083	0.020	0.243**	0.071	0.123	-0.013	0.106
	(1.71)	(2.17)	(1.67)	(0.86)	(0.33)	(2.46)	(0.78)	(1.22)	(-0.16)	(1.06)
POST	-0.048**	0.000	-0.062**	-0.030	-0.046*	0.036	-0.087**	-0.023	-0.011	-0.006
	(-2.39)	(0.01)	(-2.02)	(-0.94)	(-1.77)	(0.99)	(-2.00)	(-0.63)	(-0.40)	(-0.09)
RET × POST	-0.002	-0.022	0.082	-0.019	-0.039	-0.035	0.147	0.008	-0.062	0.223
	(-0.05)	(-0.47)	(1.22)	(-0.21)	(-0.77)	(-0.91)	(1.34)	(0.18)	(-0.96)	(0.86)
dRET × POST	0.034	-0.086**	-0.017	-0.054	0.104**	-0.124*	0.121	-0.039	0.120**	-0.077
	(0.89)	(-2.16)	(-0.31)	(-1.09)	(2.10)	(-1.97)	(1.62)	(-0.49)	(2.54)	(-1.02)
RET × dRET × POST	0.120	-0.145	-0.223	-0.118	0.430***	-0.166	0.197	-0.177	0.615***	-0.389
	(0.90)	(-1.21)	(-1.06)	(-0.72)	(2.94)	(-0.89)	(0.77)	(-0.69)	(3.29)	(-1.25)
Firm	Yes	Yes	Yes	Yes	Yes	Yes	Yes	Yes	Yes	Yes
Adj.R²	0.316	0.232	0.332	0.223	0.304	0.236	0.304	0.442	0.235	0.153
观测值	1,068	1,169	544	589	524	580	307	320	317	335
零假设	标的公司和配对公司的 RET × dRET × POST 系数相同									
P值	0.097		0.659		0.004		0.242		0.002	

注：此表报告回归模型（7–1）的结果。变量定义见表 7–1。括号内数字为 T 统计值，*** 、** 、* 分别表示在 1%、5%、10％的统计水平上显著。

（6）保留事件年度当年数据。在主检验中，由于卖空的影响在事件年度并不明朗，参照现有文献的做法（Chen et al., 2013）[80]，对于样本公司，我们剔除了进入融资融券名单当年数据。在敏感性测试中，我们对事件年度当年数据予以保留，并作为 POST=1。

表 7–11 报告了回归结果。其中，列（1）和列（2）分别对应全样本的标的公司和配对公司，列（3）至列（6）为公司股权结构的分组检验，列（7）至列（10）为公司融资约束的分组检验。在检验中，我们同时控制了年度固定效应和行业固定效应。在表的最下方，我们给出了主要变量 RET × dRET × POST 在标的公司和配对公司间系数差异的检验结果。从表 7–11 中可以看到，全样本检验中，标的公司会计稳健性水平的提高，显著高于配对公司的情形。在分组检验中，卖空机制的促进作用，在公司股权结构缺乏制衡时，以及公司融资受到约束的情况下，更为明显。因此，若保留事件年度当年数据，本章的研究结论同样能够得到支持。

表7-11 敏感性测试：保留事件年度当年数据

变量名称	全样本		股权得到制衡的公司		股权缺乏制衡的公司		融资不受约束的公司		融资受到约束的公司	
	标的公司(1)	配对公司(2)	标的公司(3)	配对公司(4)	标的公司(5)	配对公司(6)	标的公司(7)	配对公司(8)	标的公司(9)	配对公司(10)
RET	0.002	0.013	0.004	0.010	-0.000	0.020	0.002	-0.024	-0.008	0.016
	(0.15)	(0.95)	(0.24)	(0.58)	(-0.02)	(1.14)	(0.08)	(-1.33)	(-0.49)	(0.61)
dRET	-0.021	0.021	-0.024	0.001	-0.029	0.048**	-0.025	0.052	-0.041*	0.001
	(-1.55)	(1.23)	(-1.14)	(0.04)	(-1.62)	(2.04)	(-1.01)	(1.62)	(-1.67)	(0.03)
RET × dRET	0.079**	0.098*	0.052	0.073	0.077*	0.128	0.063	0.295*	0.035	0.106
	(2.32)	(1.73)	(0.99)	(1.16)	(1.83)	(1.58)	(1.13)	(1.98)	(0.69)	(1.37)
POST	0.051*	0.046	0.053	0.034	0.030	0.063	-0.026	0.033	0.005	0.013
	(1.80)	(1.65)	(1.54)	(1.03)	(0.64)	(1.50)	(-0.38)	(0.57)	(0.13)	(0.19)
RET × POST	-0.052	0.009	-0.037	0.003	-0.064	0.011	0.124	0.130**	0.002	0.120
	(-1.33)	(0.26)	(-0.71)	(0.07)	(-1.19)	(0.23)	(1.18)	(2.35)	(0.06)	(0.77)
dRET × POST	0.036	-0.057**	0.019	-0.046	0.053	-0.066	0.120**	-0.028	0.125**	-0.073
	(1.24)	(-2.00)	(0.52)	(-1.35)	(1.13)	(-1.46)	(2.08)	(-0.49)	(2.40)	(-1.15)
RET × dRET × POST	0.347***	-0.079	0.235*	-0.048	0.447***	-0.092	0.240	-0.225	0.476***	-0.284
	(3.67)	(-0.99)	(1.66)	(-0.42)	(3.58)	(-0.76)	(1.15)	(-1.09)	(2.97)	(-1.28)

续表

变量名称	全样本		股权得到制衡的公司		股权缺乏制衡的公司		融资不受约束的公司		融资受到约束的公司	
	标的公司 (1)	配对公司 (2)	标的公司 (3)	配对公司 (4)	标的公司 (5)	配对公司 (6)	标的公司 (7)	配对公司 (8)	标的公司 (9)	配对公司 (10)
Year	Yes	Yes	Yes	Yes	Yes	Yes	Yes	Yes	Yes	Yes
Industry	Yes	Yes	Yes	Yes	Yes	Yes	Yes	Yes	Yes	Yes
Adj.R²	0.255	0.125	0.242	0.204	0.297	0.139	0.327	0.242	0.279	0.160
观测值	1,287	1,388	654	699	633	689	368	381	378	396
零假设	标的公司和配对公司的 RET × dRET × POST 系数相同									
P值	0.001		0.110		0.002		0.097		0.004	

注：此表报告回归模型（7-1）的结果。变量定义见表 7-1。括号内数字为 T 统计值，***、**、* 分别表示在 1%、5%、10% 的统计水平上显著。

137

（7）加入其他控制变量。在敏感性测试中，我们考虑了其他可能影响公司会计稳健性水平的因素，在回归模型（7-1）中加入控制变量：公司规模（SIZE）、市价账面比（MTB）和资产负债率（LEV）。

表7-12报告了回归结果。其中，Panel A 为加入上述三个变量（上期期末数值）的检验结果，Panel B 为加入上述变量并将其与模型（7-1）的原有变量相交乘的检验结果。表7-12只报告了主要变量 RET × dRET × POST 的结果。同样的，列（1）和列（2）分别对应全样本的标的公司和配对公司，列（3）至列（6）为公司股权结构的分组检验，列（7）至列（10）为公司融资约束的分组检验。在检验中，我们同时控制了年度固定效应和行业固定效应。我们同时给出了主要变量 RET × dRET × POST 在标的公司和配对公司间系数差异的检验结果。从表7-12可以看到，加入其他控制变量，并不会对本章的主要结论带来实质性的改变。在全样本公司、股权结构缺乏制衡的公司组以及融资受到约束的公司组中，标的公司均显著提高了其会计稳健性水平，并且标的公司与配对公司间的系数差异也是显著的。因此，控制了其他可能影响公司会计稳健性水平的因素后，本章三个假设依然成立。

表 7-12　敏感性测试：加入其他控制变量

变量名称	全样本		股权得到制衡的公司		股权缺乏制衡的公司		融资不受约束的公司		融资受到约束的公司	
	标的公司 (1)	配对公司 (2)	标的公司 (3)	配对公司 (4)	标的公司 (5)	配对公司 (6)	标的公司 (7)	配对公司 (8)	标的公司 (9)	配对公司 (10)
Panel A: 在回归模型中加入其他控制变量：SIZEt-1、MTBt-1 和 LEVt-1										
RET × dRET × POST	0.372***	-0.068	0.242	-0.047	0.524***	-0.080	0.390	-0.180	0.575***	-0.305
	(3.40)	(-0.86)	(1.53)	(-0.42)	(3.75)	(-0.64)	(1.46)	(-0.95)	(2.90)	(-1.32)
零假设	标的公司和配对公司的 RET × dRET × POST 系数相同									
P 值	0.001		0.124		0.001		0.064		0.002	
Panel B: 在回归模型中加入其他控制变量（SIZEt-1、MTBt-1 和 LEVt-1）及其与主变量的交互项										
RET × dRET × POST	0.405***	-0.007	0.338*	0.028	0.526***	0.038	0.456*	-0.028	0.594***	-0.253
	(3.41)	(-0.08)	(1.71)	(0.22)	(3.80)	(0.28)	(1.83)	(-0.13)	(2.73)	(-1.05)
零假设	标的公司和配对公司的 RET × dRET × POST 系数相同									
P 值	0.005		0.169		0.009		0.112		0.005	

注：此表报告模型（7-1）中加入其他控制变量后，主要变量 RET × dRET × POST 的结果。变量定义见表 7-1。括号内数字为 T 统计值，***、**、* 分别表示在 1%、5%、10% 的统计水平上显著。

第六节　进一步分析

在进一步测试中，我们同时考察公司股权结构与融资约束的影响，对卖空机制的治理效应作进一步的分析。我们把公司按照股权是否得到制衡和融资是否受到约束分为四组，讨论卖空机制对会计稳健性的不同影响。考虑到每组的观测值数量，在这部分的检验中，我们以公司的负债比例（LEV）代替 KZ 指数作为融资约束的衡量。根据前文的分析，对于股权得到制衡同时融资不受约束的公司，卖空机制对会计稳健性的作用应该最小，而对于股权缺乏制衡同时融资受到约束的公司，卖空机制对会计稳健性的作用应该最明显。

表 7–13 报告了进一步测试的结果。列（1）和列（2）分别对应股权得到制衡同时融资不受约束的标的公司和配对公司，列（3）和列（4）分别对应股权得到制衡但是融资受到约束的标的公司和配对公司，列（5）和列（6）分别对应融资不受约束但是股权缺乏制衡的标的公司和配对公司，列（7）和列（8）分别对应股权缺乏制衡并且融资受到约束的标的公司和配对公司。从表 7–13 中可以看到，主要变量 RET × dRET × POST 的系数只在列（7）中是显著为正的（0.718，t = 3.83），并且样本组和控制组公司间的差异只有在最后一组是显著的（P 值 =0.003）。这些结果表明，公司的股权结构和融资约束共同影响卖空机制的治理效应，在公司的股权缺乏制衡并且融资受到约束的情况下，卖空机制对会计稳健性的促进效果最明显。

表 7–13　卖空机制与会计稳健性：内部股权结构和外部融资约束的影响

变量名称	股权得到制衡融资不受约束		股权得到制衡融资受到约束		股权缺乏制衡融资不受约束		股权缺乏制衡融资受到约束	
	标的公司 (1)	配对公司 (2)	标的公司 (3)	配对公司 (4)	标的公司 (5)	配对公司 (6)	标的公司 (7)	配对公司 (8)
RET	-0.001	0.011	0.010	-0.006	-0.028*	0.015	0.030	0.027
	(-0.05)	(0.53)	(0.44)	(-0.27)	(-1.90)	(0.47)	(1.11)	(1.27)
dRET	-0.035	0.048	-0.026	-0.057	-0.027	0.039	-0.051*	0.054
	(-0.84)	(1.37)	(-0.92)	(-1.41)	(-1.24)	(1.04)	(-1.75)	(1.31)
RET × dRET	0.082	0.146	-0.013	-0.085	0.075	0.284*	-0.079	0.065
	(1.00)	(1.27)	(-0.09)	(-0.80)	(1.10)	(1.77)	(-1.18)	(0.51)

续表

变量名称	股权得到制衡 融资不受约束		股权得到制衡 融资受到约束		股权缺乏制衡 融资不受约束		股权缺乏制衡 融资受到约束	
	标的公司 (1)	配对公司 (2)	标的公司 (3)	配对公司 (4)	标的公司 (5)	配对公司 (6)	标的公司 (7)	配对公司 (8)
POST	-0.141	0.020	-0.032	-0.006	-0.269***	0.003	0.021	0.046
	(-1.30)	(0.93)	(-0.38)	(-0.06)	(-3.16)	(0.06)	(0.20)	(0.69)
RET × POST	-0.011	-0.029	-0.034	0.362	0.020	0.035	-0.165**	-0.005
	(-0.13)	(-1.14)	(-0.37)	(1.44)	(0.27)	(0.53)	(-2.07)	(-0.05)
dRET × POST	-0.018	-0.068	0.049	-0.005	0.066	-0.004	0.018	-0.136*
	(-0.26)	(-1.43)	(0.91)	(-0.06)	(0.85)	(-0.06)	(0.29)	(-1.86)
RET × dRET × POST	-0.072	-0.148	0.448	-0.158	0.307	-0.175	0.718***	-0.055
	(-0.33)	(-0.99)	(1.64)	(-0.50)	(1.47)	(-0.73)	(3.83)	(-0.27)
Year	Yes	Yes	Yes	Yes	Yes	Yes	Yes	Yes
Industry	Yes	Yes	Yes	Yes	Yes	Yes	Yes	Yes
Adj.R^2	0.294	0.205	0.186	0.264	0.294	0.150	0.356	0.110
观测值	278	301	266	288	230	266	294	314
零假设	标的公司和配对公司的 RET × dRET × POST 系数相同							
P 值	0.763		0.127		0.105		0.003	

注：此表报告回归模型（7-1）的结果。变量定义见表7-1。括号内数字为 T 统计值，***、**、* 分别表示在 1%、5%、10% 的统计水平上显著。

第七节　本章小结

本章继续上文对卖空机制治理效应的探讨。若卖空机制具有震慑作用，将迫使标的公司更加谨慎，以降低未来由于负面消息被曝光的风险。公司的谨慎作风在会计上的体现则是会计稳健性的提高，因而本章研究卖空对标的公司会计稳健性的影响。会计稳健性可以降低公司内部与外部投资者之间的信息不对称，信息不对称的降低使得卖空者获利的空间减小，标的公司被卖空的可能性也降低。卖空机制影响会计稳健性的检验发现，上市公司成为融资融券标的证券后，会计稳健性显著提高了。而且，当公司的股权结构缺乏制衡时，卖空机制能够显著提高会计稳健性；对于融资受到约束的公司，卖空机制对会计稳健性的促进作用更加明显。这些结果表明，进入融资融券标的公司名单后，由于卖空具有震慑作用，卖空的威胁促使标的公司更加谨慎的经营，减少负面消息的出现，降低被卖空的概率，其中包括盈余管理程度的降低和会计稳健性水平的提高。因此，第六章和第七章的研究发现，盈余管理行为的减少和会计稳健性程度的提高，说明卖空机制能够提高上市公司的会计信息质量，具有治理效应。在接下来的章节中，我们将直接检验卖空机制对上市公司行为和审计师行为的影响，更加全面地分析卖空机制的治理效应。

第八章　卖空机制与企业避税行为

第一节　研究背景介绍

国家进行税收行为是为了满足公共服务需求，凭借法律手段对企业进行强制税费征收，再通过财政支出对经济、社会福利进行再调节。但是当发生严重的避税行为时，对于社会而言，政府的财政收入将会被削减，财政收入的减少将会影响政府的公共服务能力，导致经济资源分配不公，最终影响社会福利。近年来，国家加强对避税行为的监管，在 2014 年国家税务总局颁布了《一般反避税管理办法（试行）》[①]，同年进行反避税工作，重新征收了 523 亿元。

目前国内学者对企业避税行为研究较为丰富，传统观点认为企业避税行为就是将政府应征税收转移给企业，从而使企业价值上升；但近代观点认为，由于公司经营权与所有权分离，企业利益相关者之间存在信息不对称，容易造成委托代理问题（黄超和罗乔丹，2018[31]；熊家财等，2019[32]），避税使企业现金流增加，促进企业经理人在职消费行为，这就容易造成企业进行避税行为时，避税行为使企业价值下降。近年来国内学者主要从影响企业避税行为的因素和企业避税行为的经济后果这两方面对企业避税行为展开研究。学者们对影响企业避税行为的因素可归纳总结为企业内部因素和企业外部因素，同时学者们对企业避税行为经济后果的研究，也主要聚焦在企业避税行为如何影响公司价值的问题上。但是到目前为止，对于引入卖空机制对企业避税行为影响的研究依然较少，因此对于愈发严重的企业避税行为，以及国家越来越重视企业避税的现象，卖空机制能否作为企业外部监管的手段，能否有效抑制企业避税行为；卖空机制作为外部监管的力量，当外部监管力量加强时，企业的避税行为对公

---

① 国家税务总局令 2014 年第 32 号《一般反避税管理办法（试行）》。

司价值产生如何的影响；对于这样的研究，无论是对学术领域的补充或是对现实政策的指导都具有重要的意义。

目前学者们从融资融券视角出发，研究其对企业造成的影响主要从两方面入手，一方面主要研究融资融券实施后，是否有利于改善信息传递的效率，是否有利于缓解信息不对称问题，是否有利于降低股价对企业发布信息反应的延迟效率（肖浩和孔爱国，2014[138]；肖争艳和高荣，2015[139]）；另一方面主要研究融资融券实施后，对企业内部治理是否产生影响，如是否对企业财务报表操纵、经理人的在职消费行为、企业创新、持有现金价值（黄超和罗乔丹，2018[31]；佟爱琴和马惠娴，2019[140]；陈晖丽和刘峰，2014a[64]；郝项超等，2018）[146] 等造成影响。

以上是国内外学者分别从企业避税行为和融资融券制度对企业所造成影响进行研究，而对于引入卖空机制如何影响企业避税行为的研究则较少。目前对此相关的研究主要说明了卖空制度能够显著抑制企业的避税行为；而且这种被抑制的避税行为主要是经理人为了寻租而进行的避税行为（黄超和罗乔丹，2018[31]；熊家财等，2019[32]）。然而目前对于引入卖空机制，企业避税行为在不同的外部环境下会有如何的变化，企业避税行为是否会影响公司价值并且在不同的公司治理影响下会有怎样不同影响的研究较少。因此本章主要以引入卖空机制，企业避税行为是否会影响企业价值，并且在不同的公司治理影响下会产生怎样不同的影响进行研究；不仅对目前现有文献进行了补充，而且对企业以后是否再进行避税行为，提供了指引和帮助。

第二节　假设提出

一、卖空机制与企业避税行为

以往对企业避税行为的研究认为，企业在进行避税行为时，实际上是将政府的税收收入转移到企业中，从而使企业价值增加，Mills（1998）[141] 研究发现，投入资金用于税收筹划，可以给企业带来更多的税收节约。近年来，学者们对现代公司治理的研究越来越多，发现由于企业"两权"的分离，容易导致企业代理问题的出现，从而提出了避税"代理观"。由于信息不对称，企业管理层与股权投资者和债权投资者之间存在委托代理问题，企业管理层拥有更多的企业信息；因此作为理性经济人，企业管理层有动机去谋取更高的收益，当企业管理层从事避税活动所带来的收益高于薪酬契约和个人名誉所带来的损失时，企业管理层就会利用避税活动来谋取私人利益。而企业避税行为即是其中一种方式，企业管理层可以通过企业避税行为增加企业的现金流，从而进行在职消费、过度投资、腐败等行为来增加自身的利益。通常避税行为设计较为复杂且隐蔽，从而导致这种行为难以被察觉，这就容易反过来导致企业避税行为的增加。而卖空机制的引入，提供了投资者对企业的监督机制，投资者可以对企业未公布的信息进行充分挖掘，或者对已公开的信息进行专业的解读，从而对企业的价值进行评估。对于高估的企业，投资者可以卖空企业的股票，导致企业管理层薪酬契约或者个人名誉的损失加大；而企业管理层也可能防止投资者对企业价值的错误估计，从而发布更多的信息，提高企业信息的可获得性。基于此，我们试图研究，卖空机制能否作为企业经济活动的一种监管手段。

第一，卖空机制使悲观投资者可以表达自己对股价的预期。卖空机制的引入，结束了以往单边市场的状况，以往当卖空受到约束，持有乐观预期的投资者才会进入市场表达其观点，而持有企业负面消息的投资者，无法在证券市场中表达其观点，容易造成股价被高估（Hong and Stein, 2003）[8]，从而导致企业管理层在进行损害公司行为时，没有得到很好的惩罚。而随着卖空机制的引进，股价对当前市场信息的反映，具有更低的价格延迟，负面信息更及时地融入股票价格中（肖争艳和高荣，2015[139]；肖浩和孔爱国，2014[138]；李志生等，2015[142]；Miller, 1977[6]），当企业管理者再进行有害于企业价值的行为时，这部分拥有专业知识、资金量较大、对企业活动的信息解读更全面的卖空投资者，就会给予企业负面评价，在高位卖空股票，等企业股价回归其原本应有的价值时，再买回股票，从而完成对负面信息的反映并且从中获利；企业管理者也会忌惮于薪酬与个人名誉的损失大于他们从企业避税行为中获得的收益，从而抑制这种行为。

第二，卖空机制可以发挥治理效应。由于公司所有权与经营权的分离，导致企业管理者与股权投资者、债券投资者之间存在委托代理问题，企业管理者拥有更多的企业信息，企业管理者可以通过财务报表操纵增加企业盈余状况（叶康涛，2006）[143]，使自身薪酬得到提升，从而提高自身利益；企业管理者也可以通过复杂且不透明的避税行为，增加留存现金流，从而增加在职消费、腐败行为来增加自身利益；企业管理者也可以对企业进行掏空、对现金流进行占用（侯青川等，2016[144]；侯青川等，2017[145]）；企业管理者可以对企业进行过度投资或者削减投资来增加自身利益（Grullon et al.，2015[45]）。企业避税行为设计得越复杂越隐蔽，外部投资者由于信息不对称问题也就越难发现企业避税行为，这时企业高管获得的收益较大，而这种利益会促使高管再进行复杂且隐蔽的避税行为（Desai and Dharmapala，2006）[146]。但是随着卖空机制的引入，卖空投资者可以充分挖掘企业未公布的负面信息，或者对已公布的信息进行充分解读，卖空投资者通常有对企业经营状况、企业对应的行业前景以及财报的阅读能力与分析能力，因此卖空投资者可以通过自身对市场信息的理解与较为庞大的资金量，从而对企业负面信息进行充分的反映，卖空企业股票并从中获利。卖空机制能够发挥外部治理效应（黄超和罗乔丹，2018[31]），显著抑制企业避税行为（熊家财等，2019[32]），减少企业管理层对财务报表进行操纵的行为（刘亭立和姜莹，2019[149]；Massa et al.，2015[14]；陈晖丽和刘峰，2014a[64]），抑制企业管理者的隐形腐败行为（佟爱琴和马惠娴，2019[140]），减少财务重述现象（张璇等，2016[150]）。基于上述学者们的研究，我们认为，企业管理层的薪酬制度，除了跟企业经营状况有关以外，还跟股价波动以及企业并购行为有关，因此在卖空机制还没在国内实施之前，企业管理者在进行避税行为时，获得的收益，如在职消费、过度腐败、过度投资或消极投资，会比得到的损失要多，企业管理者才会进行避税行为；但是由于卖空机制的引入，卖空机制可以作为一种外部监管手段或者是可以改善企业内部管理的手段，都可以有效抑制企业管理者的避税行为。基于此，提出本章的第一个假设：

假设 1：上市公司在成为融资融券标的证券后，其避税水平显著降低。

二、卖空机制与企业避税行为：外部审计的作用

避税"代理观"认为，企业进行避税行为是因为企业管理层与股权投资者、债权投资者之间存在代理问题，使得企业管理层侵占中小股东的利益，企业管理层通过构建复杂且不透明的避税行为，如关联交易和财务报表操纵（黄超和罗乔丹，2018[31]；熊家财等，2019[32]），来满足在职消费和腐败（佟爱琴和马惠娴，2019[140]），提升自身利益。

外部审计一般被人们视为"外部监管的工具"，审计师通常拥有更加专业、更加严谨的财务报表审计能力，能够对企业发布的信息进行专业的解读，并且作出专业的审计报告，方便投资者阅读，因此外部审计可以提高企业信息的可获得性，让企业管理者进行有害于企业的避税行为时难度加大（金鑫和雷光勇，

2011[151]）。同时在行业中已经从事多年的审计师或者能力较强的审计师，为了避免自身声誉以及前途受损，更有动机去发现和揭示财务错报（陈冬和罗祎，2015[152]）。因此拥有外部审计较为严格的企业，其进行避税行为时，可能已经受到抑制，他们需要考虑自身利益的收益与损失。但是拥有外部审计不严格的企业，其可能仍会进行避税行为，卖空机制可以作为外部监管手段，发挥外部治理效应（黄超和罗乔丹，2018[31]）。借鉴现有文献，学者们普遍以企业的会计师事务所是否为"四大"作为企业受到的审计质量是否较高为标准。我们认为企业的外部会计师事务所为非"四大"时，所受到的监管较少，此时卖空机制发挥的外部治理效应较大，这就可能导致企业的外部会计师事务所为非"四大"时，卖空机制对企业避税行为的抑制作用更显著。基于此，提出本章的第二个假设：

假设2：对比"四大"审计的企业，非"四大"审计的企业，卖空机制更能抑制避税行为。

三、卖空机制、企业避税行为与公司价值

传统观点认为，企业避税行为即是政府对企业的税收转移到企业中，减少企业的现金流流出（陈冬和唐建新，2013[39]），从而增加股东财富与公司价值。但现代避税"代理观"认为，企业避税行为会增加企业管理者和股权投资者、债券投资者之间的信息不对称问题，从而使企业避税行为产生委托代理问题。而以往的观点认为，企业避税行为即是企业减少了现金流流出，从而增加公司价值。现代观点认为，企业管理层进行避税行为时，需要权衡减少的现金流出所带来的企业价值增加与避税代理成本所带来的企业价值损失（陈冬和唐建新，2013[39]）。同时现代观点认为，企业避税行为会增加企业管理层在职消费与腐败行为（黄超和罗乔丹，2018[31]；佟爱琴和马惠娴，2019[140]；郝项超等，2018[146]），会导致企业价值的损失。但企业避税行为对企业价值的影响也会受到企业内部治理与企业外部环境的影响，已有研究发现内部治理较好、机构投资者持股较多、处于税收征管强度较高地区的企业，企业避税行为可以提高企业价值（Desai and Dharmapala，2009[147]；陈冬和唐建新，2013[39]；蔡宏标和饶品贵，2015[40]）。卖空机制可以作为一种外部监管手段，发挥外部监管效应（黄超和罗乔丹，2018[31]），因此卖空机制的实施可以增加企业信息的可获得性，缓解外部监管的缺失以及弥补内部治理的不足（熊家财等，2019[32]；刘亭立和姜

莹，2019[149]），卖空机制可以有效抑制企业激进的避税行为、隐性腐败行为和财务重述的概率（佟爱琴和马惠娴，2019[140]；张璇等，2016[150]）。此时企业管理层再进行避税行为时，可能会考虑哪种避税行为更有利于自身，从而可能实施有利于企业发展的避税行为。基于此，提出本章的第三个假设：

假设3：对比非融资融券标的企业，在加入标的名单后，企业进行避税行为时更能提高企业价值。

四、卖空机制、企业避税行为与企业价值：内外部环境的作用

根据上文分析，卖空机制的引入，对企业的避税行为具有一定的监管作用，能够改善企业内部治理问题或者可以改善企业外部监管的不充分，提高企业信息的可获得性，加大企业管理者进行避税行为的难度，抑制企业高管对企业进行有害公司价值的避税行为；而当企业处于不同的内部环境或者外部环境中时，卖空机制发挥的监管作用是否会被替代还是会被加强，也是值得去深究的，因此接下来我们从外部市场经济开放水平、企业的融资约束和股权均衡情况，这三个方面进行研究。

在不同市场经济开放水平地区上市的企业，其面临的监管强度会有所不同，市场经济开放水平较高的地区，通常市场经济较为完善，该经济体内拥有足够充分的金融机构、监管机构、完善的市场经济政策，同类竞争的企业也会较多，在市场经济开放水平较高的地区，企业的财务报表操纵现象会减少（陈晖丽和刘峰，2014a[64]）；可以防止投资者对企业的错误定价，企业信息的可获得性会提高，信息的流通速度也会加快，股价对信息的延迟也会降低。在这种市场环境下，卖空机制对企业信息的挖掘和解读也会更加迅速，企业管理层谋取私利的行为会得到抑制，企业管理层会进行有利于公司发展的避税行为，使外部投资者对这种避税行为进行认可。基于此，提出本章的第四个假设：

假设4：处于市场经济开放环境较好地区的企业，在加入融资融券标的名单后，企业进行避税行为时更能提高企业价值。

企业避税行为可以减少企业的现金流出，这种行为可以理解为向政府进行贷款，而这种贷款的利息可能会由市场投资者进行决定；无论企业处于融资约束状态时还是融资不约束状态时，企业进行避税行为所减少的现金流出，会投资于某个项目，可能是企业高管的在职消费行为，也可能是将该项资金存入银行，收取利息。而市场投资者会对这个项目进行预估，如果该项目不利于企业

发展时，市场投资者会给予企业负面评价，而该项目有利于企业发展时，市场投资者会给予企业正面评价。陈作华和方红星（2018）[153]研究发现，试图获得资金的融资约束企业会做出不利于企业发展的行为。

Desai and Dharmapala（2009）[147]研究发现公司治理较好的企业，当企业进行避税行为时，可以提高企业价值；当税收监管强度较高时，税收监管可以降低与避税行为相关的企业高管的机会主义行为，从而使企业避税行为能提高公司价值；根据预期现金流量计算，企业避税行为能降低股权成本，实现更高的边际收益，而这种现象在外部监管较好、信息可获得性较高的企业中更显著（Goh et al.，2016[154]）；当企业进行较为温和的避税行为时，能提高企业价值，但是当企业进行激进的避税行为时，会破坏企业价值（陈作华和方红星，2016[153]）。上述研究表明，当税收监管强度较高和公司治理较好的企业，企业避税行为能提高公司价值，而卖空机制作为一种监管手段，可以改善企业内部管理与外部监管的环境，卖空机制可以有效改善信息不对称问题，使负面消息更快地融入股票价格中（肖争艳和高荣，2015[139]；肖浩和孔爱国，2014[138]；李志生等，2015；Miller，1977[6]），使得企业管理层再进行有害于企业经营活动的避税行为时，会变得更加谨慎。因为公司会因低税率而遭遇声誉的损失（Hanlon and Slemrod，2009[155]），影响企业管理层声誉以及薪酬等方面，因此企业管理层再进行自利性避税行为可能会减少，而增加有利于企业发展的避税行为。而市场对该行为的解读，可能会给予较高的评价，从而使企业价值上升。卖空机制作为一种"外部监管手段"，提高了企业信息的可获得性，在股权均衡的企业中，由于受到多方面投资者的监管，企业管理层会减少有害于企业价值的避税行为，此时卖空机制发挥的监管作用的边际收益较低；而对于股权不均衡的企业，由于企业管理层受到的监管较少，因此会刺激其进行自利行为，进行有害于企业价值的避税活动，此时卖空机制发挥的监管作用的边际收益较高（刘亭立和姜莹，2019[149]），卖空机制可以有效抑制企业管理层进行有害于企业发展的避税行为。

基于上述讨论，我们认为在融资约束程度低的企业中，对于股权不均衡的企业，卖空机制的实施，可以监督企业管理层将减少的现金流出，投资于有利于企业发展的项目中，而投资者也会给予其较高的评价。基于此，提出本章的第五个假设：

假设 5：对于融资约束程度较低和股权结构不均衡的企业，卖空机制更能

促进避税行为对公司价值的提升。

第三节 研究设计

一、样本选择及数据来源

本章选取了 2008 年到 2016 年的财务数据作为研究样本。选取 2008 年作为研究的起点是因为我国于 2007 年实施了所得税改革，而从 2008 年开始实施新的所得税制度。

我们剔除金融行业的企业，剔除公司名称含有 ST、PT、S 以及退市的企业，剔除发行了非 A 股的企业，剔除当年上市企业的数据，剔除曾经被取消融资融券资格的企业，剔除实际税率异常的企业，剔除因变量、自变量、控制变量以及调节变量中缺失的数据，最后对数据进行上下 1% 的缩尾处理，最终得到 9718 个样本数据。同时本章对所有回归中标准误进行公司维度的 cluster 处理。数据主要来源于以下途径：名义所得税率来源于 wind，融券标的名单来源于 choice，其余数据来源于 csmar 国泰安数据库。

二、变量定义

（一）被解释变量

（1）企业避税行为

现有研究对企业避税行为的衡量方法可以分为绝对法和相对法，其中绝对法是通过计算企业的实际税率来衡量企业避税程度，而相对法是通过计算名义税率与实际税率的差异来衡量企业避税程度。本章主要参考熊家财等（2019）[32] 的研究方法，考虑到由于地方政府可能会通过各种税收优惠政策吸引企业设厂投资，从而导致相同的实际税率可能不能准确捕捉企业避税程度，因此使用名义税率与实际税率之差和现金税率差异度量企业避税程度，其中名义税率与实际税率之差和现金税率差异越大，证明企业避税程度越高。衡量的方式为：RATE = 期末名义税率 – 应交所得税费用 /（利润总额 – 期末递延所得税费用 / 期末名义税率）；RATE_CASH = 名义税率 –（期末所得税费用 + 起初应交所得税费用 – 期末应交所得税费用）/ 利润总额。

（2）企业价值

借鉴陈冬和唐建新（2013）[39]的研究，我们对企业价值的衡量采用托宾 Q 值来度量企业价值。具体计算如下：TobinQ =（期末股价 × 期末流通股数量 + 期末每股净资产 × 期末非流通股数量 + 负债账面价值）/ 账面总资产。

（二）解释变量

卖空政策的度量是本章研究政策实施效果的关键，我们参考陈晖丽和刘峰（2014a）[64]的研究，采用双重差分模型，具体来说，构建两个虚拟变量 Treat 和 Post，Treat 表示分组变量，若公司属于融资融券标的证券，则取值为 1，否则为 0；Post 表示公司纳入融资融券标的名单的时点，公司进入名单之后的年份及当年，取值为 1，之前年度为 0，控制组 Post 为 0。

（三）调节变量

（1）市场经济开发程度

通过阅读文献发现，目前大多数研究对市场经济开发程度的衡量运用樊纲教授发布的报告①，本章借鉴现有文献的做法，设定虚拟变量 MKT_high，根据该地区市场经济开放指数高于全国市场经济开放指数平均值时，则认为该地区市场经济开放程度高，并设为 1，否则为 0。

（2）融资约束程度

对于融资约束的度量，学者们对此的争议较大，有使用 KZ 指标、WW 指标和 HP 指标的，但是由于大部分的度量指标在我国难以直接使用，本章通过间接法度量行业融资约束，来衡量行业内企业的外部融资约束情况（喻坤等，2014[44]），计算公式如下：

$$EFD = \frac{资本支出 - 调整后的现金流}{资本支出}$$

其中需要分年度分行业计算 EFD 的中位数，用该行业 EFD 中位数与同年全部行业 EFD 中位数进行比较，若该行业 EFD 中位数高于平均值，则企业面临融资约束的市场环境，则设定虚拟变量 HFD 为 1，否则为 0。

（3）股权制衡程度

对于股权均衡的度量指标，本章借鉴学者（刘亭立和姜莹，2019[149]）的做法，分年度分行业计算除第一大股东持股比例的前十大股东持股比例之和除以

---

① 《中国分省份市场化指数报告（2018）》是 2019 年 2 月社会科学文献出版社出版的图书，作者是王小鲁、樊纲、胡李鹏。

第一大股东持股比例进行度量，用该值与行业均值进行比较，若该值大于行业均值，表示股权结构均衡，BALANCE 设为 1，否则为 0。

（4）审计师规模

若企业的审计师事务所是"四大"会计师事务所，则 Big4 为 1，否则为 0。

（四）控制变量

本章借鉴现有研究（杨明增等，2020[156]；刘亭立和姜莹，2019[149]；田高良等，2020[157]；熊家财等，2019[32]；陈晖丽和刘峰，2014a[64]），选取了以下控制变量：（1）公司规模（SIZE），期末账面资产的自然对数。吴联生（2009）[158]认为大企业面临更多的政治成本，受到更多的监管，因此企业规模越大的，越不可能进行避税活动；而罗党论和魏翥（2012）[159]则提出了相反的意见，企业规模越大的公司，纳税支出相应增大，可能会增加企业避税的动机。（2）资产负债率（LEV），年末账面负债 / 年末账面资产，吴联生（2009）[158]和王亮亮（2016）[160]都认为负债具有抵税的作用，负债率越高的企业，其所得税负会越低，其税率也会越低，罗党论和魏翥（2012）[159]研究发现在税改后，由于企业担心融资约束问题，较高财务杠杆的企业会更加约束避税行为，以获得更好的融资声誉。（3）账面市值比（BM），期末总资产 /（每股股价 × 流通股股数 + 每股净资产 × 非流通股股数 + 负债账面价值），账面市值比越高的企业，其被低估的程度就越严重，上市公司可能会面临融资约束的危险，因此会激发企业避税行为。（4）我们还控制了其他反映公司经营财务状况的指标，而且这些指标可能会影响企业避税行为，投资收益率（ROI）、有形资产比率（PPE）、无形资产比率（INTANG）、存货比率（INVEN）、现金持有量（CASH）、营业总收入同比增长（GROWTH）。（5）同时由于委托代理问题的存在，企业管理层可能会损害企业其余投资者的利益，基于此考虑，我们控制了公司治理维度的变量，董事会规模、独立董事比例和企业上市年限（BSIZE、IND、INAGE）。我们同时控制了年份和行业效应。各变量的具体定义见表 8-1。

表 8-1　变量定义：避税行为检验

变量	变量名称	变量符号	具体定义
因变量	名义与实际税率之差	RATE	期末名义税率–应交所得税费用/（利润总额–期末递延所得税费用/期末名义税率）
	现金税率差异	RATE_CASH	名义税率–（期末所得税费用+起初应交所得税费用–期末应交所得税费用）/利润总额
	企业价值	TobinQ	期末股价×期末流通股数量+期末每股净资产×期末非流通股数量+负债账面价值）/账面总资产
主要变量	融资融券标的公司	Treat	虚拟变量，若公司在融资融券标的名单中，取值为1，否则取值为0
	进入融资融券标的名单的时点	Post	虚拟变量，公司进入融资融券名单之后的年度及当年，取值为1，之前年度为0
控制变量	公司规模	SIZE	期末账面资产的自然对数
	资产负债率	LEV	年末账面负债/年末账面资产
	投资收益率	ROI	投资收益/平均总资产余额
	有形资产比率	PPE	年末固定资产净额/年末总资产
	无形资产比率	INTANG	年末无形资产净额/年末总资产
	存货比率	INVEN	年末存货净额/年末总资产
	现金持有量	CASH	年末现金及现金等价物持有量/年末总资产
	董事会规模	BSIZE	董事会总人数的自然对数
	独立董事比例	IND	独立董事占董事会总人数的比例
	账面市值比	BM	期末总资产/（每股股价×流通股股数+每股净资产×非流通股股数+负债账面价值）
	上市时长	INAGE	样本从上市到样本期的上市时长加1的自然对数
	营业总收入同比增长	GROWTH	（期末营业总收入–上一期末营业总收入）/上一期末营业总收入
	行业	industry	行业虚拟变量

变量	变量名称	变量符号	具体定义
	年度	year	年份虚拟变量
	公司	code	公司虚拟变量
调节变量	市场环境	MKT_high	处于市场化程度高的公司设为1，否则为0
	融资约束	HFD	融资依赖度较高的行业内公司设为1，否则为0
	股权制衡	BALANCE	公司股权结构均衡的公司设为1，否则为0
	审计师是否为"四大"	Big4	若企业的审计师事务所是四大，则为1，否则为0

三、模型构建

为了检验本章的假设1和假设2，借鉴已有文献（陈晖丽和刘峰，2014a[64]；田高良等，2020[157]；陈冬和唐建新，2013[39]；蔡宏标和饶品贵，2015[40]），我们采用以下模型：

$$RATE_{i,t} = \alpha + \beta_1 Treat_{i,t} * Post_{i,t} + \beta_2 Treat_{i,t} + \gamma Control_{i,t} + \sum industry + \sum year + \varepsilon_{i,t}$$

$$（8-1）$$

$$RATE\_CASH_{i,t} = \alpha + \beta_1 Treat_{i,t} * Post_{i,t} + \beta_2 Treat_{i,t} + \gamma Control_{i,t} + \sum industry +$$

$$\sum year + \varepsilon_{i,t} \qquad （8-2）$$

如果假设1成立，那么β_1应该显著为负，则表明卖空机制的引入可以有效抑制企业避税行为；对于假设2，本章采用了分组回归的方法，将样本分为"四大"组和"非四大"组，如果假设2成立，那么在"非四大"组β_1显著为负，则表明卖空机制对企业避税行为的抑制作用在"非四大"组更显著。

$$TobinQ_{i,t} = \alpha + \beta_1 Treat_{i,t} \times RATE_{i,t} \times Post_{i,t} + \beta_2 Treat_{i,t} \times RATE_{i,t} + \beta_3 Treat_{i,t}$$

$$\times Post_{i,t} + \beta_4 RATE_{i,t} + \beta_5 Treat_{i,t} + \gamma Control_{i,t} + \sum industry + \sum year + \varepsilon_{i,t} \qquad （8-3）$$

$$TobinQ_{i,t} = \alpha + \beta_1 Treat_{i,t} \times RATE\_CASH_{i,t} \times Post_{i,t} + \beta_2 Treat_{i,t} \times RATE\_$$

$$CASH_{i,t} + \beta_3 Treat_{i,t} \times Post_{i,t} + \beta_4 RATE\_CASH_{i,t} + \beta_5 Treat_{i,t} + \gamma Control_{i,t} +$$

$$\sum industry + \sum year + \varepsilon_{i,t} \qquad\qquad\qquad (8\text{--}4)$$

为了验证假设 3，本章采用模型（8–3）、（8–4）进行验证。如果假设 3 成立，那么 β_1 显著为正，则表明在卖空实施背景下，企业避税行为可以增加企业价值；对于假设 4 和假设 5，本章采用了分组回归的方法；根据假设 4 将样本分为市场经济开放较好地区的企业与市场经济开放较差地区的企业，依然采用模型（8–3）、（8–4）进行验证，如果假设 4 成立，那么在市场经济开放较好地区组 β_1 显著为正，则表明在卖空实施背景下，企业避税行为可以增加企业价值，这种现象在市场经济开放较好地区的企业中更显著；根据假设 5 将样本分为四组，分别是融资约束高与股权均衡的企业、融资约束高与股权不均衡的企业、融资约束不高与股权均衡的企业、融资约束不高与股权不均衡的企业，依然采用模型（8–3）、（8–4）进行验证，如果假设 5 成立，那么在融资约束不高与股权不均组 β_1 为正，则表明在卖空实施背景下，企业避税行为可以增加企业价值，这种现象在融资约束不高与股权不均衡的企业中更显著。

第四节　实证结果

一、描述性统计

表 8–2 中呈现了主要变量的描述性统计结果。从表中可以看出，因变量的两个度量指标 RATE 和 RATE_CASH 的平均值分别为 –0.001 和 –0.003，说明了我国税负较重的现状；卖空机制的两个指标 Treat 和 Post，Treat 的平均值表明样本中有 41% 的样本是卖空标的证券。企业价值的度量指标 TobinQ，标准差 1.168，最大值 10.066、最小值 0.895，表明了不同企业之间的企业价值差距较大。

调节变量，市场经济开放指数（MKT_high）平均值为 0.842，表明有 84.2% 的公司处于市场经济开放水平较高的地区；融资约束（HFD）平均值为 0.666，表明有 66.6% 的企业有融资约束的难题；股权均衡（balance）平均值 0.501，表明上市企业有近一半的公司股权均衡，一半的公司股权不均衡；企业的审计师事务所是否为"四大"（Big4）平均值 0.03，表明较少的上市公司选择"四大"作为其会计师事务所。

控制变量，企业规模（SIZE）标准差 1.037，表明不同企业之前的规模差距较大；企业负债（LEV）平均值 0.414，最大值 0.854，最小值 0.039，表明不同企业之间的负债水平差距较大。其他的控制变量均在合理范围内。

表 8-2　描述性统计分析：避税行为检验

变量名称	样本量	均值	标准差	最小值	最大值
RATE	9717	-0.001	0.081	-0.532	0.244
RATE_Cash	9717	-0.003	0.205	-3.389	1.009
Treat	9717	0.410	0.492	0.000	1.000
Post	9717	0.202	0.402	0.000	1.000
BSIZE	9717	2.156	0.183	1.609	2.708
IND	9717	0.369	0.050	0.250	0.571
SIZE	9717	21.907	1.037	19.689	25.709
LEV	9717	0.414	0.192	0.039	0.854
ROI	9717	0.006	0.013	-0.009	0.125
PPE	9717	0.229	0.150	0.002	0.772
INTANG	9717	0.046	0.041	0.000	0.339
INVEN	9717	0.158	0.128	0.000	0.778
CASH	9717	0.176	0.121	0.012	0.700
BM	9717	0.574	0.221	0.099	1.117
lNAGE	9717	2.006	0.731	0.693	3.296
GROWTH	9717	0.198	0.347	-0.543	4.590
TobinQ	9717	2.127	1.168	0.895	10.066
MKT_high	9717	0.842	0.365	0.000	1.000
HFD	9717	0.666	0.472	0.000	1.000
balance	9717	0.501	0.500	0.000	1.000
Big4	9717	0.030	0.169	0.000	1.000

注：此表报告主要变量的描述性统计。变量定义见表 8-1。

二、回归分析

（一）卖空机制与企业避税行为

本章假设 1 提出，当企业加入融券标后，企业避税行为会得到抑制。为了验证该假设，本章利用模型（8-1）进行检验。结果如表 8-3 所示，当用名义税率与实际税率之差（RATE）衡量企业避税程度时，可以看出 Treat×Post 的系数为 -0.006，在 10% 的置信水平上显著；当用现金税率差异（RATE_CASH）来衡量企业避税程度时，可以看出 Treat×Post 的系数为 -0.039，在 1% 的置信水平上显著，假设 1 得到了验证。这些结果表明卖空机制的引入可以有效抑制企业避税行为，增加了企业避税行为的难度，卖空投资者为了获取收益，努力挖掘企业负面信息并解读，使股价能快速反映企业负面信息，使企业管理者的利益受损，管理者减少了这种有害于企业发展的避税行为。控制变量方面，公司规模越大（SIZE）、投资收益越高（ROI）、企业总营业收入越高（GROWTH），企业越会进行激进的避税行为；而企业负债率（LEV）越高、无形资产占比（INTANG）越大、存货比率（INVEN）越大、现金持有量（CASH）越多、账面市值比（BM）越大、上市年限（INAGE）越长，越能抑制企业避税行为。

表 8-3　卖空机制与企业避税行为

变量名称	RATE	RATE_CASH
Treat*Post	-0.006*	-0.039***
	(-1.812)	(-5.575)
Treat	0.009***	0.028***
	(2.713)	(3.975)
BSIZE	0.001	-0.012
	(0.091)	(-0.746)
IND	-0.004	-0.048
	(-0.165)	(-0.918)
SIZE	0.006***	0.010**
	(3.113)	(2.495)
LEV	-0.056***	-0.013
	(-6.263)	(-0.709)

变量名称	RATE	RATE_CASH
ROI	0.908***	1.441***
	(9.038)	(8.541)
PPE	-0.002	0.013
	(-0.161)	(0.643)
INTANG	-0.106***	-0.174***
	(-3.502)	(-3.171)
INVEN	-0.038***	-0.038
	(-2.921)	(-1.530)
CASH	-0.018*	0.041**
	(-1.844)	(2.050)
BM	-0.020***	-0.079***
	(-2.694)	(-4.976)
INAGE	-0.004*	0.003
	(-1.779)	(0.901)
GROWTH	0.011***	0.146***
	(4.696)	(17.793)
Constant	-0.088**	-0.173**
	(-2.073)	(-2.057)
年份	控制	控制
行业	控制	控制
Observations	9,717	9,717
R-squared	0.078	0.110

注：此表报告模型（8-1）和模型（8-2）的回归结果。变量定义见表 8-1。括号内数字为 T 统计值，***、**、* 分别表示在 1%、5%、10％ 的统计水平上显著。

（二）卖空机制与企业避税行为：外部审计的作用

"四大"由于其较高的知名度和审计能力，因此较多学者用企业的审计师事务所是否为"四大"作为分组变量，会计师事务所作为企业的外部监管手段，对企业的财务报告进行审计，并向投资者发布最专业的解读意见，因此会计师事务所通常认为其能提高企业信息的可获得性，抑制企业管理者进行有害于企业行为的监管机构。我们将企业会计师事务所是否为"四大"作为分组依据并用模型（8–1）和模型（8–2），对假设 2 进行验证。验证结果如表 8–4 所示，在非"四大"的企业中，卖空机制抑制企业避税行为更显著；第 1 列和第 2 列是以 RATE 作为因变量，Treat × Post 在会计师事务所为非"四大"的企业中的系数为 –0.006，在 10% 的置信水平上显著；第 3 列和第 4 列是以 RATE_CASH 作为因变量，Treat × Post 在会计师事务所为非"四大"的企业中的系数为 –0.041，在 1% 的置信水平上显著；并且 Treat × Post 在会计师事务所为"四大"的企业中均不显著。上述研究结果表明，卖空机制可以作为外部监管手段缺失的一种补充，在会计师事务所为非"四大"的企业中，卖空机制发挥抑制企业避税行为的边际效用更大。

表 8–4　卖空机制与企业避税行为：外部审计的影响

变量名称	RATE		RATE_CASH	
	Big4=1 （1）	Big4=0 （2）	Big4=1 （3）	Big4=0 （4）
Treat × Post	-0.003	-0.006*	-0.012	-0.041***
	(-0.226)	(-1.692)	(-0.512)	(-5.573)
Treat	0.034*	0.008**	0.003	0.029***
	(1.950)	(2.498)	(0.122)	(4.028)
BSIZE	0.051	-0.001	0.053	-0.013
	(1.643)	(-0.091)	(1.189)	(-0.833)
IND	-0.073	-0.003	-0.118	-0.050
	(-0.822)	(-0.096)	(-0.908)	(-0.917)
SIZE	-0.009	0.006***	0.000	0.009**
	(-1.204)	(3.030)	(0.037)	(2.194)
LEV	-0.058	-0.055***	0.072	-0.013
	(-1.261)	(-6.000)	(0.854)	(-0.664)
ROI	0.827*	0.917***	1.254**	1.472***
	(1.967)	(8.947)	(2.091)	(8.431)
PPE	-0.007	-0.001	-0.087	0.015

变量名称	RATE		RATE_CASH	
	Big4=1（1）	Big4=0（2）	Big4=1（3）	Big4=0（4）
	(-0.147)	(-0.101)	(-1.116)	(0.728)
INTANG	-0.167**	-0.109***	0.289*	-0.194***
	(-2.268)	(-3.448)	(1.941)	(-3.409)
INVEN	-0.089	-0.038***	0.082	-0.040
	(-1.651)	(-2.783)	(1.213)	(-1.543)
CASH	-0.003	-0.016	0.056	0.041**
	(-0.063)	(-1.629)	(0.732)	(2.014)
BM	0.035*	-0.021***	0.024	-0.082***
	(1.690)	(-2.742)	(0.425)	(-5.044)
INAGE	0.016*	-0.004*	0.023*	0.003
	(1.699)	(-1.896)	(1.876)	(0.772)
GROWTH	0.000	0.011***	0.106***	0.148***
	(0.046)	(4.705)	(3.241)	(17.509)
Constant	0.090	-0.086*	-0.211	-0.149*
	(0.454)	(-1.954)	(-0.774)	(-1.694)
年份	控制	控制	控制	控制
行业	控制	控制	控制	控制
Observations	287	9,430	287	9,430
R-squared	0.338	0.077	0.225	0.110

注：此表报告分组检验回归模型（8-1）和（8-2）的结果，样本公司按照是否为"四大"审计师（Big4）进行分组。变量定义见表8-1。括号内数字为T统计值，***、**、*分别表示在1%、5%、10%的统计水平上显著。

（三）卖空机制、企业避税行为与企业价值

传统观点认为，企业避税行为会使企业现金流减少流出，从而使企业价值上升；但是"避税代理观"认为企业设计复杂且不透明的避税行为，是为了增加在职消费、腐败、恶意投资等行为，从而导致企业价值下跌，卖空机制作为一种外部监管手段的补充，可以缓解信息不对称问题，提高企业信息的可获得性，让股价可以更快地反映负面信息，使企业管理层利益受损。卖空机制的引入，使得管理层需要思考避税行为的收益是否会大于损失，当损失大于收益时，管理层会抑制糟糕的避税行为，但当避税的收益大于损失时，企业管理层会加大避税行为，此时投资者会对这种避税行为给予不一样的评价。因此卖空机制的实施，能否让企业避税行为对企业价值产生不一样的影响值得深入探究。为了验证假设3，本章运用了模型（8–3）、（8–4）进行验证。在 RATE 作为自变量的组别中，卖空机制实施背景下，企业避税行为可以提高企业价值，Treat×Post×RATE 的系数为 0.714，在 10% 的置信水平上显著；另一组 RATE_CASH 作为自变量的组别中，虽然 Treat×Post×RATE_CASH 的系数仍为正数，但是结果已经不显著了，研究结果表明，卖空机制的实施，当企业在进行避税行为时，是有利于企业发展的避税行为，因此市场给予了其正面的评价，因此验证了假设3。

表 8–5　卖空机制、企业避税行为与公司价值

变量名称	TobinQ	TobinQ
Treat×Post×RATE	0.714*	
	(1.788)	
Treat×Post×RATE_CASH		0.246
		(1.153)
Treat×Post	0.170***	0.175***
	(4.061)	(4.181)
Treat×RATE	-0.545*	
	(-1.670)	
Treat×RATE_CASH		-0.149
		(-1.012)
Treat	0.515***	0.513***
	(14.203)	(14.052)
RATE	0.363**	
	(2.369)	

续表

变量名称	TobinQ	TobinQ
RATE_CASH		0.125**
		(2.314)
BSIZE	0.187**	0.189**
	(2.186)	(2.213)
IND	0.647**	0.649**
	(2.194)	(2.197)
SIZE	-0.570***	-0.569***
	(-25.376)	(-25.399)
LEV	-0.393***	-0.407***
	(-3.940)	(-4.113)
ROI	-0.009	0.080
	(-0.009)	(0.077)
PPE	-0.361***	-0.366***
	(-3.230)	(-3.275)
INTANG	0.328	0.324
	(0.958)	(0.949)
INVEN	0.018	0.013
	(0.127)	(0.089)
CASH	0.362***	0.353**
	(2.599)	(2.529)
INAGE	0.229***	0.228***
	(10.229)	(10.173)
GROWTH	0.146***	0.133***
	(4.961)	(4.389)
Constant	13.393***	13.393***
	(26.225)	(26.223)
年份	控制	控制
行业	控制	控制

变量名称	TobinQ	TobinQ
Observations	9,717	9,717
R-squared	0.442	0.442

注：此表报告回归模型（8-3）和模型（8-4）的结果。变量定义见表 8-1。括号内数字为 T 统计值，*** 、** 、* 分别表示在 1%、5%、10％的统计水平上显著。

（四）卖空机制、企业避税行为与企业价值：内外部环境的作用

市场经济开放较高的地区，设立的金融机构、政策较多也较为完善，因此卖空投资者在这样的市场环境下能快速挖掘并解读，企业管理层也害怕被挖掘出负面消息导致股价下跌，从而使自身利益受损。因此在市场经济开放较高的地区，卖空机制的实施，企业避税行为更能提高公司价值，为了验证假设 4，本章运用模型（8-3）和模型（8-4）进行检验。表 8-6 结果表明，在市场经济开放环境较高的地区，卖空机制的实施情况下，企业避税行为可以增加企业价值。

表 8-6　卖空机制、避税行为与公司价值：市场环境的影响

变量名称	TobinQ		TobinQ	
	MKT_high=1（1）	MKT_high=0（2）	MKT_high=1（3）	MKT_high=0（4）
Treat × Post × RATE	0.846*	0.627		
	(1.834)	(0.765)		
Treat × Post × RATE_CASH			0.487*	-0.184
			(1.952)	(-0.620)
Treat × Post	0.126***	0.371***	0.128***	0.372***
	(2.730)	(3.919)	(2.769)	(3.927)
Treat × RATE	-0.396	-1.045		
	(-1.066)	(-1.544)		
Treat × RATE_CASH			-0.110	-0.239
			(-0.629)	(-1.481)
Treat	0.533***	0.413***	0.531***	0.411***

	(13.300)	(5.259)	(13.173)	(5.250)
RATE	0.258	0.720**		
	(1.468)	(2.385)		
RATE_CASH			0.076	0.294***
			(1.202)	(2.848)
BSIZE	0.177*	0.256	0.178*	0.263
	(1.873)	(1.481)	(1.888)	(1.529)
IND	0.775**	-0.271	0.774**	-0.280
	(2.418)	(-0.438)	(2.412)	(-0.454)
SIZE	-0.578***	-0.548***	-0.578***	-0.547***
	(-23.702)	(-10.591)	(-23.768)	(-10.593)
LEV	-0.345***	-0.731***	-0.358***	-0.741***
	(-3.218)	(-2.974)	(-3.375)	(-3.030)
ROI	0.457	-3.526	0.511	-3.292
	(0.407)	(-1.614)	(0.458)	(-1.496)
PPE	-0.416***	0.122	-0.419***	0.112
	(-3.342)	(0.507)	(-3.374)	(0.470)
INTANG	0.289	0.436	0.293	0.477
	(0.803)	(0.520)	(0.822)	(0.567)
INVEN	-0.113	0.742**	-0.115	0.747**
	(-0.762)	(2.145)	(-0.775)	(2.166)
CASH	0.350**	0.585	0.344**	0.558
	(2.377)	(1.541)	(2.339)	(1.454)
INAGE	0.234***	0.283***	0.233***	0.278***
	(9.757)	(5.155)	(9.727)	(5.111)
GROWTH	0.171***	0.021	0.158***	0.000
	(5.008)	(0.364)	(4.522)	(0.004)
Constant	13.559***	12.840***	13.570***	12.810***
	(24.904)	(10.463)	(24.960)	(10.503)

续表

年份	控制	控制	控制	控制
行业	控制	控制	控制	控制
Observations	8,183	1,533	8,183	1,533
R-squared	0.443	0.477	0.443	0.477

注：此表报告分组检验回归模型（8–3）和（8–4）的结果，样本公司按照市场化程度高低（MKT_high）进行分组。变量定义见表8–1。括号内数字为 T 统计值，***、**、* 分别表示在 1%、5%、10％ 的统计水平上显著。

对于假设 5，本章运用企业股权是否均衡衡量企业的内部治理好坏，企业是否受融资约束来衡量企业融资环境，同时本章运用模型（8–3）和模型（8–4）进行验证。表 8–7 和表 8–8 的研究结果表明，当 RATE 作为避税指标时，企业不受融资约束，且在股权不均衡的条件下，卖空机制的实施，企业避税行为才能使企业价值增加，Treat × Post × RATE 的系数为 1.568，在 5% 的置信水平上显著。

表 8–7　卖空机制、避税行为与公司价值：内部治理的影响

变量名称	TobinQ			
	HFD=1 BALANCE=1 （1）	HFD=1 BALANCE=0 （2）	HFD=0 BALANCE=0 （3）	HFD=0 BALANCE=1 （4）
Treat × Post × RATE	0.236	0.309	1.568**	0.234
	(0.267)	(0.466)	(2.212)	(0.272)
Treat × Post	0.258***	0.101	0.216***	0.225**
	(3.005)	(1.600)	(2.592)	(2.164)
Treat × RATE	-0.218	-0.720	-1.453***	0.677
	(-0.354)	(-1.293)	(-2.704)	(1.035)
Treat	0.657***	0.420***	0.411***	0.504***
	(10.915)	(7.677)	(6.325)	(6.861)
RATE	0.443	0.596**	0.256	-0.094
	(1.564)	(2.099)	(1.201)	(-0.244)

变量名称	TobinQ			
	HFD=1 BALANCE=1 （1）	HFD=1 BALANCE=0 （2）	HFD=0 BALANCE=0 （3）	HFD=0 BALANCE=1 （4）
BSIZE	0.188	0.262**	-0.000	0.117
	(1.302)	(2.129)	(-0.002)	(0.615)
IND	0.613	0.652	0.944	0.047
	(1.273)	(1.424)	(1.549)	(0.075)
SIZE	-0.704***	-0.550***	-0.457***	-0.500***
	(-18.463)	(-16.492)	(-10.111)	(-9.137)
LEV	-0.289*	-0.473***	-0.318*	-0.558**
	(-1.906)	(-2.992)	(-1.704)	(-2.098)
ROI	-0.079	0.510	-1.639	0.058
	(-0.043)	(0.254)	(-1.176)	(0.031)
PPE	-0.597***	-0.173	-0.243	-0.304
	(-3.360)	(-0.928)	(-1.128)	(-1.363)
INTANG	0.220	0.337	0.686	-0.379
	(0.332)	(0.710)	(0.956)	(-0.480)
INVEN	0.028	0.082	0.203	-0.294
	(0.109)	(0.396)	(0.864)	(-1.015)
CASH	-0.007	0.677***	0.576*	0.615**
	(-0.031)	(2.838)	(1.877)	(1.978)
INAGE	0.284***	0.184***	0.180***	0.300***
	(7.168)	(5.338)	(4.126)	(6.132)
GROWTH	0.095**	0.220***	0.072	0.163*
	(2.084)	(3.801)	(1.511)	(1.808)
Constant	16.297***	12.884***	11.148***	12.126***
	(19.282)	(17.471)	(9.964)	(10.530)
年份	控制	控制	控制	控制
行业	控制	控制	控制	控制

续表

变量名称	TobinQ			
	HFD=1 BALANCE=1 （1）	HFD=1 BALANCE=0 （2）	HFD=0 BALANCE=0 （3）	HFD=0 BALANCE=1 （4）
Observations	3,346	3,128	1,723	1,520
R-squared	0.471	0.469	0.440	0.433

注：此表报告分组检验回归模型（8-3）的结果，样本公司按照融资约束程度（HFD）和股权是否制衡（BALANCE）进行分组。变量定义见表8-1。括号内数字为T统计值，***、**、*分别表示在1%、5%、10%的统计水平上显著。

第五节　敏感性分析

一、拓展实验窗口检验

借鉴现有文献（刘亭立和姜莹，2019[149]；黄超和罗乔丹，2018[31]），我们拉长实验窗口，增加2017年和2018年的数据，其中市场经济开放指数沿用2016年的市场经济开放指数度量，依旧采用上述模型（8-1）、模型（8-2）、模型（8-3）和模型（8-4）对假设1至假设5进行检验。表8-8至表8-10的结果显示，RATE作为避税指标对假设1和假设2的检验结果不再显著，对假设3至假设5的检验结果与前文基本一致；而RATE_CASH作为避税指标，其检验结果与前文结果基本一致。

表8-8　卖空机制与企业避税行为

	全样本		Big4=1		Big4=0	
	RATE	RATE_CASH	RATE	RATE_CASH	RATE	RATE_CASH
Treat×Post	-0.003 (-1.084)	-0.027*** (-5.126)	-0.010 (-0.897)	-0.012 (-0.741)	-0.003 (-0.915)	-0.028*** (-5.099)

注：该表只报告了模型（8-1）和模型（8-2）的主要变量的回归结果。变量定义见图表8-1。括号内数字是控制了行业、年份后的t统计量，*、**、***分别表示在10%、5%、1%水平下显著。

表8-9　卖空机制、企业避税行为与公司价值

| | | Tobin Q | |
	全样本	MKT_high=1	MKT_high=0
Treat × Post × RATE	0.750**	0.742*	1.158
	(2.232)	(1.947)	(1.573)
Treat × Post × RATE_CASH	0.303*	0.469**	-0.074
	(1.672)	(2.259)	(-0.252)

注：该表只报告了模型（8-3）和模型（8-4）的主要变量的回归结果。变量定义见图表8-1。括号内数字是控制了行业、年份后的t统计量，*、**、*** 分别表示在10%、5%、1%水平下显著。

表8-10　卖空机制、企业避税行为与公司价值

	HFD=1 BALANCE=1	HFD=1 BALANCE=0	HFD=0 BALANCE=0	HFD=0 BALANCE=1
Treat × Post × RATE	0.801	0.289	1.423**	0.673
	(1.120)	(0.553)	(2.268)	(0.927)
Treat × Post × RATE_CASH	0.429	0.562*	-0.202	0.159
	(1.521)	(1.809)	(-0.587)	(0.484)

注：该表只报告了模型（8-3）和模型（8-4）的主要变量的回归结果。变量定义见图表8-1。括号内数字是控制了行业、年份后的t统计量，*、**、*** 分别表示在10%、5%、1%水平下显著。

二、运用倾向得分匹配进行稳健性检验

使用双重差分法的前提条件是独立性假定和同质性假定，借鉴现有文献使用的倾向得分匹配法（PSM）（杨明增等，2020[156]；陈晖丽和刘峰，2014a[64]），不仅可以满足双重差分法的前提条件，还能检验上述结论的可靠性。由于卖空机制引入前，实验组和控制组可能就存在系统性的差异，这种差异导致可能上述结论并不由卖空机制引起的。为了排除这一影响，我们使用倾向得分匹配进行进一步的验证，使用了融券名单更新前一年的数据作为匹配基准年，以融券标的样本公司作为实验组，在从未被选入试点的非标的样本公司中寻找与实验

组相似的匹配样本，使用 1 ：1 最近邻匹配的方法进行实验组和对照组的匹配，其中匹配时用到的协变量为上述用到的控制变量，最终得到 1303 个数据。表8-11 至表 8-13 的检验结果显示当 RATE 作为避税指标时，假设 3 到假设 5 的检验结果不再显著，而当 RATE_CASH 作为避税指标时，假设 3 的检验结果变成显著了；其余检验假设与上文基本一致。

表 8-11　卖空机制与企业避税行为

	全样本		Big4=1		Big4=0	
	RATE	RATE_CASH	RATE	RATE_CASH	RATE	RATE_CASH
Treat × Post	-0.009* (-1.829)	-0.040*** (-3.060)	0.012 (0.541)	0.026 (0.237)	-0.009* (-1.855)	-0.040*** (-3.007)

注：该表只报告了模型（8-3）和模型（8-4）的主要变量的回归结果。变量定义见图表8-1。括号内数字是控制了行业、年份后的 t 统计量，*、**、*** 分别表示在10%、5%、1% 水平下显著。

表 8-12　卖空机制、企业避税行为与公司价值

		Tobin Q	
	全样本	MKT_high=1	MKT_high=0
Treat × Post × RATE	0.367 (0.474)	0.929 (1.129)	-1.074 (-0.623)
Treat × Post × RATE_CASH	0.956*** (2.686)	1.069*** (2.880)	0.405 (0.448)

注：该表只报告了模型（8-3）和模型（8-4）的主要变量的回归结果。变量定义见图表8-1。括号内数字是控制了行业、年份后的 t 统计量，*、**、*** 分别表示在10%、5%、1% 水平下显著。

表 8-13 卖空机制、企业避税行为与公司价值

	HFD=1 BALANCE=1	HFD=1 BALANCE=0	HFD=0 BALANCE=0	HFD=0 BALANCE=1
Treat × Post × RATE	-0.815 (-0.521)	1.028 (1.124)	1.373 (0.790)	-0.915 (-0.411)
Treat × Post × RATE_CASH	1.949** (2.207)	0.835* (1.914)	1.399 (1.614)	-0.737 (-0.399)

注：该表只报告了模型（8-3）和模型（8-4）的主要变量的回归结果。变量定义见图表 8-1。括号内数字是控制了行业、年份后的 t 统计量，*、**、*** 分别表示在 10%、5%、1% 水平下显著。

三、删除当年加入融券标的数据进行稳健性检验

由于在进入融券名单前可能预期做出提前反应，或者在进入名单后又因为信息不对称问题，而导致反应不足或过度，借鉴文献的做法，删除融券标的加入融券名单当年的数据（杨明增等，2020[156]），表 8-14 至表 8-16 的实证结果与上文回归结果基本一致。

表 8-14 卖空机制与企业避税行为

	全样本		Big4=1		Big4=0	
	RATE	RATE_CASH	RATE	RATE_CASH	RATE	RATE_CASH
Treat × Post	-0.007* (-1.910)	-0.045*** (-5.365)	-0.009 (-0.693)	0.004 (0.140)	-0.007* (-1.728)	-0.047*** (-5.389)

注：该表只报告了模型（8-1）和模型（8-2）的主要变量的回归结果。变量定义见图表 8-1。括号内数字是控制了行业、年份后的 t 统计量，*、**、*** 分别表示在 10%、5%、1% 水平下显著。

表 8-15　卖空机制、企业避税行为与公司价值

		Tobin Q	
	全样本	MKT_high=1	MKT_high=0
Treat × Post × RATE	0.841**	0.948*	0.940
	(1.974)	(1.870)	(1.101)
Treat × Post × RATE_CASH	0.085	0.331	-0.291
	(0.374)	(1.230)	(-0.897)

　　注：该表只报告了模型（8-3）和模型（8-4）的主要变量的回归结果。变量定义见图表 8-1。括号内数字是控制了行业、年份后的 t 统计量，*、**、*** 分别表示在 10%、5%、1% 水平下显著。

表 8-16　卖空机制、企业避税行为与公司价值

	HFD=1 BALANCE=1	HFD=1 BALANCE=0	HFD=0 BALANCE=0	HFD=0 BALANCE=1
Treat × Post × RATE	0.788	0.277	1.787**	0.157
	(0.778)	(0.403)	(2.281)	(0.175)
Treat × Post × RATE_CASH	0.342	0.430	-0.384	-0.168
	(0.897)	(1.222)	(-0.913)	(-0.363)

　　注：该表只报告了模型（8-3）和模型（8-4）的主要变量的回归结果。变量定义见图表 8-1。括号内数字是控制了行业、年份后的 t 统计量，*、**、*** 分别表示在 10%、5%、1% 水平下显著。

第六节　进一步分析

　　上述研究表明，卖空机制实施后，企业避税行为可以提高公司价值，而这种现象在市场经济开放较高的地区以及内部股权不均衡的公司中更显著，表明了卖空机制可以作为一种外部监管手段，监督企业管理层进行不利于公司价值的行为；上述也提到，卖空机制可能是通过抑制企业避税行为中不当的行为，比如在职消费（廖歆欣和刘运国，2016[161]；蔡蕾和李心合，2016[162]；褚剑和方军雄，2018[163]）、腐败等行为，从而使公司价值提升（张奇峰等，2017[164]）。基

于此，我们进一步研究卖空机制实施后，企业避税行为提高公司价值的一种途径可能是卖空机制通过抑制企业避税行为中的超额在职消费行为，从而提高公司价值。目前学术上对在职消费的衡量方法有两种，一种采用学者（陈冬华等，2005）[165]绝对值测度法，将现金流量表中与在职消费相关的费用①界定为在职消费；而另一种则是相对值测度法（褚剑和方军雄，2018[163]；刘艳霞和祁怀锦，2019[166]）从管理费用中扣除不属于在职消费的费用②；采用以下模型衡量超额在职消费：

$$\frac{Perk_{i,t}}{Asset_{i,t-1}} = \beta_0 + \beta_1 \frac{1}{Asset_{i,t-1}} + \beta_2 \frac{\Delta Sales_{i,t}}{Asset_{i,t-1}} + \beta_3 \frac{PPE_{i,t}}{Asset_{i,t-1}} + \beta_4 \frac{Inventory_{i,t}}{Asset_{i,t-1}} +$$

$$\beta_5 LnEmployee_{i,t} + \varepsilon_{i,t} \tag{8-5}$$

其中$Perk_{i,t}$为相对值测度法计算的企业高管在职消费，$Asset_{i,t-1}$为上年年末账面资产；$\Delta Sales_{i,t}$为本年主营业务收入的变化额；$FA_{i,t}$为本年年末固定资产；$IV_{i,t}$为本年年末存货；$LnEmployee_{i,t}$为本年员工总数的自然对数。首先利用全部观测数据分年度分行业对模型（8-5）进行回归，然后计算出每个公司的残差，用该值定义超额在职消费$Unperk_{i,t}$。

参考褚剑和方军雄（2018）[163]的模型，研究卖空机制是否抑制了避税行为中的超额在职消费现象。参考现有文献（蔡蕾和李心合，2016[162]；褚剑和方军雄，2018[163]；刘艳霞和祁怀锦，2019[166]），我们控制了如下变量：控制公司规模（SIZE），净资产收益率（Roa），本年净利润与本年账面资产之比；企业自由现金流（Fcf），本年企业自由现金流与本年年末总资产之比；营业总收入同比增长（GROWTH），财务杠杆（LEV），公司年龄（INAGE），第一大股东持股比例（Top1），董事会规模（BSIZE），独董比例（IND），两职合一（Dual），若本年董事长与总经理由一人兼任取1，否则取0；高管持股比例（Rmasha），高管持股数量与总股数之比；货币薪酬（Pay），董事监事及高管前三名薪酬总额的对数。

$$Unperk_{i,t} = \beta_0 + \beta_1 Treat_{i,t} \times Post_{i,t} \times RATE_{i,t} + \beta_2 Treat_{i,t} \times RATE_{i,t} + \beta_3 Treat_{i,t}$$

---

① 办公费、差旅费、业务招待费、通信费、出国培训费、董事会费、小车费和会议费。
② 不属于在职消费的费用有董事、监事与高管货币薪酬、无形资产摊销、期末坏账准备金和期末跌价准备。

$$\times Post_{i,t} + \beta_4 RATE_{i,t} + \beta_5 Treat_{i,t} + \gamma Control_{i,t} + \sum industry + \sum year + \varepsilon_{i,t} \qquad （8\text{-}6）$$

$$Unperk_{i,t} = \beta_0 + \beta_1 Treat_{i,t} \times Post_{i,t} \times RATE\_CASH_{i,t} + \beta_2 Treat_{i,t} \times RATE\_CASH_{i,t} +$$

$$\beta_3 Treat_{i,t} \times Post_{i,t} + \beta_4 RATE\_CASH_{i,t} + \beta_5 Treat_{i,t} + \gamma Control_{i,t} + \sum industry +$$

$$\sum year + \varepsilon_{i,t} \qquad （8\text{-}7）$$

表 8-17 的实证结果表明，卖空机制可以有效抑制企业避税行为中的超额在职消费行为。证明了上述猜想，卖空机制实施后，企业避税行为能提高企业价值的一种途径是卖空机制抑制了企业避税行为中有害于公司价值的超额在职消费行为。

表 8-17　作用机理分析：管理层在职消费的影响

变量名称	Unperk	Unperk
Treat × Post × RATE	-0.011	
	(-0.666)	
Treat × Post × RATE_CASH		-0.011**
		(-1.973)
Treat × Post	0.000	0.000
	(0.008)	(0.064)
Treat × RATE	0.015	
	(0.961)	
Treat × RATE_CASH		0.004
		(0.889)
RATE	-0.009	
	(-1.313)	
RATE_CASH		0.001
		(0.333)
Treat	-0.000	-0.000
	(-0.079)	(-0.135)
SIZE	-0.005***	-0.005***
	(-5.479)	(-5.454)

变量名称	Unperk	Unperk
LEV	0.010***	0.010***
	(2.582)	(2.628)
Roa	0.093***	0.092***
	(5.286)	(5.138)
Fcf	-0.008**	-0.008**
	(-2.109)	(-2.035)
GROWTH	-0.003**	-0.003**
	(-2.301)	(-2.275)
lNAGE	0.002**	0.002**
	(1.974)	(1.963)
Top1	-0.001	-0.001
	(-0.150)	(-0.149)
BSIZE	-0.003	-0.003
	(-0.867)	(-0.876)
IND	-0.013	-0.013
	(-1.073)	(-1.053)
Dual	0.001	0.001
	(0.537)	(0.524)
Pay	0.007***	0.007***
	(6.037)	(6.050)
Rmasha	0.003	0.003
	(0.531)	(0.553)
Constant	0.015	0.015
	(0.699)	(0.674)
年份	控制	控制
行业	控制	控制
Observations	3,616	3,616
R-squared	0.068	0.068

注：该表报告是模型（8–6）和模型（8–7）的回归结果。变量定义见表 8–1，其余变量见上文表述，括号内数字是控制了行业、年份后的 t 统计量，*、**、*** 分别表示在 10%、5%、1% 水平下显著。

第七节　本章小结

本章选取了我国 2008 年至 2016 年非金融上市公司为样本，首先总结前人对企业避税行为与卖空机制的实施对企业造成的影响，进一步分析在卖空机制实施背景下，对企业避税行为有何影响，而这种影响在不同的外部监督环境下又会发生怎样的变化。研究发现：（1）对比非融资融券标的公司，在加入标的名单后，融资融券公司的避税行为更能得到抑制；（2）卖空机制对企业避税行为的抑制，在非"四大"审计的企业中更显著；（3）对比非标的公司，在加入融资融券标的名单后，标的公司进行避税行为时更能提高公司价值；（4）当公司处于市场经济开放环境较好的地区时，在加入标的名单后，企业进行避税行为时更能提高企业价值；（5）当企业不受融资约束，而且股权不均衡时，在加入融资融券标的名单后，企业进行避税行为时更能提高企业价值；（6）进一步研究表明，卖空机制实施后，企业避税行为能提高企业价值的一种途径是，卖空机制抑制了企业避税行为中有害于公司价值的超额在职消费行为。上述结果表明，卖空机制可以弥补外部监管条件的不足以及内部治理的缺失，使企业信息的可获得性增加，缓解了企业的代理问题，减少企业管理层的腐败和在职消费行为。在下一章，我们将关注另外一类公司行为——企业杠杆操纵行为，探讨卖空机制的引入如何影响企业杠杆操纵行为。

第九章　卖空机制与企业杠杆操纵行为

第一节　研究背景介绍

在 2017 年 7 月 14 日召开的第五次全国金融工作会议中，习近平总书记指出，防止发生系统性金融风险是金融工作的永恒主题。金融的目的就是为实体经济提供避险的帮助以及融资需求。而防止发生系统性金融风险，为实体经济提供行之有效的避险帮助，稳妥推进"去杠杆"是市场机制改革中的重要的一环。2017 年习近平总书记在全国第十九次人民代表大会上指出"三去一降一补"的重要性，要加强金融服务实体经济的能力。在新冠疫情不断反复的当下，我们所面对的经济形势变得更加复杂与严峻，市场上的不确定性显著增加，想要提升实体经济的稳定性、保持长久的高速发展，仅仅依靠政策一个方面是不行的。真正行之有效的应该是大力发展股票市场、降低公司对债务融资的依赖程度。2019 年落地的科创版，2021 年提出的北交所，皆是为了建立一套行之有效的市场机制来抑制企业的高风险行为，运用市场化的手段来降低企业杠杆程度。

从微观的角度去看，企业的杠杆率即总负债与总资产之间的比值。如果想要完成实质性降低杠杆的任务，那么只有通过减少负债或是增加权益资本的手段，或者是两种手段并行，既降低企业的负债又增加企业的权益资本，从而使得负债增长慢于权益增长。但是，如果从高杠杆企业角度出发，发现其很难真正完成"去杠杆"的目标，因为降低杠杆可能会损害其现在的主营业务让资产下降带来恶性循环。在企业面临这种情况时，企业在为了迎合监管要求、完成"去杠杆"任务就可能会选择杠杆操纵的手段来掩饰公司高杠杆的事实，这提升了金融市场的不稳定性，降低了市场的信息质量。

事实上，当前的学术界已经有了许多与之相关的文章，公司为了达到降低其账面杠杆水平的目的，可能会通过杠杆操纵的手段来掩饰其实际所存在的杠杆风险。李刚等（2009）[167] 发现，一些高杠杆的航空公司通过经营租赁的方式租入飞机，将实质性的融资租赁转化为表面的经营租赁，通过表外负债的形式来降低账面负债。Scott et al.（2011）[168] 指出一些企业利用可转债来虚增公司股权，以此增加权益资产。而谢德仁等（2019）[169] 发现企业通过将经常性费用计入营业外支出中，通过会计手段上调账面利润，以此达到增加账面所有者权益的目的。杠杆操纵的行为隐蔽且难以具体防范，同时企业的这种杠杆操纵行为掩盖了企业自身所具有的真实杠杆率，使市场中的真实杠杆率高于实际水平，堆积了市场风险，加剧了金融市场的脆弱性，使金融危机发生的可能性大大提高。因此探讨如何约束企业的杠杆操纵行为成了学术界需要解决的问题之一。而企业的杠杆操纵行为往往具有相当的隐蔽性，因此想要更有效地约束企业的杠杆操纵行为需要借助市场整体的力量，即通过外部治理行为来实现。已有研究表明，进口关税下降会迫使效率较低的高杠杆企业推出市场，并降低在位企业的杠杆率。汪勇（2018）[170] 指出，中央银行提高政策利率会降低国有企业的杠杆率。学术界已经有一些文献研究从宏观层面看，如何推进中国经济市场结构性去杠杆的可能存在的方法，但是目前较少有文献探讨如何从微观角度出发，降低微观企业的杠杆率，以达到"去杠杆"的目的。

一、杠杆操纵概念的界定

杠杆操纵的定义有狭义与广义两种。许晓芳和陆正飞（2020）[171] 对杠杆操纵的定义以及手段进行了梳理。狭义概念的杠杆操纵，是指利用表外负债和名股实债等财务活动的安排掩盖公司杠杆风险的行为；广义概念的杠杆操纵，是指利用表外负债和名股实债等财务活动安排，以及其他向上操纵资产或向下操纵负债或两者兼而有之的会计手段，降低资产负债表中显示的杠杆水平的行为。

二、杠杆操纵的动机

现有的研究发现，一个国家整体的杠杆水平往往具有顺周期性，当经济扩张时，企业的杠杆水平（负债率）往往上升，而随着经济下行，杠杆水平又会随之下降。现有文献的思路就是将信息不对称因素加入经济模型之中，以此来考察金融活动对中国经济的影响。Gale and Hellwig（1985）[172]、龚强等（2014）[173] 和张一林等（2016）[174] 的研究中表明，银行需要付出相对较高的成本才能获得企业的真实财务状况，而这就是信息不对称的一个重要表现。与此同时，如果以企业的自有资产作为抵押时，银行验证企业真实财务情况的成本会大大降低，这提高了金融市场的交易效率。在此基础上，Kiyotaki and Moore (1997)[175] 的研究结果显示，当市场总体经济形势向好时，企业的资产价值也会随之上涨，而这让企业能够获得更多的银行贷款，而因为整体经济形势向好，更多的投资也意味着更多的收益，使得企业的资产进一步升值。但是这种循环增加了市场的总体杠杆率，增加了潜藏的风险。这种自我循环的机制让企业能够获得更多的收益，表明企业有动机为了获得更多的短期收益而增加企业的杠杆程度。但是杠杆率过高代表企业更难获得贷款，监管部门对企业的杠杆率也有着一定的要求。在这种情况下，企业可能为了获得更多的短期收益而采取杠杆操纵的手段。可见，企业进行杠杆操纵行为有两大主要动机：第一，满足自身的融资需求；第二，满足监管部门的需求。

三、杠杆操纵的潜在影响

高杠杆率是当前中国经济所不得不面临的一个重大难题，这使中国的市场中隐含了巨大的风险。过高的杠杆率可能引发流动性风险，进而可能引发金融危机。张一林和蒲明（2018）[176] 指出，微观企业的高杠杆率是我国降低宏观杠杆率要面临的一个主要问题，降低微观企业的杠杆率可以有效地降低市场上的总体杠杆水平，避免引发系统性金融危机。但是现有的"去杠杆"政策，可能缓慢去除不具有自生能力的企业杠杆，而加速去除具有自生能力的企业杠杆。治理水平越高的企业去杠杆的程度更好更加稳妥。治理水平较差的企业没有能力实质性去杠杆，就更有可能通过杠杆操纵的行为。

企业的杠杆操纵行为会给市场带来更大的风险。许晓芳和陆正飞（2020）[171] 指出，企业进行杠杆操纵行为，会增大会计信息风险，误导外部信息使用者的相关决策，并且会增大代理成本，降低企业投融资效率。从股权投资者角度来看，企业进行杠杆操纵行为掩盖了超出合适水平的杠杆率，隐瞒了企业真实的杠杆水平，导致企业股东因此做出了错误的判断。对于债券投资者来说，账面更低的杠杆率使其为企业提供更低的融资成本以及更宽松的贷款条件，但实际却承担了更高的风险。企业进行投资获得的收益归属于股东，但是债权人却过多地承担了风险，在这其中就存在着一些委托代理问题。而如果从监管层面来看，监管机构得到的是企业进行掩饰过的数据，可能就会因此做出错误的资源配置决策。

已有研究证明卖空交易可以限制企业的账面财务杠杆。孟庆斌等(2019a[177]，2019b[178]) 指出，卖空机制改变了资本市场环境，提高了管理层面临的资本市场压力，降低其违规倾向，提升战略稳定性。现有研究表明，卖空压力可以提升企业对资本结构的调整速度。彭章（2021）[179] 指出，企业在成为卖空标的后，债务融资成本上升、管理者投资水平下降以致使企业财务杠杆下降。但是现有的研究主要集中在对企业账面杠杆率的研究，而没有关于卖空交易与杠杆操纵之间的关系，因此本章将对此展开讨论。如果卖空交易能有效限制企业的杠杆操纵行为，那么卖空交易是通过什么样的渠道对杠杆操纵施加影响呢？对不同产权性质的企业会不会有不同的影响呢？本章将通过实证模型对这些问题进行解答。

第二节　假设提出

一、卖空机制对企业杠杆操行为的影响

信息不对称理论，是指在现有的市场经济活动之中，交易双方对信息的掌握程度不同，而对信息了解更充分的往往处于优势地位。该理论认为，市场中的买卖双方拥有的信息并不完全一致，他们各自可以利用手上所拥有的特定信息为自己谋取利润。而在金融市场的运行过程中，企业的管理层往往拥有更多的信息，在信息不对称程度比较高的时候，他们可能会利用自身掌握的信息为自己谋利，损害其他投资者的利益。

财务报表是金融市场中的投资者获取企业信息的一条重要途径，包含着许多重要的信息，可以对投资者的行为产生影响。企业的杠杆率是企业财务报表中非常重要的一环，财务报表中所展示的企业杠杆程度可能作为投资者衡量企业风险的一项重要指标，因此企业就可能有动机掩饰其真实杠杆率而进行杠杆操纵行为。一般认为，企业的杠杆操纵的程度越大，就说明企业的信息没有被全部反映出来，并且这些消息往往是负面消息，这就让卖空者有了获利的空间。没有引入卖空交易时，管理者可能会出于获得外部融资需求、满足监管部门的检查等原因来进行杠杆操纵行为，以此达到让自身获得更多利润的目的。当引入卖空交易后，卖空交易者可以通过卖空企业股票的方式获得利润，会加大对企业杠杆操纵程度的关注。这对高管起到了一定的震慑作用，从而约束自身的杠杆操纵行为，提高了财务报表中的信息质量。基于这种信息不对称程度的降

低，卖空交易的引入可以达到约束企业杠杆操纵行为的目的。另外，卖空机制的引入也可能加剧了卖空交易股票的股价波动性，钟宁桦等（2016）[180]通过实证研究指出，企业实质性的高杠杆会增加企业所受到的经营风险。基于收益与风险的权衡，企业也可能因此而选择实质性的降低杠杆，而不是通过杠杆操纵行为掩饰自身的真实杠杆率。

卖空交易制度的实行对企业进行杠杆操纵行为产生抑制作用，该制度通过降低信息不对称程度，增加杠杆操纵行为对企业的成本、股票压力与企业面临的风险，从而抑制高管的自利行为，进而约束管理层进行杠杆操纵的行为。基于以上分析，我们提出本章的第一个假设，以检验卖空交易制度对企业杠杆操纵行为的影响：

假设1：上市公司在成为融资融券标的证券后，其杠杆操纵行为显著减少。

二、卖空机制对企业杠杆操纵行为的渠道分析

卖空交易的作用主要是通过对资本市场参与者产生影响，当引入卖空机制后，卖空投资者与市场监管者对企业的关注程度提高，对公司的管理层施加卖空压力与监管压力，以达到约束公司管理层行为的目的，这种约束机制同样可能会对企业所进行的杠杆操纵行为产生影响。褚剑和方军熊（2016）[181]的研究指出，卖空交易者为了自身利益会主动挖掘企业的负面信息，与此同时，卖空交易机制的存在会加速市场中负面信息的传递效率，这对卖空标的公司的股票造成了负面压力，并且当企业估值越高时，这种负面压力也就越大。

企业的股票成为卖空标的本身就需要满足一系列指标，当企业的股票成为卖空标的时，市场认为其股票流动性增加而提升对企业的信任程度，使其所受到的融资约束得到降低。黄巍巍等（2019）[182]的研究指出，对于融资约束更大的企业，卖空交易可以缓解其所受到的融资约束，使得企业更容易得到外部融资。

委托代理理论是现代经济学理论中的一项重要内容，在社会分工程度更高的现在，委托代理问题也更加明显。本章所讨论的委托代理理论主要是针对现在一般上市公司的管理体系，即企业的所有权与控制权分离的情况。在这种情况下，管理层为了向股东与经理人市场证明自己的能力，会使企业的经营模式更为激进，在安全性与收益性的取舍上偏向于收益性，使企业面临更高的风险。当企业面临融资约束时，管理层可能会为了增加企业的收益而进行杠杆操纵行

为，以满足经营需要。李焰和黄磊（2008）[183] 也指出，公司面临的融资约束对其股票价格的波动具有放大作用。其通过对 A 股上市公司进行实证研究，发现当企业面临融资约束时，企业的管理层可能采取更加激进的策略来获得融资，从而使得公司的投资者承担更大的风险。陈晖丽和刘峰（2014b）[65] 的文章指出，当企业受到融资约束时，卖空机制对企业的治理效应更加显著。

在企业受到融资约束程度比较高时，管理层为了自身利益会通过杠杆操纵行为掩饰企业的真实杠杆率，以使短期业绩更为良好。但是从长远来看，企业实质上的高杠杆堆积了风险，从长远角度会使股东权益受损。马惠娴和佟爱琴（2019）[184] 的研究指出高管与股东的目标利益不一致，导致高管为追逐自身利益而做出不利于企业的机会主义行为。而现有的研究已经表明，卖空机制可以通过缓解股权溢价、增加事前威慑的方式来约束管理层的行为。这表明，可以通过卖空机制的引入来约束管理层的行为，降低其因所受融资约束而进行杠杆操纵行为的程度。因此，本章认为融资受到约束时，企业更有动机进行杠杆操纵行为，卖空交易的作用也更加明显。

综上所述，本章提出第二个假设，以检验受到不同融资约束的企业是否有显著不同：

假设 2：卖空机制对杠杆操纵行为的约束作用在受到融资约束更高的企业中更加显著。

第三节　研究设计

一、数据来源

考虑到我国卖空交易从 2010 年 3 月 31 日启动，本章选取 2010—2020 年 A 股上市公司为样本，该区间覆盖了卖空交易的六次大规模扩容。本章所选取的数据全部来自国泰安和 WIND 数据库。我们对样本做以下处理：剔除金融行业的企业样本；剔除被 ST、*ST、PT 处理及退市的企业样本；剔除指标缺失的样本；对所有连续变量进行了上下 1% 的 Winsorize 处理。

二、变量设置

借鉴许晓芳等（2020）[185]、马云飘等（2021）[186] 现有文献的设定，本章采用双重差分模型来检验卖空机制对企业杠杆操纵行为的影响：

$$LEVM_{i,t} = \beta_0 + \beta_1 \times LIST_{i,t} * POST_{i,t} + \beta_2 \times LEVB_{i,t} + \beta_3 \times SOE_{i,t} + \beta_4 \times ROA_{i,t} +$$

$$\beta_5 \times AGE_i + \beta_6 \times CFO_{i,t} + \beta_7 \times PPE_{i,t} + \beta_8 \times NONEXPER_{i,t} + Year + Firm + \varepsilon$$

$$（9\text{–}1）$$

（一）杠杆操纵程度

借鉴许晓芳等（2020）[185]，我们使用 XLT-LEVM 直接法来计算企业的杠杆操纵程度。运用 OLS 估计值和 Tobit 估计值作为目标杠杆操纵程度的度量，运用 OLS 估计值和 Tobit 估计值作为目标杠杆率的衡量，用实际杠杆率与账面杠杆率之差作为杠杆操纵程度指标，用实际杠杆率是否大于杠杆率作为衡量企业是否进行杠杆操纵程度的指标。首先，只考虑企业利用表外负债、名股实债的方式操纵杠杆，记为 LEVM；其次，在考虑表外负债、名股实债的基础上，额外考虑了企业可能利用固定资产折旧和研发支出这两种会计手段来进行杠杆操纵，记作 ExpLEVM；最后，利用所有会计手段产生的杠杆操纵程度，记作 ExpLEVMI。杠杆操纵是管理层操纵信息的一种手段，往往会误导信息使用者对企业的判断。管理者通过杠杆操纵满足监管要求、获得外部融资，使得自己能在其中获利。许晓芳和陆正飞（2020）[171]指出，企业可能出于以下两种理由而进行杠杆操纵，第一是为了迎合政策和监管要求，形式上完成"去杠杆"任务；第二是为了粉饰企业杠杆状况，增强企业投融资能力。而想要约束企业的杠杆操纵行为，就可以通过外部环境或者动机约束企业的行为。

（二）融资融券标的公司

LIST 为融资融券公司的虚拟变量，POST 为融资融券公司成为标的证券后的虚拟变量，主要的测试变量是交互项 POST×LIST，其系数用 β₁ 表示，融资融券公司在成为标的证券后杠杆操纵水平发生的变化，与控制组公司的变化之间的差异。若假设 1 成立，模型（9–1）中 β₁ 显著为负，则表明对比控制组公司，进入融资融券标的证券名单后，融资融券公司的杠杆操纵水平降低了。

（三）融资约束

我们借鉴李君平和徐龙炳（2015）选择 KZ 指数度量企业外源融资约束，KZ 指数的计算方式为：

$$KZ = -1.001909 \times CFO / ASSET + 3.1393 \times LEVB - 39.3678 \times DIVIDENDS / ASSET - 1.314759 \times CASH / ASSET + 0.2826389 \times TOBINQ$$

$$（9\text{–}2）$$

其中 CFO、DIVIDENDS 和 CASH 分别为经营净现金流、现金股利与现金持有水平，且均使用总资产标准化，LEVB 和 TOBINQ 分别表示企业的财务杠杆与企业的 TOBINQ。

在模型（9–1）中，为了避免异方差自相关等问题，我们对方差在公司层面上进行了聚类调整。具体的变量定义见表 9–1。

表 9–1　变量定义：杠杆操纵行为检验

变量名称	变量符号	具体定义
因变量	LEVM	以不同方式度量的企业杠杆操纵程度
	ExpLEVM	
	ExpLEVMI	
主要变量	LIST	融资融券名单，虚拟变量，融资融券标的公司，该变量为 1，否则为 0
	POST	融资融券时点，虚拟变量，公司进入融资融券名单之后的年度，该变量为 1，之前年度为 0
	KZ	KZ 指数，当 KZ 指数越大时，企业受到的融资约束越强
控制变量	LEVB	资产负债率＝负债/总资产
	SOE	股权性质，国有企业取值为 1，非国有企业取值为 0
	ROA	盈利能力＝营业利润/上年总资产
	AGE	上市年龄
	PPE	有形资产比例
	NONEXPER	独立董事占比
	Year	年度虚拟变量
	Firm	公司虚拟变量

三、描述性统计

本章主要变量的描述性统计如表 9–2 所示。可以看到，企业的杠杆率（LEVB）的最小值、最大值分别为 0.043、2.627，标准差为 0.200，说明对于不同的企业来说，杠杆率还是存在比较大的差异。平均而言，在本章的样本中，每家企业的杠杆操纵程度在 0.12 左右，但是对比标准差与极值，发现企业的杠杆操纵程度明显不同，部分企业也存比较严重的杠杆操纵行为。LIST 的均值为

0.279，说明样本量中有 27.9% 的公司进入了卖空标的证券名单。

表 9-2　描述性统计分析

变量名称	样本量	均值	标准差	最小值	中位数	最大值
LEVM	21463	0.116	0.188	0.000	0.046	1.225
ExpLEVM	21463	0.118	0.188	0.000	0.048	1.232
ExpLEVMI	21463	0.115	0.192	-0.093	0.050	1.251
LIST	21463	0.279	0.449	0.000	0.000	1.000
KZ	20785	0.429	2.159	-10.770	0.686	14.24
LEVB	21463	0.444	0.200	0.043	0.433	2.627
SOE	21463	0.340	0.474	0.000	0.000	1.000
ROA	21463	0.034	0.080	-0.588	0.037	0.257
AGE	21463	2.124	0.764	0.000	2.197	3.367
CFO	21463	0.0451	0.0664	-0.251	0.044	0.327
PPE	21463	0.222	0.152	0.001	0.195	0.784
NONEXPER	21463	0.375	0.0541	0.250	0.333	0.600

注：此表报告主要变量的描述性统计。变量定义见表 9-1。

第四节　实证结果

　　本节首先检验卖空交易能否约束企业杠杆操纵行为，回归结果见表 9-3，以三种不同方式度量的杠杆操纵程度都受到了卖空交易制度的影响。交乘项 LIST×POST 的系数分别为 -0.013、-0.013、-0.014，在 1% 的水平上显著为负，支持假设 1 的预期。说明了企业股票成为卖空交易的标的之后对企业的杠杆操纵行为有着负向的约束作用。这主要的原因可能是，在成为卖空交易标的以后，企业的融资约束可能得到缓解，管理层进行杠杆操纵的动机减弱。当企业的杠杆操纵程度得到约束，企业的真实杠杆率随之下降，这降低了市场上的金融风险，所以引入卖空机制同样可能起到维持金融市场稳定、降低金融市场风险的作用。本章将在"进一步分析中"讨论融资约束的不同影响。

表 9-3　卖空机制与杠杆操纵行为

变量名称	LEVM	ExpLEVM	ExpLEVMI
	（1）	（2）	（3）
LIST*POST	-0.013***	-0.013***	-0.014***
	(-3.026)	(-2.954)	(-3.276)
LEVB	0.056***	0.061***	0.038***
	(4.607)	(4.994)	(3.071)
SOE	0.019**	0.019**	0.015
	(2.058)	(2.086)	(1.605)
ROA	0.045**	0.048**	0.434***
	(2.282)	(2.449)	(22.051)
AGE	-0.011*	-0.012**	-0.004
	(-1.926)	(-2.082)	(-0.655)
CFO	0.006	0.002	-0.475***
	(0.251)	(0.100)	(-20.716)
PPE	0.055***	0.069***	0.091***
	(3.141)	(3.928)	(5.108)
NONEXPER	0.081**	0.081**	0.053
	(2.321)	(2.323)	(1.507)
Constant	0.098***	0.094***	0.104***
	(4.940)	(4.748)	(5.188)
Firm	YES	YES	YES
Year	YES	YES	YES
Observations	21,463	21,463	21,463
R-squared	0.006	0.007	0.046

注：此表报告回归模型（9-1）的结果。变量定义见表 9-1。括号内数字为 T 统计值，***、**、* 分别表示在 1%、5%、10% 的统计水平上显著。

第五节　敏感性分析

一、倾向得分匹配法（PSM）

根据《上海证券交易所卖空交易实施明细》和《深圳证券交易所卖空交易实施明细》的规定可知，融资融券标的并非随机选定，而是需要满足一定的标准。这导致实验组和对照组间可能存在明显的特征差异，从而削弱实证结果的说服力。因此，为了缓解组间特征差异造成的不良影响，本章应用倾向得分匹配法（PSM）对结果进行分析。

为了避免样本选择偏误的问题，本章将运用倾向得分匹配法（PSM）对模型进行估计。具体的方法如下：运用 Logit 模型计算倾向得分，使用 0.5 作为半径进行半径匹配，匹配方法为 1∶1 最近邻匹配法，匹配变量为企业所处的行业收入、企业的杠杆率、资产收益率、产权性质。观察表 9-4、表 9-5，可以看到，匹配前实验组和对照组之间确实存在较为明显的特征差异，而匹配后组间特征差异问题得到了较好的缓解。

而后，本章应用匹配后的数据，重新检验卖空交易对企业杠杆操纵行为的影响，结果如表 9-6 所示。从表中我们可以发现使用倾向得分匹配法后的双重差分模型仍然支持卖空交易可以约束企业杠杆操纵行为这一假设，结果与表 9-3 表现一致。

表 9-4　PSM 匹配前样本对比

	实验组	对照组	t 值
LEVB	0.484	0.430	15.93***
SOE	0.506	0.300	25.75***
ROA	0.041	0.032	6.69***
AGE	2.601	1.961	55.06***
CFO	0.055	0.039	14.14***
PPE	0.228	0.225	1.42
NONEXPER	0.377	0.374	3.34***

表 9-5 PSM 匹配后样本对比

	实验组	对照组	t 值
LEVB	0.484	0.487	-0.54
SOE	0.507	0.513	0.61
ROA	0.041	0.042	-0.01
AGE	2.601	2.607	-0.62
CFP	0.055	0.056	-1.01
PPE	0.228	0.225	0.88
NONEXPER	0.377	0.376	1.04

表 9-6 敏感性分析：倾向得分匹配法

变量名称	LEVM
LIST × POST	-0.051*
	(-1.888)
LEVB	-0.044
	(-1.485)
SOE	0.029*
	(1.698)
ROA	0.119***
	(3.011)
AGE	0.007
	(0.222)
CFO	-0.051
	(-1.146)
PPE	0.058
	(1.466)
NONEXPER	0.059
	(0.962)
Constant	0.158**

变量名称	LEVM
	(2.066)
Firm	YES
Year	YES
Observations	7,579
R-squared	0.013

注：此表报告回归模型（9–1）的结果。变量定义见表9–1。括号内数字为T统计值，***、**、*分别表示在1%、5%、10%的统计水平上显著。

二、更换杠杆操纵的度量方法

前文使用的基本 XLT-LEVM 法中，是使用的预期模型法度量的企业表外负债与名股实债，现替换为以行业中位数法度量企业的表外负债与名股实债。由表9–7可知，无论是使用预期模型法还是行业中位数法度量的杠杆操纵程度，交乘项 LIST×POST 的系数都显著为负，验证了前文的假设，卖空交易制度可以约束企业的杠杆操纵行为。

表9–7 敏感性分析：更换杠杆操纵衡量方法

变量名称	LEVM_I	ExpLEVM_I	ExpLEVMI_I
	（1）	（2）	（3）
LIST*POST	-0.006***	-0.005**	-0.006***
	(-2.599)	(-2.446)	(-2.705)
LEVB	-0.004	0.000	-0.024***
	(-0.586)	(0.065)	(-3.933)
SOE	0.010**	0.011**	0.009*
	(2.312)	(2.377)	(1.917)
ROA	0.002	0.004	0.359***
	(0.175)	(0.424)	(36.723)
AGE	0.007**	0.007**	0.014***

续表

变量名称	LEVM_I	ExpLEVM_I	ExpLEVMI_I
	（1）	（2）	（3）
	(2.552)	(2.293)	(4.827)
CFO	0.217***	0.214***	-0.214***
	(19.001)	(18.812)	(-18.850)
PPE	0.079***	0.092***	0.111***
	(8.877)	(10.356)	(12.586)
NONEXPER	0.035**	0.036**	0.024
	(2.009)	(2.034)	(1.371)
Constant	0.040***	0.036***	0.038***
	(3.981)	(3.634)	(3.822)
Firm	YES	YES	YES
Year	YES	YES	YES
Observations	21,463	21,463	21,463
R-squared	0.032	0.033	0.091

注：此表报告回归模型（9-1）的结果。因变量采用行业中位数法衡量。其他变量定义见表9-1。括号内数字为T统计值，***、**、*分别表示在1%、5%、10%的统计水平上显著。

第六节　进一步分析

对受到不同程度融资约束的企业，我们通过分组实证的方法，研究在不同融资约束条件下，卖空机制对杠杆操纵的影响。

通过表9-8、表9-9以及表9-10可以发现，卖空交易对受到融资约束更高的一组公司，作用更加显著，这与我们的预期一致。缓解企业所受到的融资约束是管理层进行杠杆操纵行为的一个主要动因，当企业所受到的融资约束更高时，管理层就更有动机实施杠杆操纵行为以降低企业的账面杠杆率。可能的原因是，当引入卖空交易后，企业的信息透明度得到提升，委托代理问题得到有效的缓解，管理层更难通过杠杆操纵这一手段来降低其账面杠杆率使其自身获利。还有一个可能的原因是卖空交易制度的引入缓解了其所受到的融资约束，针对这一可能，本章检验了卖空交易能否通过融资约束这一渠道变量来约束企业的杠杆操纵行为。

具体地，我们借鉴温忠麟等（2004）[187] 对中介效应检验方法，来检验卖空交易能否通过融资约束这一渠道影响企业的杠杆操纵行为。具体的检验公式如下。

主要结果已经说明了卖空交易可以降低企业杠杆操纵程度，中介效应检验的第一步已经成立。在这里，我们主要进行第二、三步的检验。若融资约束渠道成立，那么卖空机制应该可以放宽企业受到的融资约束。我们运用模型（9-3）来检验卖空交易与融资约束的关系，模型（9-4）来检验融资约束对企业杠杆操纵行为的影响。

$$KZ_{i,t} = \beta_0 + \beta_1 \times LIST_{i,t} \times POST_{i,t} + \beta_2 \times LEVB_{i,t} + \beta_3 \times SOE_{i,t} + \beta_4 \times ROA_{i,t} +$$

$$\beta_5 \times FIRMAGE_i + \beta_6 \times CFO_{i,t} + \beta_7 \times PPE_{i,t} + \beta_8 \times NONEXPER_{i,t} + year + Firm + \varepsilon$$

$$(9\text{-}3)$$

$$LEVM_{i,t} = \beta_0 + \beta_1 \times LIST_{i,t} \times POST_{i,t} + \beta_2 \times KZ_{i,t} + \beta_3 \times LEVB_{i,t} + \beta_4 \times SOE_{i,t} +$$

$$\beta_5 \times ROA_{i,t} + \beta_6 \times FIRMAGE_i + \beta_7 \times CFO_{i,t} + \beta_8 \times PPE_{i,t} + \beta_9 \times NONEXPER_{i,t} +$$

$$year + Firm + \varepsilon$$

$$(9\text{-}4)$$

我们检验当企业被列为卖空交易标的后，企业的融资约束程度会发生什么样的变化。再将融资约束变量加入主检验当中。如果卖空交易可以通过企业的融资约束影响企业的杠杆操纵行为，那么在模型（9-3）中，卖空交易变量对融资约束程度就会有显著影响，且在模型（9-4）中，卖空机制对杠杆操纵的影响依然存在。

实证结果见表9-8，可以发现，卖空机制的引入显著降低了企业所受到的融资约束程度，并且企业所受到的融资约束会增强企业的杠杆操纵行为，这验证了本章的假设2。为了进一步检验假设，我们依据企业受到融资约束程度的不同分为三组，并将高融资约束组与低融资约束组再进行回归，回归结果如表9-9和表9-10所示。研究结果发现，卖空机制不仅通过融资约束这一渠道影响企业的杠杆操纵行为，而且当企业受到融资约束程度越高时，卖空交易对企业的杠杆操纵程度的约束越显著，支持假设 2 的观点。卖空交易通过降低企业受到的融资约束水平，降低了企业的杠杆操纵程度，提升了企业披露的信息质量，提升了市场的有效性。

表 9-8　卖空机制对杠杆操纵行为的渠道分析

变量名称	KZ	LEVM	ExpLEVM	ExpLEVMI
	（1）	（2）	（3）	（4）
KZ		0.008***	0.008***	0.008***
		(6.290)	(6.188)	(6.536)
LIST × POST	-0.060**	-0.012***	-0.012***	-0.013***
	(-2.263)	(-2.850)	(-2.780)	(-3.029)
LEVB	4.614***	0.023*	0.029**	0.003
	(59.072)	(1.677)	(2.079)	(0.227)
SOE	0.046	0.020**	0.021**	0.018*
	(0.828)	(2.224)	(2.241)	(1.916)
ROA	-2.934***	0.080***	0.084***	0.471***
	(-24.221)	(3.984)	(4.133)	(23.175)
AGE	0.483***	-0.011*	-0.012*	-0.003
	(12.334)	(-1.700)	(-1.844)	(-0.459)
CFO	-14.635***	0.119***	0.115***	-0.355***
	(-103.444)	(4.060)	(3.888)	(-11.966)
PPE	3.491***	0.025	0.040**	0.059***
	(31.670)	(1.357)	(2.136)	(3.147)
NONEXPER	0.276	0.077**	0.078**	0.052
	(1.273)	(2.182)	(2.191)	(1.441)
Constant	-2.181***	0.100***	0.096***	0.105***
	(-17.328)	(4.820)	(4.619)	(5.008)
Firm	YES	YES	YES	YES
Year	YES	YES	YES	YES
Observations	20,785	20,785	20,785	20,785
R-squared	0.568	0.009	0.009	0.049

注：此表报告回归模型（9–3）和模型（9–4）的结果。变量定义见表9–1。括号内数字为 T 统计值，***、**、* 分别表示在 1%、5%、10% 的统计水平上显著。

表9–9　卖空机制对杠杆操纵行为的渠道分析：高融资约束组

变量名称	LEVM	ExpLEVM	ExpLEVMI
	（1）	（2）	（3）
LIST × POST	-0.020***	-0.020***	-0.022***
	(-2.712)	(-2.655)	(-2.951)
LEVB	0.115***	0.120***	0.097***
	(5.921)	(6.146)	(4.970)
SOE	0.043***	0.044***	0.036***
	(3.144)	(3.178)	(2.614)
ROA	0.020	0.024	0.455***
	(0.708)	(0.858)	(16.235)
AGE	-0.019*	-0.020**	-0.007
	(-1.875)	(-1.986)	(-0.672)
CFO	-0.054	-0.058	-0.613***
	(-1.341)	(-1.448)	(-15.153)
PPE	0.065**	0.083***	0.108***
	(2.292)	(2.894)	(3.764)
NONEXPER	0.028	0.029	-0.024
	(0.504)	(0.518)	(-0.416)
Constant	0.101***	0.096***	0.115***
	(3.048)	(2.907)	(3.440)
Firm	YES	YES	YES
Year	YES	YES	YES
Observations	10,731	10,731	10,731
R-squared	0.015	0.016	0.062

注：此表报告回归模型（9–1）的结果，样本公司按照融资约束程度（KZ）进行

分组。变量定义见表 9–1。括号内数字为 T 统计值，***、**、* 分别表示在 1%、5%、10％ 的统计水平上显著。

表 9–10　卖空机制对杠杆操纵行为的渠道分析：低融资约束组

变量名称	LEVM	ExpLEVM	ExpLEVMI
	（1）	（2）	（3）
LIST × POST	0.000	0.000	-0.000
	(0.008)	(0.066)	(-0.085)
LEVB	-0.118***	-0.113***	-0.132***
	(-6.396)	(-6.112)	(-7.075)
SOE	-0.033**	-0.033**	-0.034**
	(-2.483)	(-2.483)	(-2.525)
ROA	0.224***	0.226***	0.480***
	(6.398)	(6.434)	(13.531)
AGE	0.015**	0.015*	0.018**
	(2.049)	(1.959)	(2.360)
CFO	0.116***	0.114***	-0.238***
	(3.550)	(3.454)	(-7.163)
PPE	0.093***	0.103***	0.120***
	(3.886)	(4.276)	(4.935)
NONEXPER	0.186***	0.185***	0.190***
	(4.176)	(4.154)	(4.213)
Constant	0.061**	0.059**	0.058**
	(2.417)	(2.337)	(2.282)
Firm	YES	YES	YES
Year	YES	YES	YES
Observations	10,732	10,732	10,732
R-squared	0.027	0.027	0.045

注：此表报告回归模型（9–1）的结果，样本公司按照融资约束程度（KZ）进行

分组。变量定义见表 9-1。括号内数字为 T 统计值，***、**、* 分别表示在 1%、5%、10% 的统计水平上显著。

卖空交易机制对杠杆操纵的作用在不同公司中可能有所不同，我们进一步分析并检验了卖空交易对不同产权性质的企业的作用程度。

在这部分的研究中，我们在模型（9-1）中加入 LIST×POST 与企业的产权性质 SOE 的交互项，进行回归。结果如表 9-11 所示。可以看到，交互项的系数显著为正，即国有企业削弱了卖空交易对企业杠杆操纵程度的约束作用。实证结果表明，卖空交易的作用在非国企中更加显著。

表 9-11　卖空机制与杠杆操纵行为：企业产权性质的影响

变量名称	LEVM	ExpLEVM	ExpLEVMI
	（1）	（2）	（3）
LIST × POST	-0.020***	-0.020***	-0.021***
	(-3.812)	(-3.755)	(-4.045)
LIST × POST × SOE	0.017**	0.017**	0.017**
	(2.325)	(2.331)	(2.376)
LEVB	0.056***	0.060***	0.037***
	(4.595)	(4.982)	(3.058)
SOE	0.013	0.013	0.009
	(1.411)	(1.438)	(0.960)
ROA	0.043**	0.047**	0.433***
	(2.223)	(2.391)	(21.987)
AGE	-0.009	-0.010*	-0.002
	(-1.525)	(-1.679)	(-0.263)
CFO	0.006	0.002	-0.475***
	(0.248)	(0.098)	(-20.722)
PPE	0.055***	0.069***	0.090***
	(3.103)	(3.889)	(5.068)
NONEXPER	0.081**	0.081**	0.053
	(2.314)	(2.316)	(1.500)

续表

变量名称	LEVM	ExpLEVM	ExpLEVMI
Constant	0.099***	0.095***	0.104***
	(4.975)	(4.782)	(5.223)
Firm	YES	YES	YES
Year	YES	YES	YES
Observations	21,463	21,463	21,463
R-squared	0.007	0.007	0.046

第七节　本章小结

疫情当下，提升公司治理水平，降低企业杠杆率仍然是一项重要任务。后疫情时代，经济形势复杂严峻、不确定性显著增加，想要提升实体经济的稳定性、提升公司微观治理水平，约束企业杠杆操纵程度是其中重要一环。约束企业杠杆操纵行为，不能仅依靠监管部门的政策制定，还需引入新的外部治理机制。卖空交易作为一种重要的交易制度，引入了全新的交易模式，使投资者可以通过卖空证券达到分散风险或是获得收益的目的。卖空交易的不断发展，目前学术界更多地关注与卖空交易对股票定价效率的影响，而本章以企业杠杆操纵程度的角度，研究在中国 A 股市场，卖空机制对上市公司杠杆操纵行为的影响。

本章得到了以下几点结论：第一，当上市公司股票进入融资融券标的证券名单后，上市公司的杠杆操纵程度会显著降低，即卖空机制可以约束企业的杠杆操纵行为。表明了企业在成为卖空交易标的之后，在一定程度上缓解了当前金融环境所累积的风险。从信息不对称理论的角度出发，当企业在成为卖空交易标的之后，企业的杠杆操纵行为得到约束，这让投资者与监管部门更容易获得企业的真实信息，降低了信息不对称程度。而从委托代理理论的角度出发，在企业的股票没有被列为卖空交易标的时，管理层通过杠杆操纵的手段掩饰其真实杠杆率的动机更强。但是当引入卖空交易之后，投资者可以通过融券卖空股票的方式获利，故投资者加大了企业信息与企业管理层行为的关注，这对企业杠杆操纵行为无疑是一种监督，企业的管理层进行杠杆操纵的动机降低。第二，卖空交易制度可以通过放松企业融资约束的手段来降低企业杠杆操纵程度。企业进行杠杆操纵的一个重要动机是满足自身外部融资需求。在外部融资需求得到满足时，管理层进行杠杆操纵的动机减弱。第三，通过异质性分析发现，卖空交易限制企业杠杆操纵行为的作用在非国有企业中更为显著。这是因为卖空性质作为一项市场机制，在市场化程度不同的企业中可能会产生明显差异。一般来看，国有企业的市场化程度更低，非国有企业的市场化程度更高，所以卖空交易对企业杠杆操纵行为的约束作用在非国有企业中更加明显。

第十章　卖空机制与股价崩盘风险

第一节　研究背景介绍

上市公司的股价崩盘风险，其影响因素之一是上市公司的信息透明度。当股票的负面信息无法及时融入股价，就会导致市场定价机制失灵，公司的负面消息则会持续积累，并在某一时刻受到内外部的刺激集中释放，结果导致股价巨幅波动，从而产生了较高的股价崩盘风险（Hong and Stein，2003[8]；Grullon et al.，2015[45]）。江婕（2021）[188] 分别从三个维度——公开信息、私人信息、监管评价，研究了多维信息透明度与股价崩盘风险之间的关系，发现了公司信息越不透明则公司的股价未来崩盘风险越高，市场的价格发现效率会对股价崩盘风险产生重要影响。Jin and Myer（2006）[77] 研究也表明，由于信息不透明，外部的投资者不能通过财务报表准确获得公司信息和潜在的风险，相对于公司的管理层要承担更多的风险，那么股价的信息含量就会降低，就会加剧股价崩盘风险。吴伟荣和李晶晶（2019）[189] 认为不同质量的审计行为会导致风险识别的难度不同，从而对崩盘风险产生影响。已有研究发现，商业信用融资的公司中，上游企业比银行更了解公司财务，上游公司可以通过商业信用等手段降低信息不对称的问题，降低股价崩盘风险。郑珊珊（2019）[190] 认为过于集中的高管权力会导致投机行为，股票崩盘风险也会受到短期行为的干扰。

另一方面，制度安排和外部环境也会影响股价崩盘风险。梁权熙和曾海舰（2016）[191] 指出，引入独立董事制度能够推进治理环境的改善，从而缓解代理问题，降低崩盘风险；江轩宇和伊志宏（2013）[192] 指出，充分发挥税收监管也有利于降低崩盘风险。政策制定部门和监管者的行为也会影响股价崩盘风险，比如洪金明和刘相儒（2018）[193] 在文中就强调强化审计师强制轮换的相关规定能够提高审计质量，稳定股价；已有研究发现，通过融资融券制度降低了控股股东股权质押带来的股价崩盘风险；Allen and Gale（1991）[17]也提及没有约束的卖空行为很有可能会对市场的稳定起到负面的作用。除此之外，社会信任、企业社会责任等非制度因素也会对股价崩盘风险产生影响。当市场和投资者情绪高涨时，及时进行风险提示引导投资者情绪，避免追涨杀跌，从而建立良好的投资者情绪管理机制，也是有利于降低股价崩盘风险的。

本书第五章从股价暴跌风险的角度，探讨了卖空机制对市场波动性的影响，以此作为卖空机制震慑作用的一种检验。第五章以截至2012年12月31日的278家融资融券交易试点的上市公司为样本，侧重于从短期的视角、从卖空机制的引入对其震慑作用进行分析。至今，卖空机制引入我国股票市场已经十年有余，融资融券标的名单经过六次扩容，已经超过了2400只股票。我们再次关注卖空机制对股票市场的影响，本章侧重于采用长期的窗口来回答卖空机制到底是起到稳定市场的作用还是会加剧市场的波动，更加全面地检验卖空机制的经济后果。

第二节　假设提出

信息不对称主要表现为逆向选择和道德风险。相比于普通投资者，公司的管理层对公司内部的风险和运营更加熟悉，有可能会为了自身利益的最大化而采取不利于他人的行为。在股票交易市场中，信息不对称的情况是普遍存在的，以上市公司为例，管理层和小股东之间对于公司信息的了解是明显不对称的，管理层作为公司业务的直接接触者和管理人，对于内部的财务状况、经营情况有着更详细、真实的理解。而小股东只能通过公司披露的信息来了解，而管理层和大股东为了市值管理，防止股价下跌，就会加剧与小股东之间的信息不对称。在融资融券交易制度下，投资者需要提供担保物并进行杠杆交易，需要承担更大风险，这些行为和判断都是在了解公司经营状况、财务信息的基础上做出的，如果管理层或者少数大股东为了自身利益选择隐瞒信息、财务造假，就会使股价失真。顾乃康和周艳利（2017）[68]的研究中就发现融资融券制度作为一种外部的治理机制，会对管理者产生事前的威慑作用，从而引导上市公司以及管理层更关注股东权益和公司的长远利益，鉴于融资融券制度对公司的约束行为以及负面消息的警醒会降低信息不对称和道德风险，从而显著降低股价崩盘风险。Bris et al. (2007)[48]指出卖空交易能够有效促进负面信息的披露和流动，从而降低股价崩盘风险，李志生等（2015）[194]通过 2009 年到 2013 年的股票市场交易数据的研究发现融资融券交易对于股价的暴涨暴跌现象有着显著的抑制作用。

而在融资融券交易的过程中，有着很大一部分投资者通过民间配资、伞型信托在进行场外配资，对于个人而言可以有效避开资金门槛要求，融资交易也存在着监管。Allen and Gale（1991）[17]在研究中就发现不受约束的融资融券交易提高了股价崩盘风险，对市场反而产生负面效应。但是在 2015 年之后，监管层严厉打击场外配资，通过销户、合法承接等方式实现了场外的清理，全部通过融资融券交易系统进行交易，这也避免了恶意做空和羊群效应，使得融资融券制度既能反映投资者态度，又能避免发生剧烈波动。因此，投资者的负面的、私有的信息能够及时融入股票价格当中，股票的定价效率提高了，避免了负面消息的累积导致的股价暴跌。基于上述理论，我们提出本章的第一个假设：

假设 1：卖空交易制度的实施能够显著降低上市公司的股价崩盘风险。

委托代理理论是随着企业所有权与控制权的分离而产生的，是在公司治理中非常重要的话题，主要涉及的就是委托人和代理人两者之间的利益冲突和信息不对称。信息不对称是委托代理问题出现的重要原因，代理人可能会脱离委托人目标的需求以及监督，出现损害中小股东权益的行为。

许年行等（2012）[195]的研究中发现处于信息优势的一方会为了获取短期利益去选择掩盖负面消息，但是负面消息积累是不可能一直持续的，当未来大概率会集中释放出来时，就会造成投资者大量卖出和做空，从而导致崩盘情况的发生。Miller（1997）[6]提出了股票价格高股价说，认为如果市场缺乏卖空交易渠道，投资者的负面态度无法反映在股价之中，会使得交易者被迫放弃交易，这无疑会使得股价被高估。Jensen 和 Meckling（1976）[73]提到，外部审计可以很好地缓解委托代理问题，降低信息不对称。特别是"四大"会计师事务所的审计师更能够更好地进行评估，并且他们规避审计失败的法律责任的动机更强，所以能够更好地发现并披露公司的财务信息，提高信息披露质量，从而使投资者更准确把握公司情况，降低信息不对称，减少委托代理问题，并在一定程度上会降低股价崩盘风险。作为外部的公司治理手段，外部审计和卖空机制具有替代性。当审计师的作用相对弱一些时，卖空机制的作用会更加显著。基于上述分析，我们提出本章的第二个假设：

假设 2：对比"四大"审计的上市公司，在非"四大"审计的公司中，卖

空机制对股价崩盘风险的降低作用更为显著。

委托代理理论中提到代理冲突产生的原因就是经营权和所有权的分离，但是近年来，社会主义市场经济不断发展，改革开放也在逐步深化，市场的流动性也在不断地提高，已有研究分析指出，改革之后，形成了全新的国有企业的管理模式，政府部门更多只是承担出资人的角色，不再干预日常经营，这就要求在进行投资决策时更需要依靠市场竞争和价格机制，在一定程度上也解决了国有资产主体错位、越位的问题，使得国有公司决策能力和效益更高。冯丽艳等（2020）[196]在我国资本市场股价崩盘风险影响因素研究中也曾提到由于我国政府在资源配置上的特殊地位，有助于国有企业获取到政府的优势资源，降低企业经济风险。另一方面，较之非国有企业，国有企业对于公布的财务信息有着更高的社会责任和影响。总而言之，不管是国有企业更优质的资源支持，抑或是透明可信的信息公布，都使得国有企业的股价崩盘风险更低。而反过来，非国有企业的更高的股价崩盘风险，使得卖空机制的治理效应更加明显。基于上述分析，我们提出本章的第三个假设：

假设3：对比国有企业，在非国有企业中，卖空机制对股价崩盘风险的抑制作用更为显著。

第三节　研究设计

一、数据来源

本章选取沪深A股上市公司作为研究对象，样本的观测区间为2009年至2019年。对初始样本，我们进行了如下处理：（1）由于金融公司业务和财务状况的特殊性，剔除金融行业公司；（2）由于科创板在2019年才设立，时间较短，且整个板块在上市之后就可以进行融资融券，存在特殊性，因此剔除科创板公司；（3）剔除ST公司，被退市警告的公司；（4）剔除曾经成为融资融券标的又被剔除的公司；（5）剔除变量缺失的公司数据以及交易时间过短（年交易周数小于30）的公司。随后对极端值进行了1%和99%的缩尾处理。最终得到的样本为3144家公司，年度观测值为21912个。

主要财务数据来自公司的年度报表；股价崩盘风险指标的综合市场周收益率、融资融券名单来自国泰安数据库和锐思数据库。融资融券标的名单的相关调整来自沪深证券交易所的公告。

二、变量选择

在上述理论分析的基础上，我们构建了如下变量：公司股价崩盘风险（Crashrisk）、融资融券虚拟变量（POSTLIST）、控制变量（净资产收益率 ROE、公司规模 SIZE、日换手率 DTURN、周收益率均值 RET、资产负债率 LEV、账面市值比 MB、公司周收益率的标准差 SIGMA）以及时间哑变量（YEAR）、行业哑变量（INDUSTRY）。

1. 股价崩盘风险变量

借鉴 Hong and Stein（2003）[8]、Kim et al.（2011）[81]、许年行等（2012）[195] 的模型，本章拟采用收益上下波动比率（DUVOL）来度量股价崩盘风险（Crashrisk）。具体的计算过程：

第一，通过样本公司的股票周收益率，使用模型（10–1）进行回归，计算股票经市场调整之后的收益率：

$$r_{it} = \alpha + \beta_{1,i}*r_{m,\,t-2} + \beta_{2,i}*r_{m,\,t-1} + \beta_{3,i}*r_{m,\,t} + \beta_{4,i}*r_{m,\,t+1} + \beta_{5,i}*r_{m,\,t+2} + \varepsilon_{i,t} \quad (10\text{–}1)$$

上述公式中r_{it}为每一年度股票 i 在第 t 周的收益，$r_{m,}$为所有股票在第 t 周经流通市值加权的平均收益率。本章在模型（10–1）中加入市场收益的滞后项和超前项，以调整股票非同步性交易的影响（Dimson，1979）。股票 i 第 t 周经过市场调整后的收益率为：

$$W_{i,t} = \ln\left(1 + \varepsilon_{i,t}\right) \quad (10\text{–}2)$$

第二，构建股价崩盘风险：构建的股价崩盘风险衡量指标是收益上下波动比率（DUVOL），即股价上升和下降阶段波动性的差异。根据股票 i 经过市场调整后周收益率（$W_{i,t}$）是否大于年平均收益将股票收益数据分为下降阶段和上升阶段两个子样本，然后分别计算两个子样本中股票收益的标准差，然后计算出DUVOL：

$$\text{DUVOL}_{i,t} = ln\frac{(n_u - 1)\sum_{DOWN}W_{i,t}^2}{(n_d - 1)\sum_{UP}W_{i,t}^2} \quad (10\text{–}3)$$

其中，n_u是股票 i 的周调整收益率大于年平均收益 W 的周数，n_d是股票调整收益率是小于年平均收益 W 的周数。当DUVOL的数值越大时，就表示收益率是更加左偏，也就意味着更大的股价崩盘风险。

2. 融资融券虚拟变量

虚拟变量一：LIST，如果公司股票在时间段内被纳入了两融标的名单，那么该公司取值为 1，否则为 0；变量二：POSTLIST，公司进入融资融券名单之后的年度取值为 1，否则为 0。POSTLIST，反映的是被纳入融资融券名单的公司在纳入前后股价崩盘风险的变化相比其他公司崩盘风险变化的差异，如果其回归系数 β_2 显著为负，结果就意味着融资融券制度能够降低股价崩盘风险。

3. 控制变量

通过选取一些股价崩盘风险的影响因素作为控制变量，来尽量避免其他因素的干扰。在参考了现有文献的基础上，我们采用以下的控制变量：公司周收益率的标准差 SIGMA、周收益率均值 RET、公司规模 Size、资产负债率 Lev、净资产收益率 Roe、账面市值比 Mb、日均换手率 Dturn。考虑到不同行业、年份的差异，也引入了行业、年份的虚拟变量作为控制变量。本章通过将控制变量设置为 t-1 期，在一定程度上解决内生性干扰问题。

三、研究模型

基于我国的金融改革情况和融资融券制度的特殊性，本章选择双重差分法来分析融资融券制度对股价崩盘风险的影响。借鉴 Bertrand and Mullainathan（2003）[84] 提出的双重差分模型：

$$Crashrisk_{i,t} = \alpha + \beta_1 \times list_i + \beta_2 \times postlist_{i,t-1} + \beta_3 \times controlvariable_{i,t-1} +$$

$$\sum year + \sum industry + \varepsilon_{i,t} \qquad （10-4）$$

被解释变量为 Crashrisk，代表股票崩盘风险，如果其回归系数 β_2 显著为负，则意味着融资融券制度能够显著降低上市公司的股价崩盘风险。

四、描述性统计

表 10-1 报告了本章主要变量的描述性统计分析。我们可以看到 $DUVOL$ 的均值是 -0.177；标准差为 0.473。这组数据与现有的研究（许年行等，2012[195]）相比，股价崩盘风险的统计结果更大。这主要是由于股价崩盘风险指标所覆盖的时间段不同，尤其是 2015 年至 2016 年的 A 股波动剧烈，股价崩盘风险更为明显。

表 10-1　描述性统计分析：股价崩盘风险检验

变量名称	样本量	均值	标准差	最小值	中位值	最大值
DUVOL	21913	-0.177	0.473	-1.341	-0.191	1.041
LIST	21913	0.558	0.496	0.000	1.000	1.000
POSTLIST	21913	0.239	0.418	0.000	0.000	1.000
ROE	21913	0.072	0.101	-0.447	0.072	0.329
LEV	21913	0.428	0.209	0.051	0.428	0.894
DTURN	21913	0.027	0.565	0.002	0.021	3.807
MB	21913	3.579	2.796	0.554	2.636	16.81
SIZE	21913	22.510	1.003	19.950	22.35	25.31
RET	21913	0.002	0.00976	-0.020	0.0009	0.032
SIGMA	21913	0.061	0.0247	0.0254	0.058	0.146

注：此表报告主要变量的描述性统计。

五、相关性分析

表 10-2 中给出了主要变量间的相关系数。根据表 10-2 中可以得出，List 与股价崩盘风险指标均为显著负相关，相关系数为 -0.071，在 1% 的水平下显著负相关。这说明纳入融资融券标的的公司股票崩盘风险与控制组相比表现更低；postlist 与崩盘风险的指标亦是显著负相关，与 $DUVOL_t$ 的相关系数为 -0.048。初步判断说明，融资融券制度在实施十年之后能够有效地降低股价崩盘风险，且在 1% 的置信水平下显著，这也与上文提出的假设 1 预期相同。

表10-2 相关性分析：股价崩盘风险检验

	DUVOL	LIST	POSTLIST	ROE	LEV	DTURN	MB	SIZE	RET	SIGMA
DUVOL	1									
LIST	-0.071***	1								
POSTLIST	-0.048***	0.453***	1							
ROE	0.034***	0.165***	0.093***	1						
LEV	-0.091***	0.147***	0.117***	-0.111***	1					
DTURN	0.086***	0.024***	-0.131***	-0.056**	0.059***	1				
MB	0.132***	-0.067***	-0.093***	0.068***	-0.090***	-0.156***	1			
SIZE	0.019**	0.447***	0.534***	0.279***	0.089***	-0.367***	0.142***	1		
RET	-0.098***	0.019***	0.038***	0.007	-0.049***	-0.327***	-0.045***	-0.054***	1	
SIGMA	-0.143***	-0.055****	-0.126***	-0.115***	-0.015**	0.340***	0.092***	-0.248***	0.359***	1

第四节 实证结果

一、卖空机制与股价崩盘风险

表 10-3 基于全样本的基础上，首先是在不加入控制变量的情况下直接回归，我们可以看到 POSTLIST 的回归系数为 –0.023，在 1% 的水平上显著不为零；加入控制变量，但不控制行业和年度效应的情况下，回归系数为 –0.023。在控制了行业以及年度效应之后，POSTLIST 与股价崩盘风险的系数在 1% 的水平下显著为负，为 –0.042，表明融资融券制度降低了股价崩盘风险，符合本章的假设 1。总的来说融资融券制度推出十年以来，基本达到了政策制定者稳定市场运行的期望。融资融券制度的设计既可以通过融资交易反映投资者的乐观情绪，也可以由融券交易使价格更好地回归正常水平，制度的实施使得市场交易者可以选择更好的方式表达自己对于上市公司的态度，既提高了信息的透明度和股价的信息含量，也对公司的管理层和大股东形成了有效的震慑，从而降低了股价崩盘的风险。通过控制变量我们也可以看到公司特征与股价崩盘的关系，股票换手率越高，股价崩盘风险越高，这可能是因为换手率越高，市场上越容易追涨杀跌，其潜在的崩盘风险越大。

表 10-3 卖空机制与股价崩盘风险

变量名称	DUVOL（1）	DUVOL（2）	DUVOL（3）
LIST	-0.059*** (-8.18)	-0.039*** (-5.17)	-0.032*** (-4.07)
POSTLIST	-0.023*** (-2.73)	-0.023** (-2.45)	-0.042*** (-4.38)
ROE_{t-1}		0.075** (2.29)	0.036 (1.09)
LEV_{t-1}		-0.159*** (-10.34)	-0.165*** (-10.31)
$DTURN_{t-1}$		-0.046*** (-5.90)	0.035** (2.56)
MB_{t-1}		0.021*** (17.35)	0.024*** (19.32)

续表

变量名称	DUVOL（1）	DUVOL（2）	DUVOL（3）
$SIZE_{t-1}$		-0.010** (-2.13)	-0.014*** (-2.96)
RET_{t-1}		-3.396*** (-8.10)	-7.644*** (-14.38)
$SIGMA_{t-1}$		-2.297*** (-13.95)	-4.192*** (-19.67)
Constant	-0.149*** (-30.90)	0.204** (2.08)	0.218** (2.00)
Industry	NO	NO	YES
Year	NO	NO	YES
Adj-R	0.005	0.055	0.1040

注：此表报告回归模型（10–4）的结果。括号内数字为 T 统计值，***、**、* 分别表示在 1%、5%、10% 的统计水平上显著。

二、外部审计的影响

"四大"会计师事务所，在中国发展迅速，在一些以往的研究中，有学者将"四大"作为评估审计质量高低的标准。更高的审计质量会使得财务数据更具可靠性，可以使公司状况更加透明，减少信息的隐瞒，股价也能更好地反映公司信息，从而减少因为负面消息的集中释放导致的股价崩盘风险。因此，本章尝试通过根据审计的事务所，将公司分为两组：选择"四大"提供审计服务的公司作为高审计质量组，选择非"四大"提供审计服务的作为低审计质量组。然后分别进行回归，观察融资融券制度对于不同审计质量公司的影响的异同。根据信息不对称理论，高质量的审计组的信息的真实性和透明度应该优于低质量审计组，其股价崩盘风险会更低，那么卖空机制对于低质量审计组的公司的股价崩盘风险的降低作用也应该更明显。

根据表 10–4 的回归结果，我们可以看到：DUVOL 作为股价崩盘风险的衡量指标，非"四大"审计组的 POSTLIST 的回归系数都显著为负，说明融资融券制度对于该组公司的股价崩盘风险起到了降低作用，反过来，"四大"审计组，POSTLIST 的回归系数为 0.015，也并不显著。这也与我们提出的假设 2 一致。因此，在非"四大"审计的低质量审计组中，卖空制度能够更好地降低股价崩盘风险。

表 10-4 卖空机制与股价崩盘风险：外部审计的影响

变量名称	"四大"组 （1）	非"四大"组 （2）
LIST	-0.118*** (-2.63)	-0.031*** (-3.87)
POSTLIST	0.015 (0.42)	-0.045*** (-4.53)
ROE_{t-1}	0.292** (1.98)	0.019 (0.57)
LEV_{t-1}	-0.051 (-0.66)	-0.167*** (-10.23)
$DTURN_{t-1}$	0.037 (0.66)	0.040*** (2.84)
MB_{t-1}	0.023*** (3.06)	0.023*** (18.26)
$SIZE_{t-1}$	-0.009 (-0.55)	-0.009* (-1.70)
RET_{t-1}	-7.406*** (-3.39)	-7.969*** (-14.46)
$SIGMA_{t-1}$	-3.469*** (-3.74)	-4.283*** (-19.56)
Constant	0.211 (0.55)	0.095 (0.80)
Industry	YES	YES
Year	YES	YES
Adj-R	0.160	0.105

注：此表报告回归模型（10-4）的结果，样本公司按照审计师是否为"四大"进行分组。括号内数字为 T 统计值，*** 、** 、* 分别表示在 1%、5%、10% 的统计水平上显著。

三、股权性质的影响

为了进一步研究卖空机制对于股价崩盘风险的差异性影响，我们将样本企业根据控制权性质分为两组，一组为国有企业，另一组为非国有企业。我们预测与国有企业相比，融资融券制度对于非国有企业由于经营困境或者隐瞒财务信息所导致的股价崩盘风险的降低效果会更加有效，这主要鉴于国有企业的管理层隐瞒公司的不利信息的动机较低，隐瞒公司的困境既不会增加自己的收入，还会带来明显的法律风险；另一方面，国有企业在面对企业困境时更容易得到国家财政补贴和银行贷款，从而能够降低发生财务危机的可能性，那么股价崩盘的风险也会得到控制。

根据表 10–5 的回归结果，我们可以看到国有企业的分组中，以 *DUVOL* 作为股价崩盘风险衡量指标的回归中，POSTLIST 的回归系数 –0.021，但是并不显著，反观非国有企业，回归系数为 –0.082，不仅降低股价崩盘风险的作用更优于国有企业，而且在 1% 的置信水平上显著。这些结果表明卖空机制在非国有公司中对股价崩盘风险的降低作用更为显著。

表 10–5　卖空机制与股价崩盘风险：股权性质的影响

变量名称	国有企业组 （1）	非国有企业组 （2）
LIST	-0.039** (-2.24)	-0.028*** (-3.20)
POSTLIST	-0.021 (-1.07)	-0.047*** (-4.33)
ROE_{t-1}	0.082 (1.30)	0.005 (0.13)
LEV_{t-1}	-0.106*** (-3.09)	-0.166*** (-9.02)
$DTURN_{t-1}$	0.065** (2.45)	0.025 (1.59)
MB_{t-1}	0.023*** (8.54)	0.024*** (17.02)
$SIZE_{t-1}$	-0.019** (-2.02)	-0.011* (-1.92)

续表

变量名称	国有企业组 （1）	非国有企业组 （2）
RET_{t-1}	-4.918*** (-3.93)	-8.460*** (-14.34)
$SIGMA_{t-1}$	-4.972*** (-10.24)	-4.093*** (-17.20)
Constant	0.315 (1.45)	0.157 (1.24)
Industry	YES	YES
Year	YES	YES
Adj-R	0.095	0.107

　　注：此表报告回归模型（10-4）的结果，样本公司按照企业产权性质进行分组。括号内数字为 T 统计值，***、**、* 分别表示在 1%、5%、10% 的统计水平上显著。

第五节　敏感性分析

一、剔除进入融资融券标的名单当年的数据

　　因为政策的制定和实施是公开的，市场参与者会形成预期，并在实施初期的投资行为可能会过激。因此本章在剔除了当年数据后再次进行了主检验分析，以 DUVOL 作为例，在表 10-6 的回归结果中，回归系数依然是显著为负的，系数为 -0.039，与主检验结果一致。

表 10-6　敏感性分析：剔除进入标的名单当年数据

变量名称	DUVOL
LIST	-0.032*** (-3.82)
$POSTLIST$	-0.039*** (-3.77)
ROE_{t-1}	0.040 (1.19)

续表

变量名称	DUVOL
LEV_{t-1}	-0.158***
	(-9.58)
$DTURN_{t-1}$	0.034**
	(2.46)
MB_{t-1}	0.023***
	(18.10)
$SIZE_{t-1}$	-0.019***
	(-3.69)
RET_{t-1}	-8.116***
	(-14.66)
$SIGMA_{t-1}$	-4.184***
	(-18.88)
Constant	0.306***
	(2.68)
Industry	YES
Year	YES
Adj-R	0.104

注：此表报告回归模型（10-4）的结果。括号内数字为 T 统计值，***、**、* 分别表示在 1%、5%、10 % 的统计水平上显著。

二、替换股价崩盘风险衡量指标

我们在参考现有文献的基础上选择以负偏态系数（NCSKEW）作为第二个衡量股价崩盘风险的指标。

通过使用 $W_{i,t}$，计算得到第二个股价崩盘风险的度量指标——负偏态系数（NCSKEW）：

$$NCSKEW_{i,t} = -\frac{n(n-1)^{3/2}\sum W_{i,t}^{3}}{(n-1)(n-2)\left(\sum W_{i,t}^{2}\right)^{3/2}} \tag{10-5}$$

其中，n 为每年股票 i 的交易周数。NCSKEW 的数值越大，表示偏态系数负的程度越严重，也就意味着股价崩盘风险越大。

根据表 10–7 的结果，我们可以发现，以 NCSKEW 为股价崩盘风险衡量指标的主回归中，POSTLIST 的系数为 –0.080，在 1% 的水平上显著为负，与主检验的结果一致；在加入外部审计质量的分组之后，"四大"组内回归的系数 –0.002，并不显著，而非"四大"组内回归系数为 –0.086，在 1% 的水平上显著不为零，这也再次证明了对比"四大"审计的公司，卖空机制在非"四大"审计的公司中对股价崩盘风险的降低作用更为显著；在以股权性质进行分组检验后，在国有公司一组中的回归系数为 –0.061，在非国有公司一组的回归系数为 –0.082，但是国有组的显著性水平低于非国有一组，这也验证对比国有公司，卖空机制在非国有公司中对股价崩盘风险的降低作用更为显著。

表 10–7　敏感性分析：替换股价崩盘风险衡量指标

		外部审计		股权性质	
	全样本	"四大"	非"四大"	国有企业	非国有企业
变量名称	（1）	（2）	（3）	（4）	（5）
LIST	-0.039***	-0.132**	-0.040***	-0.025	-0.041***
	(-3.37)	(-1.97)	(-3.30)	(-0.97)	(-3.09)
$POSTLIST$	-0.080***	-0.002	-0.086***	-0.061**	-0.082***
	(-5.64)	(-0.04)	(-5.83)	(-2.10)	(-5.04)
ROE_{t-1}	-0.004	0.450**	-0.032	0.136	-0.081
	(-0.09)	(2.04)	(-0.64)	(1.44)	(-1.40)
LEV_{t-1}	-0.210***	-0.051	-0.214***	-0.096*	-0.218***
	(-8.83)	(-0.44)	(-8.79)	(-1.86)	(-7.98)
$DTURN_{t-1}$	0.062***	0.109	0.066***	0.091**	0.054**
	(3.04)	(1.28)	(3.13)	(2.29)	(2.28)
MB_{t-1}	0.038***	0.029**	0.037***	0.035***	0.039***
	(20.68)	(2.56)	(19.71)	(8.83)	(18.34)
$SIZE_{t-1}$	0.000	-0.000	0.010	-0.019	0.010
	(0.06)	(-0.01)	(1.24)	(-1.36)	(1.22)
RET_{t-1}	-7.129***	-6.854**	-7.570***	-3.259*	-8.206***
	(-9.00)	(-2.09)	(-9.21)	(-1.74)	(-9.35)
$SIGMA_{t-1}$	-7.834***	-6.237***	-7.986***	-9.517***	-7.600***
	(-24.67)	(-4.50)	(-24.45)	(-13.08)	(-21.47)

续表

变量名称	外部审计			股权性质	
	全样本	"四大"	非"四大"	国有企业	非国有企业
	（1）	（2）	（3）	（4）	（5）
Constant	0.103 (0.63)	0.075 (0.13)	-0.100 (-0.56)	0.548* (1.69)	-0.094 (-0.50)
Industry	YES	YES	YES	YES	YES
Year	YES	YES	YES	YES	YES
Adj-R	0.0987	0.132	0.101	0.095	0.101

注：此表报告回归模型（10-4）的结果，采用 NCSKEW 作为股价崩盘风险的衡量指标。括号内数字为 T 统计值，***、**、* 分别表示在 1%、5%、10% 的统计水平上显著。

第六节　进一步分析

一、卖空实际交易与股价崩盘风险

前文的实证分析是根据融资融券制度的实施，即上市公司能否被卖空这个角度来检验融资融券制度能否降低股价崩盘风险，但是并没有从实际实施情况，即卖空交易角度来分析。因此，本章借鉴李志生（2015）[142] 的思路，尝试从实际交易的角度来再次检验融资融券实际交易对于股价崩盘风险的影响。

$$CRASH_{i,t} = \alpha + \beta_1 \times LONG_{i,t} + \beta_2 \times SHORT_{i,t} + \beta_3 \times Controlvarilable_{i,t-1} + \sum year +$$

$$\sum industry + \varepsilon_{i,t} \tag{10-6}$$

$LONG1$ 为融资买入量 / 流通市值；$SHORT1$ 为融券卖出量 / 流通市值；$LONG2$ 为融资余额 / 流通市值；$SHORT2$ 为融券余额 / 流通市值。

通过表 10-8 的回归结果，显示 LONG1、LONG2 与 SHORT1、SHORT2 的回归系数均显著为负，说明了融资融券交易整体上是降低了股价崩盘风险的，进一步分析可以看出融资交易对股价崩盘风险影响较小，融券交易能够更好地降低股价崩盘风险。因此，融资融券制度的实施能够很好地降低股价崩盘，这也与我们的假设一致。

表 10-8　进一步分析：卖空实际交易的影响

变量名称	DUVOL（1）	DUVOL（2）
LONG1$_t$	-0.045*** (-5.70)	
SHORT1$_t$	-8.063*** (-5.19)	
LONG2$_t$		-0.271* (-1.68)
SHORT2$_t$		-125.236*** (-5.36)
ROE$_{t-1}$	0.179*** (2.59)	0.216*** (3.12)
LEV$_{t-1}$	-0.120*** (-3.64)	-0.132*** (-4.01)
DTURN$_{t-1}$	-0.114 (-0.27)	-0.578 (-1.38)
MB$_{t-1}$	0.023*** (8.37)	0.024*** (9.05)
SIZE$_{t-1}$	0.011 (1.42)	0.016* (1.86)
Constant	-0.585*** (-2.85)	-0.682*** (-3.16)
Industry	YES	YES
Year	YES	YES
Adj-R	0.072	0.076

注：此表报告回归模型（10-6）的结果，检验卖空实际交易的影响，相关变量定义见上文所述。括号内数字为 T 统计值，***、**、* 分别表示在 1%、5%、10% 的统计水平上显著。

二、分时期阶段性检验

2010-2020 年，我国的融资融券制度政策在 2011 年、2012 年、2013 年、2014 年、2016 年、2019 年陆续进行了六次扩容，通过上文的分析，我们已经得知两融制度实施十年来整体上降低了股价崩盘风险，实际交易数据也表明了融资融券制度的有效性。但是考虑到不同时期扩容之后融资融券制度对股价崩盘风险的影响可能会存在一些差异。因此本章尝试分成不同的时间区间分批次来检验政策效果。回归结果见表10-9。

表10-9 进一步分析：分时期阶段性回归

变量名称	2009-2011 （1）	2009-2013 （2）	2009-2014 （3）	2009-2016 （4）
LIST	-0.009 (-0.57)	-0.012 (-1.05)	-0.022** (-2.02)	-0.036*** (-3.86)
$POSTLIST$	0.207*** (3.75)	0.026 (1.12)	-0.037** (-2.14)	-0.063*** (-5.00)
ROE_{t-1}	0.253*** (4.02)	0.204*** (3.98)	0.193*** (4.15)	0.131*** (3.24)
LEV_{t-1}	-0.071** (-2.05)	-0.207*** (-8.28)	-0.235*** (-10.55)	-0.198*** (-10.29)
$STURN_{t-1}$	0.019 (1.34)	0.034** (2.45)	0.038*** (2.76)	0.026* (1.93)
MB_{t-1}	0.022*** (8.43)	0.028*** (12.98)	0.029*** (15.00)	0.026*** (17.27)
$SIZE_{t-1}$	-0.049*** (-5.41)	-0.028*** (-3.76)	-0.033*** (-4.96)	-0.038*** (-6.45)
RET_{t-1}	-2.569** (-2.16)	-3.780*** (-4.24)	-6.396*** (-7.90)	-4.326*** (-6.43)
$SIGMA_{t-1}$	-4.369*** (-7.72)	-4.912*** (-12.18)	-5.171*** (-14.79)	-4.613*** (-16.49)
Constant	1.030*** (5.09)	0.624*** (3.79)	0.747*** (4.98)	0.830*** (6.30)
Industry	YES	YES	YES	YES
Year	YES	YES	YES	YES
Adj-R	0.118	0.098	0.111	0.103

注：此表报告回归模型（10-4）的结果，分不同时间区间进行检验。括号内数字为T统计值，***、**、*分别表示在1%、5%、10%的统计水平上显著。

根据表中数据可以看出，在 2009–2011 年中，DUVOL 与 POSTLIST 的系数为 0.207，是显著为正的，与本书前文第五章的结果相符。在 2009–2013 年，回归结果基本与 2009–2011 年相同，与 POSTLIST 的回归系数为 0.026，但并不显著；但是在 2009–2014 年、2009–2016 年区间中，虚拟变量 POSTLIST 的系数显著为负，分别是 −0.037、−0.063。

综合来看，出现上述情况的原因可能是因为融资融券制度刚启动时，由于标的范围窄，只有 90 余只股票在名单之中，而且可融的更是少之又少；另一方面，由于刚推出不久，市场上的投资者的接受程度也较低，更容易将融资融券制度作为追涨杀跌的工具，从而加剧了股价崩盘风险。加上投资门槛非常高，在 2010 年要求的二年的交易经验以及 20 日均 50 万的资产将大多数投资者拒之门外，使得融资融券业务效果并不明显。但是随着标的池的多次扩容，投资者选择的余地增大，两融交易的市场活力不断增强，而且经济发展收入增加使得越来越多的投资者能够满足资金需求，于是越来越多的投资者使用两融工具去买卖股票，反映自己的态度，对冲风险，并对股价崩盘风险产生良好效果。

第七节　本章小结

自 2010 年起，中国正式开始实施融资融券业务，我国的资本市场制度不断完善，在融资融券制度实施之后，我们的资本市场正式迈向双边模式。过去的股票交易市场中由于只能做多买入，这种单一的交易模式使得那些关于上市公司的一些负面的消息不能很好地反映到股价之中，而融资融券制度的推出使得投资者不管是做多还是做空，都能及时将自己的态度反映在股价之中。从理论上来讲，融资融券制度的实施是能够使得股票价格更好地反映投资者态度，从而使得股票价格更加符合实际情况，实现降低股价的崩盘风险的。但是在实际的股票交易市场中却并非如此，2014、2015 年以及 2018 年国内股票市场波动巨大。投资者认为融资融券制度是股票市场暴跌的元凶，也在质疑其在实际交易中发挥的作用。学者及相关研究的分歧也十分明显。到 2021 年底，中国的融资融券业务已经实施了十年有余，融资融券标的证券在经历六次扩容之后实现了从最开始的 90 只到超过 2400 只，可见融资融券的股票数量以及市值已经占到 A 股市场的半壁江山。

基于这种变化，本章尝试利用回归模型，以沪深上市公司作为数据样本，探索在 2009 年到 2019 年间，融资融券制度对于股价崩盘风险的影响，以及对不同公司影响的差异性。本章在查阅国内外的相关文献，并在此基础上进行梳理，参考许年行等（2012）[195]、Kim et al.（2011）[81] 的研究方法，将收益率上下波动比率 (DUVOL) 作为衡量指标，首先检验了融资融券制度实行对于全样本公司的股价崩盘风险的影响。在此基础上，从实际交易的角度分别考察融资业务、融券业务对公司股价崩盘风险的影响及其差异性。然后根据审计机构分为高质量审计组和低质量审计组，根据股权性质分为国有企业和非国有企业，来分析融资融券制度对不同的公司是否存在差异化影响。

实证结果表明：1. 卖空制度的实施对股价崩盘风险起到了抑制作用，并且随着标的公司的扩容，效果逐渐明显；2. 与"四大"审计的公司相比，卖空在非"四大"审计的公司样本中，对股价崩盘风险的降低作用是更为显著的；3. 与国有公司相比，卖空机制在非国有公司样本中，对股价崩盘风险的降低作用更为显著。

第十一章　卖空机制与审计师行为

第一节　研究背景介绍

依据代理理论（Jensen and Meckling, 1976[73]），委托人与代理人之间产生代理问题的根源在于信息不对称，于是能够在一定程度上反映企业财务状况和经营成果的财务报告出现了，用以对管理层进行监督和评价。审计，作为独立的第三方，通过有效地降低会计信息使用者的信息风险，降低信息不对称程度，缓和各方的代理冲突，最终降低代理成本（Chow, 1982[197]；Watts and Zimmerman, 1983[198]；DeFond, 1992[199]）。

国内外在审计领域的研究，已经积累了大量的成果，主要集中在审计师选择（Chow, 1982[197]；DeFond, 1992[199]；Chen et al., 2018[200]；王艳艳等，2006[201]；杜兴强和周泽将，2010[202]）、审计师行为（Simunic, 1980[203]；Firth, 1978[204]；Francis and Krishnan, 1999[205]；Clive, 2002[206]；Fan and Wong, 2005[207]；王跃堂和赵子夜，2003[208]；方军雄等，2004[209]；刘运国等，2006[210]；蔡吉甫，2007[211]）、审计师治理（Fan and Wong, 2005[207]；Choi and Wong, 2007[212]；Cohen and Zarowin, 2010[104]；Legoria et al., 2013[213]；Christensen et al., 2015[214]；唐跃军等，2006[215]；伍利娜等，2010[216]）等几个方面。

审计师行为，主要包括审计收费、审计质量和审计意见。自 Simunic（1980）[203]以来，审计收费便成为审计研究中的热点问题。公司的代理问题、盈余管理程度、经济业务复杂程度、公司治理水平、客户关系、审计团队行业专长等，是审计收费的重要影响因素（Simunic, 1980[203]；Firth, 1978[204]；Fan and Wong, 2005[207]；刘运国等，2006[210]；蔡吉甫，2007[211]；方红星和张勇，2016[217]；董沛武等，2018[218]；宋子龙和余玉苗，2018[219]），这些因素同时也是出具审计意见的重要考量指标（Francis and Krishnan, 1999[205]；Clive, 2002[206]；

王跃堂和赵子夜，2003[208]；方军雄等，2004[209]；方红星和张勇，2016[217]；张俊瑞等，2017[220]；董沛武等，2018[218]）。审计师的声誉机制、监管机制、法律机制、市场竞争等，在很大程度上决定了审计质量的高低（Carcello and Palmrose，1994[221]；Chen et al.，2010[222]）。在我国，审计师面临的法律风险很低，在这样的环境下，大所的审计质量并不一定高（刘峰和周福源，2007[124]）。近年来，学者们还把研究目光转移到审计师个人层面，分析审计师个人特征如何影响审计质量（Gul et al.，2013[223]；Kallunki et al.，2019[224]）。审计师行为最终反映在审计意见上，不同类型的审计意见具有不同的经济含义（Firth，1978[204]；Becker et al.，1998[225]；李海燕和厉夫宁，2008[226]）。对于 IPO 公司而言，好的审计意见能增强投资者的投资信心进而提高该公司的股票价格，改善融资约束问题（Copley and Douthett，2002[227]）。王少飞等（2009）[228]的研究表明，与国有企业相比较，审计意见在缓解非国有企业的融资约束问题上作用更为显著。

审计师的治理作用，具体体现在降低代理冲突、提高会计信息质量、抑制大股东掏空、约束高管行为等方面。Fan and Wong（2005）[207]、Choi and Wong（2007）[212]认为，高质量审计在降低代理冲突方面扮演着重要角色。审计师在审计过程中，能够对公司的盈余管理、财务报表重述以及不恰当的会计估计等做出职业判断，有效地识别利润操纵行为（Cohen and Zarowin，2010[104]；Legoria et al.，2013[213]）。在我国特殊的制度背景和经济环境下，股权高度集中的现象为国内多数上市公司的普遍特征。由于股权集中度高，致使国内上市公司代理问题突出表现在公司中小股东和大股东间的代理问题方面。审计师以出具不同类型审计意见的方式对大股东"掏空"等侵占投资者利益的行为具有揭示和抑制的作用。当上市公司内部控制缺失、存在严重的信息不对称以及存在大股东掏空现象时（曾颖和叶康涛，2005[229]；王鹏和周黎安，2006[230]；周中胜和陈汉文，2006[231]），审计可以使公司控股股东的代理成本显著下降（Christensen et al.，2015[214]），审计师可以根据公司治理中存在的问题出具合理的审计意见（唐跃军等，2006[215]；伍利娜等，2010[216]）。而且，审计意见会影响企业管理层的变动，这种变动将导致企业绩效和公司价值的变化，高管变更与"非标"意见显著正相关，表明上市公司的外部审计对企业高管具有监督和治理效应。

现有研究表明，审计能够在降低代理冲突、提高会计信息质量、抑制大股东掏空、约束高管行为等方面起到一定的治理作用（Fan and Wong，2005[207]；Choi and Wong，2007[212]；Cohen and Zarowin，2010[104]；Legoria et al.，2013[213]；

Christensen et al., 2015[214]）。传统的公司治理理论认为，审计作为一项外部治理机制，能够对公司起到监督治理作用。在新兴转轨市场上，在我国弱投资者保护的环境下，审计具有的监督治理功能还能发挥作用吗？我国上市公司并没有高质量的审计服务的需求（DeFond et al., 2000[232]），而且审计师在我国面临的低法律风险，也使得审计质量饱受争议（刘峰和周福源，2007[124]）。如何建立最优的、有效率的审计制度一直是学术界和实务界探讨的问题（姜国华和王汉生，2006[233]）。卖空机制的引入，为我们提供了一个检验我国审计市场有效性的契机。卖空机制影响上市公司审计行为，中间的作用链条就是上市公司的会计信息以及由此隐含的审计风险。理论上，审计意见的形成由三个因素共同决定：一是财务报告的公允程度；二是审计师的风险偏好程度；三是审计本身的质量。卖空机制的震慑作用，既能够影响上市公司，又能够影响审计师的风险偏好，进而影响其审计行为，从而对审计质量产生影响。

第二节　假设提出

一、相关理论

（一）信息不对称理论

信息不对称理论包括以下三个方面：第一，信息不对称在很多交易中都是存在的，较为普遍。在市场经济下，因为交易双方拥有的信息量不一样，会导致拥有更多信息的交易者会在市场上占据上风，掌握较少信息对于交易者会有不利影响。第二，信息不对称一方面可能会导致逆向选择，即由于信息不对称，价格下降时，会出现低质量产品的需求超过高质量产品的需求；另一方面可能产生道德风险，由于掌握信息的多少不同，交易者可能会利用已有信息做出一些危害别人利益而使自己获得益处的行为，也会使委托代理行为扭曲化，带来道德风险。第三，关于信息不对称的解决方法，就是加大信息的披露，加强监督，提高寻找信息的能力。在市场的交易者中，掌握信息较少的投资者，可以通过多种方法，搜寻信息，以此来降低自己的损失，减少因为信息劣势带来的商业欺诈行为。但是如果每个市场参与者都去想尽办法寻找更多信息，人力的资源就会得不到有效利用，所以，信息不对称的解决还需要政府部门的参与和管制。

而卖空机制可以让信息有效传播，减少信息不对称的程度，所以会使得审计质量得到改善。卖空机制的实施给我国的证券市场带来了新的获利方式，市场参与者和交易者会更多关注公司信息和相关政策，为了找到获取利益的机会，或者让自己减少损失，交易者会有强烈的动机来搜集负面信息。同时，卖空标的企业会受到比卖空之前更为认真的监察和管理，Massa et al.（2015）[14]通过研究认为，卖空机制的实施会减少信息不对称，让交易双方掌握消息的程度更加接近，起到了公司治理的效果。在外界高度的关注下，卖空标的公司的负面消息更容易被挖掘和放大，负面消息很多情况下来源于财务报告，这对审计师是一种震慑作用。

（二）委托代理理论

委托代理理论是在 20 世纪 30 年代，美国经济学家 Berle and Means 提出的，指的是将所有权和经营权分开，所有者将经营权委托给他人的一种契约。所有者掌握所有权，经营者掌握经营权，两者形成委托代理的关系。但是两者存在目标不同的矛盾，所有者是为了企业的发展，追求企业的整体价值的增大，而经营者会不重视企业价值，更加关注自己的个人利益；除此之外，两者还有信息不对称的问题，经营者可以近距离地掌握并实时获得有关企业发展的一切消息，但是所有者收到的信息可能存在故意误报或信息延迟的情况，处于信息劣势的地位。所以，所有者和经营者由于目标的不同和信息掌握程度的不同，经营者就会在所有者不知情的情况下，为了自己的利益选择对公司有害而对自己有利的决定，造成委托代理难题。虽然为了限制经营者不顾大局的利己行为，所有者可以在事前制定合同，并且在企业内部建立自己的监督机构，也会设立一些激励机制，但这些行为势必要消耗一定的成本，称之为代理成本。所以，一方面所有者会担心企业利益受损建立相关机制，一方面又要考虑代理成本，使得所有者不能很完美地解决委托代理的难题。

在委托代理理论中，代理人会经营管理公司，掌握公司的财务情况，委托人只能看到财务报表，并且很大可能对于其中的造假行为看不出来，出现信息不对称，因此会让代理人有机可乘，不顾整体而只考虑自己利益。所有者会通过建立监管部门或者请外界来监督和限制经营者的行为，所以，在这段关系中，就加入了第三方：会计师事务所。委托人就会花钱雇佣审计师，通过审计保证财务报表的真实性。审计师凭借自己的工作能力和职业道德，会严格对企业的财务和风险进行审计，避免重大错误的出现。所以审计能够缓解委托代理难题，让经营者的行为受到约束。卖空机制的引入，会同时约束经营者和审计师的活动，达到外部监督的效果，对于改善审计质量有着积极影响。

（三）保险理论

保险理论，指的是制定经营风险决策所依赖的信息不正确的可能性。产生风险的原因比较多：比如距离因素，导致生产经营活动的决策者、市场的交易者没有办法对每一项交易都可以实地参与，没办法及时准确地获得合作方的一手资料，只能通过信息传递，所以就会带来信息有意或无意的改动，增加风险；还有提供信息的人的动机原因，合作关系和竞争关系可能会受到偏高或者不利的偏差，错误的不准确的信息就会加大风险。

从保险理论角度来看，审计像是会计师事务所替委托方客户分担风险，将信息不准确的责任转移给审计师；也可以说审计就是把风险降低的一项行为，通过专业完整的审计过程，将上市公司的财务报表信息的可信度提高，就会使得出现错误的风险降低到委托方和投资者可以接受或承受的程度。所以，当公司出现较大的经营危机时，投资者和合作方因此发生利益损失时，投资者和合作方不仅可以要求企业的合规赔偿，还能起诉会计师事务所要求其为审计质量的保证承担后果。在这一层面分析可以看出，会计师事务所的审计师不但是财务信息的检查者，还是公司出现经营危机风险的分担者。

保险理论认为审计会给委托方分担风险的看法，也有"深口袋理论"的支持。"深口袋理论"指的是当一项交易不只有一个而是有多个责任的承担者时，对于诉讼方的赔偿任务，实力较好的责任者会承担较多的赔偿。因此，当企业出现了经营的危机，甚至面临破产时，企业就没有多余的资金或资源来实现对于相关者的赔偿，作为公司经营状况保证者的会计师事务所，就会有责任来承担赔偿。也有国内的法律表明，注册会计师对于所审计公司的经营失败的情况，如果会计师事务出具审计报告的过程不符合审计准则，或者违背了职业道德，应该对于所出具的审计情况负责，受损者可以向法院提起诉讼。审计行为实际就是会计师事务所分担委托方客户的财务报告的风险，尤其当事务所的经营状况较好，具有赔偿能力的前提时，这种风险分担的保险作用就体现得更明显。所以，面对企业的经营，审计师会努力搜集更多的公司信息，找出问题，面对不合理的经营结果，就会提出非标准审计意见，以此来提高审计质量，也降低自身来承担公司经营失败所需承担责任的可能性。

（四）公司治理理论

公司治理理论指的是公司对于各层级的统筹安排，进行合理的监管的一种行为。公司治理包括两个层面：外部治理和内部治理。外部治理就是公司经营的外部环境的治理，包括法治和环境，影响的机构有市场、银行、监督机构、投资者等。内部治理指的是公司为了更好地运行实施的监管层的设立、决策部门、激励机制等。监管层指的是股东和董事会检查管理层行为，对经营过程和决策的监督。决策部门包括设置决策权力和内容。激励机制是公司对于公司员工的承诺，利用很多办法发挥员工的生产积极性，实现公司的利益最大化。反映公司内部治理效果的一个重要方面就是会计的信息质量，公司治理得越好，机制越完善，公司的会计信息质量就会越高，审计质量也会随之提高。

二、研究假设

卖空机制的引入结束了我国的"单边式市场"，对证券市场的发展有着很大的影响。审计师作为"看门人"，检查委托方的经济状态和运营情况，核实其真实性和准确度，预估可能出现的风险，避免客户出现财务报告的重大错误，因此审计方也承担着风险。所以，卖空机制不仅会影响管理层的决定，也会对潜在的审计风险有影响，因此会促使审计师规范自己的审计工作。从投资者的角度看，上市公司进入卖空标的证券名单后，投资者就会加大关注，紧抓和公司相关的各种消息，按照"深口袋"理论，在公司出现经营危机时，投资者可以对审计师提起诉讼，所以卖空机制会使审计师为了减少诉讼风险而提高审计质量。卖空机制对审计质量的研究假设主要从以下三个角度进行分析：盈余质量、审计意见和财务报告重述。

卖空机制的震慑作用可能通过以下途径影响审计师行为：

首先，风险对于审计活动不可避免。现代审计已经历了从详细审计到抽样审计的演变。抽样审计的方法，即根据总体中的一部分样本的特性来推断总体的特性，而样本的特性与总体的特性或多或少有一点误差，这种误差可以控制，但一般难以消除。因此，不论是统计抽样还是判断抽样，若根据样本审查结果来推断总体，总会产生一定程度的误差，即审计人员要承担一定程度的作出错误审计结论的风险（杜兴强，2002）。因此，风险总是存在于审计活动过程中，只是这些风险有时并未产生灾难性的后果，或对审计人员并未构成实质性的损失而已。所以，人们只能认识和控制审计风险，只能在有限的空间和时间内改变风险存在和发生的条件，降低其发生的频率和减少损失的程度，而不能也不可能完全消除风险。

　　其次，审计风险具有潜在性。虽然审计风险通过最后的审计结论与预期的偏差表现出来，但这种偏差是由多方面的因素引起的，审计活动的每一个环节都可能导致风险因素的产生。审计责任的存在是形成审计风险的一个基本因素，如果审计人员在执业上不受任何约束，对自己的工作结果不承担任何责任，就不会形成审计风险，这就决定审计风险在一定时期里具有潜在性。如果审计人员虽然发生了偏离客观事实的行为，但没有造成不良后果，没有引起相应的审计责任，那么这种风险只停留在潜在阶段，而没有转化为实在的风险。所以，审计风险只是一种可能的风险，它对审计人员构成某种损失有一个显化的过程，这一过程的长短因审计风险的内容、审计的法律环境、经济环境以及客户、社会公众对审计风险的认识程度而异。

　　再次，卖空机制会加速审计风险由潜在阶段向实际风险的转化。卖空机制对上市公司而言，是一种"威胁"，会起到一定的约束作用。卖空投资者有动机和能力去挖掘上市公司的负面、私有信息。对外部治理的重要机制——外部审计，卖空同样会对其产生影响。卖空使得存在"瑕疵"的上市公司加速曝光，引致外界更多的质疑和更严的监管。赴美上市的中资概念股遭遇集体做空就是一个很好的例子。从 2010 年下半年开始，赴美上市的中资概念股集体遭遇了香橼（Citron）、浑水（Muddy Waters）等机构的大规模做空。面对巨大的做空力量，中资概念股出现退市潮。从某种角度来说，机构的做空行为肃清了证券市场的虚假信息。由于会计信息是卖空投资者选择目标公司的重要参考指标（Desai et al., 2006[37]；Karpoff and Lou, 2010[56]），因此，若卖空交易使得上市公司财务信息造假等问题被加速曝光，这无疑也加速了潜在审计风险的显化过程，审计诉讼风险也随之增加。

　　因此，引入卖空机制后，审计师会调整其审计过程和行为策略，以应对审计风险的改变，体现在上市公司的财务报表上，则表现为盈余质量的提升。基于此，我们提出本章的第一个假设：

　　假设 1：上市公司在成为融资融券标的证券后，其盈余质量提高了。

　　审计意见指的是审计师对于委托的企业进行审查的结果和态度看法。目前审计意见主要包括五种类型：标准的无保留意见、带强调事项段的无保留意见、保留意见、否定意见和无法表示意见。这五种类型的审计意见，也表现出审计师对于审计工作的严谨和谨慎。在每一项审计行为中，都会依据审计师对所研究企业制订的详细计划，全面地考察和分析企业可能出现的问题，比如经营危机和会计盈余管理的发生，这样才可以让审计意见的质量更高。

当出现以下情况时会出具标准审计意见：一是财务报表本身表现合法公允；二是发现了错报或漏报，审计人员提出调整意见，被审计单位接受了该调整意见；三是审计人员出于各种原因，在财务报表存在错报的情况下并没有发现错报；四是审计人员已经发现了存在的问题，但并未调整，或者并没有对报表提出异议，仍然出具标准审计意见。在财务报告审计中第二种情况较为常见，而第三种和第四种情况则表示审计质量较低。

卖空机制实施后，提高的关注度会让会计师事务所存在诉讼风险，为了降低这种风险，审计师会更加谨慎并且独立地出具审计意见的相关报告。有研究发现，公司出现非经营会计应计利润的操纵时，会计师事务所就会更严谨地进行审计，出现非标准审计意见的可能性就会加大，使得审计质量提高。另外，审计师面对诉讼的风险，会更严格地对待审计工作，所以卖空标的企业被审计师审计出非标准审计意见的可能性也会提高。因而，审计师考虑到自己的诉讼风险，也考虑到名誉的损失，为了降低自己的风险，会加大审计投入，严格的审计使得审计师出具非标准审计意见的概率加大。

据此，我们提出本章的第二个假设：

假设2：上市公司在成为融资融券标的证券后，其被出具非标准审计意见的可能性增加了。

在投资者保护较弱的中国，上市公司管理层有动机进行盈余管理（林舒和魏明海，2000）[92]。操纵利润能够给管理层带来种种"好处"，国内已有大量研究予以证实。然而，卖空机制的引入，会影响公司的盈余管理行为。具体而言，卖空会提高盈余管理的风险，减少管理层操纵利润带来的"好处"。Desai et al. (2002) [15]、Jones and Lamont (2002) [44] 和 Grullon et al. (2015)[45] 的研究均表明，卖空会导致公司股价下跌。公司股价的下跌可能会造成管理层报酬的减少。除了影响公司股价，卖空还会引致更加严厉的监管，导致公司财务错报被发现的概率加大（Karpoff and Lou，2010[56]；Fang et al.，2016[13]）和退市风险的提高（Desai et al.，2002 [15]）。不仅如此，卖空还会直接对企业的实际经营活动带来不利影响。Grullon et al. (2015)[45] 的研究发现，卖空导致的股价下跌使得公司权益融资减少，进一步造成公司投资水平的下降。因而，卖空对公司带来的负面影响对公司发展或是管理层自身都是不利的，其导致的退市风险加大、投资融资水平降低、股价下跌等大大削弱了公司操纵利润的"优势"。

另外，从卖空者的角度，他们在选择目标公司时，公司的盈余质量是其关注的重点。Desai et al. (2006) [37] 和 Karpoff and Lou (2010) [56] 发现，卖空者关注公司的财务信息质量，他们对财务重述等事件有敏锐的嗅觉。基于 Sloan (1996) [58]，可操控性应计水平可预测股价的后续走势，Hirshleifer et al. (2011) [12] 分析得出，盈余质量是卖空者的重要判断指标。

因此，引入卖空机制会提高卖空标的公司的会计信息质量（Fang et al.，2016[13]；Massa et al., 2015[14]；陈晖丽和刘峰，2014a[64]）。与此同时，也会促使其会计行为更加保守、稳健（陈晖丽和刘峰，2014b[65]），这将导致财务报表重述现象的减少。

财务报告重述，是指上市公司因为之前发布的财务报告不规范或者存在错误时，重新表述前期的财务报告的情况。企业为了维持股价，会向外界传递良好的信息，而隐藏消极信息。近几年，财务报告重述的情况时有发生，对市场的完善发展和投资者的利益都起到了负面的影响。已有研究发现，公司自己发现财务报表的问题而主动进行财务重述，公司股价平均降低 9%；但是当外界出现监督或者审计出问题时，迫于压力被动进行财务重述时，公司股价平均降低超过 20%。国内研究也表明，和非卖空标的企业相比，卖空标的企业出现财务重述的概率会下降（张璇等，2016[150]）。所以，卖空标的企业可能为了减少或避免财务报告重述，会主动提高其会计信息质量。财务报告重述，也意味着审计师工作失职，会对审计师的声誉造成损失，其诉讼风险也随之提高。卖空机制的震慑作用带来的审计风险的提高，会促使审计师更加严格、谨慎地开展审计工作，投入更多的时间和人力，也会把审计程序设计得更加科学和完整，避免事后出现财务报告重述的事件，因而审计质量会得到提高。

因此，我们提出第三个假设：

假设 3：上市公司在成为融资融券标的证券后，出现财务报告重述的可能性减少了。

第三节　研究设计

一、样本选择与数据来源

本章数据来自 CSMAR 国泰安数据库，以我国 2007 年至 2018 年的沪深 A 股上市公司为样本，对数据进行了以下处理：剔除金融类的公司；剔除资产负债率大于 1 或者小于 0 的样本；剔除 ST、ST* 的公司样本；剔除研究的核心变量不完整的公司样本；对连续变量数据实施前后 1% 缩尾处理来避免极端值的影响。本章最终的样本数为 20214 个。

二、变量设置

（一）被解释变量

由于目前没有对于审计质量直接的衡量，所以国内外学者选择替代指标。有研究表明，在审计质量高的情况下，被审计公司的可操控性应计就会降低。因此，已有的研究通常会选择会计盈余质量的可操控性应计作为衡量指标。可操控性应计，借鉴现有的研究方法，可以利用 KLW 模型（Kothari et al.，2005）[88]，还有修正的 DD 模型（Dechow and Dichev（2002）[103]，两者结合利用财务信息计算出可操控性应计来衡量样本公司的盈余质量的高低，也以此作为审计质量高低的衡量。

也有文献表明，审计质量的衡量还包括审计意见和财务重述。因此我们采用多个维度，即不仅从正面利用财务信息，用会计操纵应计来衡量审计质量，还从侧面补充，加入审计意见的数据，然后也把财务重述状况加入，让审计质量的衡量更加全面。

（二）解释变量

我们利用双重差分模型（DID）检验卖空机制对于审计质量的影响效果。按照 DID 的研究方法，先设置 Treat 和 Post 两个虚拟变量，Treat 是表明样本公司是否加入了卖空标的证券名单，卖空标的公司的 Treat 值为 1，非卖空样本公司的 Treat 值为 0；Post 指的是时间虚拟变量，表明实施卖空机制前后的情况，上市公司在加入卖空标的证券名单后 Post 的值为 1，加入名单之前 Post 的值为 0。并按照 DID 的方法，把 Treat × Post 即 did 交乘项作为卖空机制实施效果的核心解释变量。

（三）控制变量

参考已有研究，综合借鉴了周冬华等（2018）[234] 和步丹璐（2017）[235] 在研究中所选取的控制变量，我们控制了以下指标：企业规模（Size）、资产负债率（Lev）、净资产收益率（ROE）、流动比率（Cr）、经营活动现金流（Cfo）、产权性质（Soe）、第一大股东持股比例（Top1）、两职合一（Dual）、独立董事占比（Rinde）、管理层持股（Mshare）、董事会规模（Bsize）、是否亏损（Loss）、行业（Industry）、年份（Year）等。

具体的变量定义见表 11–1。

表 11–1 变量定义：审计师行为检验

变量类型	变量名称	变量符号	具体定义
因变量	盈余质量	DA	通过 KLW 模型计算得到
	盈余质量	DD	通过修正 DD 模型计算得到
	审计意见	Opinion	非标准审计意见取值为 1，否则为 0
	财务报告重述	Restate	发生财务报告重述取值为 1，否则为 0
主要变量	融资融券标的公司	treat	虚拟变量，若公司在融资融券标的名单中，取值为 1，否则取值为 0
	进入融资融券标的名单的时点	post	虚拟变量，公司进入融资融券名单之后的年度及当年，取值为 1，之前年度为 0
控制变量	企业规模	Size	企业年末总资产取自然对数
	资产负债率	Lev	总负债 / 总资产
	净资产收益率	ROE	净利润 / 平均净资产
	流动比率	Cr	流动资产 / 流动负债
	经营活动现金流	Cfo	经营活动现金净流入 / 总资产
	产权性质	Soe	国有企业取值为 1，否则为 0
	第一大股东持股比例	Top1	第一大股东持股数 / 总股数
	两职合一	Dual	董事长和总经理是同一人取值为 1，否则为 0
	独立董事占比	Rin	独立董事人数 / 董事会总人数
	管理层持股	Mshare	管理层持股数 / 总股数
	董事会规模	Bsize	董事会成员数，取自然对数
	是否亏损	Loss	当年公司净利润小于 0，取值为 1，否则为 0
	行业	Industry	行业虚拟变量
	年份	Year	年份虚拟变量

三、模型设定

本章检验卖空机制的实施对审计质量的影响。因变量为审计质量，用盈余质量（DA、DD）、审计意见（OPINION）、财务报告重述（RESTATE）来衡量。我们采用模型（11–1）至模型（11–4）来检验前文的三个假设。在模型中我们主要关注交乘项 treat*post 的系数 β_1。模型（11–1）和模型（11–2）中，如果 β_1 显著为负，则表明卖空机制的实施能够提高盈余质量。模型（11–3）中，如果 β_1 显著为正，则表明卖空机制的引入使得卖空标的公司被出具非标准审计意见的可能性提高了。模型（11–4）中，如果 β_1 显著为负，则表明上市公司进入融资融券标的证券名单之后，出现财务报告重述的可能性降低了。

$$DA_{i,t} = \alpha + \beta_1 Treat_{i,t} \times Post_{i,t} + \beta_2 Treat_{i,t} + \gamma Control_{i,t} + \sum industry + \sum year + \varepsilon_{i,t}$$

（11–1）

$$DD_{i,t} = \alpha + \beta_1 Treat_{i,t} \times Post_{i,t} + \beta_2 Treat_{i,t} + \gamma Control_{i,t} + \sum industry + \sum year + \varepsilon_{i,t}$$

（11–2）

$$OPINION_{i,t} = \alpha + \beta_1 Treat_{i,t} \times Post_{i,t} + \beta_2 Treat_{i,t} + \gamma Control_{i,t} + \sum industry +$$
$$\sum year + \varepsilon_{i,t}$$

（11–3）

$$RESTATE_{i,t} = \alpha + \beta_1 Treat_{i,t} \times Post_{i,t} + \beta_2 Treat_{i,t} + \gamma Control_{i,t} + \sum industry +$$
$$\sum year + \varepsilon_{i,t}$$

（11–4）

四、描述性统计

表 11–2 是变量的描述性统计结果，分别报告了变量的均值、标准差、最小值、最大值和样本数。从表 11–2 中可以看到，代表盈余质量的可操控性应计（DD、DA），最大值分别是 0.345 和 0.555，最小值都是 0.001，平均值分别是 0.075 和 0.084，两者的值越大，就表明上市公司盈余管理的程度越高。审计意见（OPINION）的均值为 0.005，表明中国上市公司被出具非标准审计意见的概率还是比较低的。

表 11-2　描述性统计分析：审计师行为检验

变量名称	样本量	均值	标准差	最小值	最大值
DA	20214	0.075	0.073	0.001	0.345
DD	20214	0.084	0.106	0.001	0.555
Opinion	20214	0.005	0.069	0.000	1.000
Restate	20214	0.287	0.452	0.000	1.000
treat	20214	0.415	0.493	0.000	1.000
did	20214	0.220	0.414	0.000	1.000
Size	20214	22.067	1.287	17.641	28.509
Lev	20214	0.448	0.208	0.007	0.998
ROE	20214	0.067	0.159	-6.797	1.888
Cr	20214	2.200	2.043	0.290	10.957
Cfo	20214	0.042	0.078	-0.656	0.771
Soe	20214	0.443	0.497	0.000	1.000
Top1	20214	0.354	0.151	0.022	0.900
Dual	20214	0.233	0.423	0.000	1.000
Rin	20214	0.371	0.054	0.091	0.800
Mshare	20214	0.108	0.188	0.000	0.897
Bsize	20214	2.155	0.202	1.099	2.890
Loss	20214	0.093	0.291	0.000	1.000

注：此表报告主要变量的描述性统计。变量定义见表 11-1。

第四节　实证结果

一、主检验回归分析

盈余质量视角的回归结果如表 11-3 所示，列（1）和列（3）没有加入控制变量，列（2）和列（4）是加入了控制变量后的回归结果，回归中都控制了年度固定效应和行业固定效应。从表 11-3 可以发现，交乘项 treat×post 的系数均是显著为负的，说明卖空机制能够提高上市公司的盈余质量，从一个角度说明了审计质量的提高。这些结果符合本章假设 1 的预期。

审计意见视角的回归结果见表 11–4。从表 11–4 可以发现，交乘项 treat×post 的系数均是显著为正的，表明卖空机制引入后，融资融券标的公司被出具非标准审计意见的可能性增大了，支持假设 2 的观点。

财务报告重述视角的回归结果见表 11–5。从表 11–5 中可以看到，交乘项 treat×post 的系数均是显著为负的，表明上市公司在加入融资融券标的证券名单之后，其出现财务报告重述的可能性降低了，支持假设 3 的观点。

表 11–3　卖空机制与审计质量：盈余质量视角

变量名称	DA	DA	DD	DD
	（1）	（2）	（3）	（4）
treat	0.002	0.0065***	-0.0023	0.0000
	(0.0014)	(0.0015)	(0.0020)	(0.0021)
treat×post	-0.0112***	-0.0077***	-0.0151***	-0.0113***
	(0.0018)	(0.0018)	(0.0025)	(0.0025)
Size		-0.0029***		-0.0026***
		(0.0006)		(0.0008)
Lev		0.0174***		0.0295***
		(0.0039)		(0.0055)
ROE		0.0335***		0.0329***
		(0.0038)		(0.0054)
Cr		0.0004		0.0025***
		(0.0003)		(0.0005)
Cfo		-0.2241***		-0.0590***
		(0.0066)		(0.0093)
Soe		-0.0088***		-0.0122***
		(0.0012)		(0.0018)
Top1		0.0151***		0.0190***
		(0.0034)		(0.0049)
Dual		-0.0004		-0.0003

续表

变量名称	DA	DA	DD	DD
	（1）	（2）	（3）	（4）
		(0.0012)		(0.0017)
Rin		-0.0117		0.0029
		(0.0103)		(0.0146)
Mshare		0.0044		-0.0029
		(0.0032)		(0.0045)
Bsize		-0.0088***		-0.0142***
		(0.0030)		(0.0042)
Loss		0.0126***		0.0123***
		(0.0020)		(0.0029)
_cons	0.1008***	0.1827***	0.0786***	0.1456***
	(0.0069)	(0.0150)	(0.0095)	(0.0214)
Industry	Yes	Yes	Yes	Yes
Year	Yes	Yes	Yes	Yes
N	20214	20214	20214	20214
R^2	0.079	0.139	0.166	0.175

注：此表报告回归模型（11-1）和模型（11-2）的结果。变量定义见表11-1。括号内数字为 T 统计值，***、**、*分别表示在 1%、5%、10% 的统计水平上显著。

表 11-4　卖空机制与审计质量：审计意见视角

变量名称	Opinion	Opinion
	（1）	（2）
treat	0.0004	0.0017*
	(0.0009)	(0.0009)
treat × post	0.0078***	0.0083***
	(0.0011)	(0.0011)
Size		-0.0005
		(0.0004)

变量名称	Opinion	Opinion
	（1）	（2）
Lev		0.0063**
		(0.0024)
ROE		-0.0017
		(0.0024)
Cr		0.0002
		(0.0002)
Cfo		-0.0123***
		(0.0042)
Soe		-0.0013*
		(0.0008)
Top1		-0.0002
		(0.0022)
Dual		0.0002
		(0.0008)
Rin		-0.0063
		(0.0065)
Mshare		0.0058***
		(0.0020)
Bsize		0.0006
		(0.0019)
Loss		0.0109***
		(0.0013)
_cons	0.0243***	0.0310***
	(0.0042)	(0.0095)
Industry	Yes	Yes
Year	Yes	Yes
N	20214	20214

变量名称	Opinion	Opinion
	（1）	（2）
R^2	0.014	0.022

注：此表报告回归模型（11–3）。变量定义见表11–1。括号内数字为 T 统计值，***、**、* 分别表示在 1%、5%、10％的统计水平上显著。

表11–5 卖空机制与审计质量：财务报告重述视角

变量名称	Restate	Restate
	（1）	（2）
treat	-0.0149	0.0008
	(0.0092)	(0.0096)
treat × post	-0.0355***	-0.0269**
	(0.0114)	(0.0117)
Size		-0.0135***
		(0.0039)
Lev		0.1358***
		(0.0252)
ROE		-0.0471*
		(0.0248)
Cr		0.0019
		(0.0022)
Cfo		-0.2574***
		(0.0429)
Soe		-0.0384***
		(0.0081)
Top1		-0.0783***
		(0.0225)
Dual		0.0069

续表

变量名称	Restate	Restate
	（1）	（2）
		(0.0079)
Rin		0.0316
		(0.0671)
Mshare		-0.0294
		(0.0209)
Bsize		0.0197
		(0.0193)
Loss		0.0474***
		(0.0132)
_cons	0.3851***	0.6028***
	(0.0438)	(0.0984)
Industry	Yes	Yes
Year	Yes	Yes
N	20214	20214
R²	0.037	0.047

注：此表报告回归模型（11-4）。变量定义见表11-1。括号内数字为 T 统计值，***、**、*分别表示在 1%、5%、10％的统计水平上显著。

二、异质性分析

在这一部分，我们分别从企业的产权性质、股权集中度和企业规模进行异质性分析。

（一）产权性质

我们将样本划分为国有企业和非国有企业，以盈余质量为例，进一步分析产权性质不同组的样本中，卖空机制对审计质量影响的差异性。

根据表11-6中结果可得，列（1）和列（3）表示的是国有企业，列（2）和列（4）表示的是非国有企业，非国有企业样本组中，交乘项的系数都是显著为负的，国有企业的却是不显著的。表明卖空机制与可操控性应计之间的负相关关系，在非国有企业中更加显著，这说明相比国有企业，卖空机制对于非国有企业的审计质量影响效果更显著。

表 11–6　卖空机制与审计质量：企业产权性质的影响

变量名称	DA		DD	
	国有企业	非国有企业	国有企业	非国有企业
	（1）	（2）	（3）	（4）
treat	0.0051***	0.0080***	0.0012	-0.0002
	(0.0017)	(0.0022)	(0.0026)	(0.0033)
treat×post	-0.0009	-0.0100***	-0.0017	-0.0208***
	(0.0021)	(0.0027)	(0.0032)	(0.0040)
Size	-0.0034***	-0.0023***	-0.0044***	-0.0010
	(0.0007)	(0.0009)	(0.0011)	(0.0013)
Lev	0.0156***	0.0239***	0.0403***	0.0189**
	(0.0049)	(0.0055)	(0.0075)	(0.0082)
ROE	0.0240***	0.0363***	0.0182**	0.0431***
	(0.0047)	(0.0054)	(0.0071)	(0.0080)
Cr	0.0011*	0.0007	0.0033***	0.0021***
	(0.0006)	(0.0004)	(0.0009)	(0.0006)
Cfo	-0.1189***	-0.2785***	-0.0206	-0.0825***
	(0.0088)	(0.0088)	(0.0135)	(0.0130)
Top1	0.0149***	0.0153***	0.0121*	0.0248***
	(0.0044)	(0.0048)	(0.0067)	(0.0072)
Dual	-0.0013	-0.0002	0.0010	-0.0006
	(0.0021)	(0.0014)	(0.0032)	(0.0021)
Rin	-0.0165	-0.0008	-0.0177	0.0198
	(0.0126)	(0.0152)	(0.0192)	(0.0225)
Mshare	0.0677**	0.0046	0.0385	-0.0045
	(0.0281)	(0.0034)	(0.0428)	(0.0051)
Bsize	-0.0092***	-0.0070	-0.0237***	-0.0094

	(0.0036)	(0.0044)	(0.0054)	(0.0065)
Loss	0.0052**	0.0184***	0.0070*	0.0168***
	(0.0025)	(0.0029)	(0.0038)	(0.0043)
_cons	0.1789***	0.1653***	0.1948***	0.0988***
	(0.0176)	(0.0238)	(0.0268)	(0.0354)
Industry	Yes	Yes	Yes	Yes
Year	Yes	Yes	Yes	Yes
N	8960	11254	8960	11254
R^2	0.104	0.175	0.190	0.165

注：此表报告回归模型（11–1）和模型（11–2）的结果，样本公司按照企业产权性质进行分组。变量定义见表 11–1。括号内数字为 T 统计值，***、**、* 分别表示在 1%、5%、10％的统计水平上显著。

（二）股权集中度

我们将第一大股东持股比例按照中位数的大小来划分高股权集中度和低股权集中度的不同样本组，仍然以盈余质量为例，进一步分析股权集中度不同组的样本中，卖空机制对审计质量影响的差异性。

分组检验的结果见表 11–7。从表 11–7 可以看到，列（1）和列（3）表示的是高股权集中度的企业，列（2）和列（4）表示的是低股权集中度的企业，观察交乘项 treat×post 的系数，我们发现在低股权集中度的企业中交乘项是显著为负的，在高股权集中度的企业中是不显著的，这说明低股权集中度的企业会让卖空机制对审计质量的影响更显著。

表 11–7　卖空机制与审计质量：股权集中度的影响

	DA		DD	
	高股权集中度	低股权集中度	高股权集中度	低股权集中度
变量名称	（1）	（2）	（3）	（4）
treat	0.0046**	0.0079***	0.0013	-0.0017
	(0.0018)	(0.0022)	(0.0023)	(0.0031)
treat×post	-0.0006	-0.0105***	-0.0005	-0.0111***

续表

变量名称	DA		DD	
	高股权集中度	低股权集中度	高股权集中度	低股权集中度
	（1）	（2）	（3）	（4）
	(0.0022)	(0.0027)	(0.0028)	(0.0038)
Size	-0.0038***	-0.0020**	-0.0015	-0.0040***
	(0.0007)	(0.0009)	(0.0010)	(0.0012)
Lev	0.0192***	0.0137**	0.0294***	0.0229***
	(0.0050)	(0.0055)	(0.0064)	(0.0078)
ROE	0.0538***	0.0148***	0.0276***	0.0273***
	(0.0054)	(0.0049)	(0.0070)	(0.0070)
Cr	-0.0002	0.0009*	0.0026***	0.0019***
	(0.0004)	(0.0005)	(0.0006)	(0.0007)
Cfo	-0.1901***	-0.2279***	-0.0285***	-0.0659***
	(0.0082)	(0.0095)	(0.0105)	(0.0136)
Soe	-0.0075***	-0.0089***	-0.0127***	-0.0100***
	(0.0016)	(0.0018)	(0.0020)	(0.0025)
Top1	0.0147**	0.0126	0.0104	0.0328**
	(0.0061)	(0.0110)	(0.0078)	(0.0156)
Dual	0.0006	-0.0015	-0.0002	0.0008
	(0.0016)	(0.0017)	(0.0020)	(0.0024)
Rin	-0.0028	-0.0097	-0.0221	0.0414*
	(0.0126)	(0.0152)	(0.0161)	(0.0217)
Mshare	0.0033	0.0052	0.0038	-0.0046
	(0.0039)	(0.0048)	(0.0050)	(0.0069)
Bsize	-0.0050	-0.0104**	-0.0177***	-0.0022
	(0.0037)	(0.0043)	(0.0047)	(0.0061)
Loss	0.0148***	0.0105***	0.0098***	0.0124***
	(0.0028)	(0.0027)	(0.0036)	(0.0038)
_cons	0.1919***	0.1515***	0.1440***	0.1321***

续表

变量名称	DA		DD	
	高股权集中度	低股权集中度	高股权集中度	低股权集中度
	（1）	（2）	（3）	（4）
	(0.0185)	(0.0228)	(0.0236)	(0.0325)
Industry	Yes	Yes	Yes	Yes
Year	Yes	Yes	Yes	Yes
N	10097	10117	10097	10117
R^2	0.143	0.141	0.199	0.159

注：此表报告回归模型（11-1）和模型（11-2）的结果，样本公司按照股权集中度进行分组。变量定义见表11-1。括号内数字为T统计值，*** 、** 、* 分别表示在1%、5%、10%的统计水平上显著。

（三）企业规模

我们又将企业规模按照中位数的大小来划分大规模企业和小规模企业。分组检验的结果见表11-8。从表11-8可以看到，列（1）和列（3）表示的是规模较大的企业，列（2）和列（4）表示的是规模较小的企业，观察交乘项treat×post的系数，我们发现在规模较大的企业中交乘项是显著为负的，在规模较小的企业中则是不显著的，这说明规模较大的企业，卖空机制对审计质量的影响更显著。

表11-8 卖空机制与审计质量：企业规模的影响

变量名称	DA		DD	
	规模较大的企业	规模较小的企业	规模较大的企业	规模较小的企业
	（1）	（2）	（3）	（4）
treat	0.0050**	0.0049**	-0.0036	0.0016
	(0.0021)	(0.0021)	(0.0031)	(0.0023)
treat × post	-0.0076***	-0.0017	-0.0074**	-0.0057
	(0.0023)	(0.0036)	(0.0033)	(0.0039)
Size	-0.0025***	-0.0041***	-0.0017	-0.0020
	(0.0009)	(0.0013)	(0.0013)	(0.0014)

续表

变量名称	DA		DD	
	规模较大的企业	规模较小的企业	规模较大的企业	规模较小的企业
	（1）	（2）	（3）	（4）
Lev	0.0097*	0.0263***	0.0328***	0.0270***
	(0.0057)	(0.0055)	(0.0082)	(0.0060)
ROE	0.0705***	0.0075	0.0403***	0.0180***
	(0.0059)	(0.0049)	(0.0086)	(0.0053)
Cr	0.0035***	0.0001	0.0091***	0.0012***
	(0.0007)	(0.0004)	(0.0011)	(0.0004)
Cfo	-0.2978***	-0.1660***	-0.0793***	-0.0306***
	(0.0097)	(0.0089)	(0.0141)	(0.0097)
Soe	-0.0082***	-0.0064***	-0.0136***	-0.0066***
	(0.0017)	(0.0018)	(0.0025)	(0.0020)
Top1	0.0154***	0.0137***	0.0220***	0.0125**
	(0.0047)	(0.0052)	(0.0068)	(0.0056)
Dual	0.0032*	-0.0021	-0.0005	0.0010
	(0.0019)	(0.0016)	(0.0027)	(0.0017)
Rin	0.0002	-0.0165	-0.0002	-0.0002
	(0.0138)	(0.0155)	(0.0200)	(0.0169)
Mshare	0.0076	0.0106***	0.0055	0.0019
	(0.0059)	(0.0039)	(0.0085)	(0.0042)
Bsize	-0.0086**	-0.0076*	-0.0150***	-0.0102**
	(0.0040)	(0.0044)	(0.0058)	(0.0048)
Loss	0.0149***	0.0121***	0.0098**	0.0098***
	(0.0031)	(0.0026)	(0.0045)	(0.0029)
_cons	0.1586***	0.2097***	0.1231***	0.1216***
	(0.0232)	(0.0305)	(0.0337)	(0.0333)
Industry effect	Yes	Yes	Yes	Yes
Year effect	Yes	Yes	Yes	Yes

续表

变量名称	DA		DD	
	规模较大的企业	规模较小的企业	规模较大的企业	规模较小的企业
	（1）	（2）	（3）	（4）
N	10107	10107	10107	10107
R^2	0.188	0.127	0.213	0.141

注：此表报告回归模型（11–1）和模型（11–2）的结果，样本公司按照企业规模进行分组。变量定义见表11–1。括号内数字为T统计值，***、**、*分别表示在1%、5%、10%的统计水平上显著。

第五节　敏感性分析

一、倾向得分匹配

（一）平衡性检验

由于卖空机制与盈余质量、审计意见、财务报告重述可能存在内生性问题，在卖空机制实施之前，对照组和实验组的样本公司可能本身就存在差异化的影响，可能会导致实验组公司的盈余质量、审计意见、财务报告重述等本来就与对照组的不同，这样就会影响双重差分方法的结果。因此，在这一部分，我们加入了倾向得分匹配方法，对实验组进行匹配，进行平衡性检验。

对控制变量进行了平衡性检验之后，结果见表11–9。从表11–9中可以看到，匹配后实验组和对照组的差异值均得到了显著的下降，表示两组公司的特征很接近，并且匹配后的偏差率也均小于20%，说明匹配非常有效。

表11–9　敏感性分析：平衡性检验

变量名称	匹配情况	实验组均值	对照组均值	偏差率	偏差降低率	t
Size	匹配前	22.785	21.557	105.1	98.9	75.81
	匹配后	22.715	22.701	1.2		0.73

续表

变量名称	匹配情况	实验组均值	对照组均值	偏差率	偏差降低率	t
Lev	匹配前	0.48603	0.42029	32.1	67.2	22.42
	匹配后	0.48357	0.50516	-10.6		-6.61
ROE	匹配前	0.09215	0.04905	27.8	53.3	19.17
	匹配后	0.09123	0.11134	-13		-6.58
Cr	匹配前	1.9335	2.3888	-22.9	79	-15.71
	匹配后	1.9508	1.855	4.8		3.47
Cfo	匹配前	0.04974	0.03629	17.1	97.6	12.05
	匹配后	0.04914	0.04881	0.4		0.25
Soe	匹配前	0.56452	0.35716	42.5	96.9	29.88
	匹配后	0.55779	0.55143	1.3		0.82
Top1	匹配前	0.37242	0.34081	20.9	83.4	14.76
	匹配后	0.3693	0.37456	-3.5		-2.11
Dual	匹配前	0.17967	0.27113	-22	81.6	-15.24
	匹配后	0.18108	0.19794	-4.1		-2.76
Mshare	匹配前	0.04939	0.14879	-57	98.2	-38.42
	匹配后	0.05025	0.04849	1		0.92
Bsize	匹配前	2.1964	2.1257	35.4	95.5	24.96
	匹配后	2.195	2.1918	1.6		1.02

续表

变量名称	匹配情况	实验组均值	对照组均值	偏差率	偏差降低率	t
Loss	匹配前	0.0703	0.10972	-13.8		-9.51
	匹配后	0.07119	0.08466	-4.7	65.9	-3.23

（二）PSM-DID 回归结果

倾向得分匹配后的回归结果如表 11-10 所示，交乘项 treat×post 的系数和前文的基准回归结果基本一致，都是显著为负的，说明本章三个假设的检验结果是比较稳健的。

表 11-10　敏感性分析：PSM-DID 回归结果

变量名称	DA (1)	DA (2)	DD (3)	DD (4)	Opinion (5)	Opinion (6)	Restate (7)	Restate (8)
treat	0.0032*	0.0031*	-0.0031	-0.0037	0.0004	0.0007	0.0056	0.0074
	(0.0018)	(0.0017)	(0.0026)	(0.0026)	(0.0012)	(0.0012)	(0.0055)	(0.0055)
treat×post	-0.0134***	-0.0112***	-0.0096***	-0.0067**	0.0099***	0.0102***	-0.7041***	-0.7022***
	(0.0023)	(0.0022)	(0.0034)	(0.0034)	(0.0016)	(0.0016)	(0.0070)	(0.0071)
Size		-0.0021**		-0.0015		-0.0003		-0.0068**
		(0.0009)		(0.0013)		(0.0006)		(0.0028)
Lev		0.0215***		0.0288***		0.0069**		0.0673***
		(0.0050)		(0.0076)		(0.0035)		(0.0159)
ROE		0.0517***		0.0382***		-0.0073**		-0.0265
		(0.0053)		(0.0079)		(0.0037)		(0.0166)
Cr		0.0013***		0.0028***		0.0002		0.0035**
		(0.0005)		(0.0007)		(0.0003)		(0.0014)
Cfo		-0.2177***		-0.0720***		-0.0165***		-0.0562**
		(0.0085)		(0.0128)		(0.0059)		(0.0269)
Soe		-0.0087***		-0.0110***		-0.0016		-0.0076
		(0.0015)		(0.0023)		(0.0011)		(0.0049)
Top1		0.0182***		0.0280***		0.0016		-0.0252*
		(0.0044)		(0.0067)		(0.0031)		(0.0140)

续表

变量名称	DA (1)	DA (2)	DD (3)	DD (4)	Opinion (5)	Opinion (6)	Restate (7)	Restate (8)
Dual		-0.0005		0.0006		-0.0002		-0.0082
		(0.0016)		(0.0024)		(0.0011)		(0.0050)
Rin		-0.0039		-0.0080		-0.0007		-0.0222
		(0.0136)		(0.0205)		(0.0095)		(0.0430)
Mshare		0.0101**		0.0074		0.0117***		0.0039
		(0.0047)		(0.0071)		(0.0033)		(0.0150)
Bsize		-0.0120***		-0.0210***		0.0024		-0.0003
		(0.0039)		(0.0058)		(0.0027)		(0.0122)
Loss		0.0119***		0.0099**		0.0150***		-0.0032
		(0.0026)		(0.0040)		(0.0018)		(0.0083)
_cons	0.0907***	0.1541***	0.0581***	0.1187***	0.0336***	0.0298*	0.9840***	1.1199***
	(0.0096)	(0.0224)	(0.0140)	(0.0337)	(0.0065)	(0.0156)	(0.0292)	(0.0706)
Industry	Yes	Yes	Yes	Yes	Yes	Yes	Yes	Yes
Year	Yes	Yes	Yes	Yes	Yes	Yes	Yes	Yes
N	11248	11248	11248	11248	11248	11248	11248	11248
R^2	0.089	0.151	0.158	0.169	0.018	0.034	0.655	0.657

注：此表报告回归模型（11-1）、（11-2）、（11-3）和（11-4）的结果，样本公司采用倾向得分进行匹配。变量定义见表11-1。括号内数字为T统计值，***、**、*分别表示在1%、5%、10%的统计水平上显著。

二、安慰剂检验

接下来，我们进一步将卖空机制实施时间分别前移3年和4年来看政策效应的变化情况。从表11-11中可以发现，盈余质量、财务报表重述的负向效应不再显著，审计意见的正向效应也不再显著。

表 11-11　敏感性分析：安慰剂检验

变量名称	滞后 3 年				滞后 4 年			
	DA	DD	Opinion	Restate	DA	DD	Opinion	Restate
	（1）	（2）	（3）	（4）	（5）	（6）	（7）	（8）
treat	0.00001	-0.0030	0.0032*	-0.0093	-0.0013	-0.0037	0.0035*	-0.0156
	(0.0017)	(0.0025)	(0.0018)	(0.0114)	(0.0019)	(0.0027)	(0.0019)	(0.0123)
treat × post	0.0040**	-0.0034	-0.0006	-0.0038	0.0055***	-0.0022	-0.0011	0.0048
	(0.0018)	(0.0026)	(0.0018)	(0.0118)	(0.0019)	(0.0027)	(0.0019)	(0.0124)
Size	-0.0034***	-0.0032***	-0.0008	-0.0151***	-0.0034***	-0.0033***	-0.0008	-0.0152***
	(0.0006)	(0.0008)	(0.0006)	(0.0038)	(0.0006)	(0.0008)	(0.0006)	(0.0038)
Lev	0.0181***	0.0307***	0.0163***	0.1385***	0.0180***	0.0307***	0.0163***	0.1384***
	(0.0039)	(0.0055)	(0.0039)	(0.0252)	(0.0039)	(0.0055)	(0.0039)	(0.0252)
ROE	0.0334***	0.0334***	-0.0057	-0.0463*	0.0333***	0.0333***	-0.0057	-0.0468*
	(0.0038)	(0.0054)	(0.0039)	(0.0248)	(0.0038)	(0.0054)	(0.0039)	(0.0248)
Cr	0.0004	0.0025***	0.0004	0.0019	0.0004	0.0025***	0.0004	0.0019
	(0.0003)	(0.0005)	(0.0003)	(0.0022)	(0.0003)	(0.0005)	(0.0003)	(0.0022)
Cfo	-0.2245***	-0.0588***	-0.0139**	-0.2572***	-0.2247***	-0.0588***	-0.0138**	-0.2580***
	(0.0066)	(0.0094)	(0.0067)	(0.0429)	(0.0066)	(0.0094)	(0.0067)	(0.0429)
Soe	-0.0092***	-0.0126***	-0.0023*	-0.0393***	-0.0092***	-0.0126***	-0.0023*	-0.0394***
	(0.0012)	(0.0018)	(0.0013)	(0.0081)	(0.0012)	(0.0018)	(0.0013)	(0.0081)
Top1	0.0160***	0.0199***	-0.0012	-0.0761***	0.0160***	0.0200***	-0.0012	-0.0757***
	(0.0034)	(0.0049)	(0.0035)	(0.0225)	(0.0034)	(0.0049)	(0.0035)	(0.0225)
Dual	-0.0003	-0.0003	0.0000	0.0069	-0.0003	-0.0003	0.0000	0.0069
	(0.0012)	(0.0017)	(0.0012)	(0.0079)	(0.0012)	(0.0017)	(0.0012)	(0.0079)
Rin	-0.0128	0.0007	-0.0090	0.0266	-0.0126	0.0007	-0.0091	0.0272
	(0.0103)	(0.0146)	(0.0104)	(0.0671)	(0.0103)	(0.0146)	(0.0104)	(0.0671)
Mshare	0.0050	-0.0021	0.0026	-0.0276	0.0049	-0.0021	0.0026	-0.0276
	(0.0032)	(0.0045)	(0.0032)	(0.0208)	(0.0032)	(0.0045)	(0.0032)	(0.0208)
Bsize	-0.0090***	-0.0144***	0.0009	0.0192	-0.0089***	-0.0144***	0.0009	0.0192
	(0.0030)	(0.0042)	(0.0030)	(0.0193)	(0.0030)	(0.0042)	(0.0030)	(0.0193)
Loss	0.0125***	0.0121***	0.0196***	0.0468***	0.0125***	0.0121***	0.0196***	0.0469***
	(0.0020)	(0.0029)	(0.0021)	(0.0132)	(0.0020)	(0.0029)	(0.0021)	(0.0132)

续表

	滞后 3 年				滞后 4 年			
	DA	DD	Opinion	Restate	DA	DD	Opinion	Restate
变量名称	（1）	（2）	（3）	（4）	（5）	（6）	（7）	（8）
_cons	0.1980***	0.1611***	0.0389***	0.6429***	0.1977***	0.1626***	0.0389***	0.6482***
	(0.0148)	(0.0211)	(0.0151)	(0.0970)	(0.0148)	(0.0211)	(0.0151)	(0.0968)
Industry	Yes	Yes	Yes	Yes	Yes	Yes	Yes	Yes
Year	Yes	Yes	Yes	Yes	Yes	Yes	Yes	Yes
N	20214	20214	20214	20214	20214	20214	20214	20214
R^2	0.139	0.174	0.022	0.047	0.139	0.174	0.022	0.047

注：此表报告回归模型（11-1）、（11-2）、（11-3）和（11-4）的结果，将样本公司进入融资融券标的证券名单的时间分别前移 3 年和 4 年，重新进行检验。变量定义见表 11-1。括号内数字为 T 统计值，*** 、** 、* 分别表示在 1%、5%、10% 的统计水平上显著。

三、替换随机效应模型

本章进一步选择随机效应模型来替换原有模型进行稳健性检验。回归结果如表 11-12 所示，treat × post 的系数和前文的基准回归结果一致，说明本章的结果比较稳健。

表 11-12　敏感性分析：替换随机效应模型

变量名称	DA	DA	DD	DD	Opinion	Opinion	Restate	Restate
	（1）	（2）	（3）	（4）	（5）	（6）	（7）	（8）
treat	0.0013	0.0066***	-0.0040*	-0.0019	0.0001	0.0014	-0.0207*	-0.0077
	(0.0016)	(0.0016)	(0.0024)	(0.0025)	(0.0010)	(0.0010)	(0.0109)	(0.0113)
treat × post	-0.0106***	-0.0082***	-0.0142***	-0.0120***	0.0086***	0.0089***	-0.0238**	-0.0216*
	(0.0018)	(0.0018)	(0.0025)	(0.0026)	(0.0011)	(0.0011)	(0.0115)	(0.0117)
Size		-0.0028***		-0.0012		-0.0004		-0.0094**
		(0.0006)		(0.0010)		(0.0004)		(0.0045)
Lev		0.0191***		0.0261***		0.0068**		0.1424***
		(0.0041)		(0.0061)		(0.0026)		(0.0281)

续表

变量名称	DA (1)	DA (2)	DD (3)	DD (4)	Opinion (5)	Opinion (6)	Restate (7)	Restate (8)
ROE		0.0310***		0.0289***		-0.0022		-0.0381
		(0.0038)		(0.0055)		(0.0024)		(0.0249)
Cr		0.0005		0.0023***		0.0002		0.0031
		(0.0004)		(0.0005)		(0.0002)		(0.0024)
Cfo		-0.2249***		-0.0504***		-0.0122***		-0.2042***
		(0.0067)		(0.0096)		(0.0042)		(0.0438)
Soe		-0.0092***		-0.0131***		-0.0016*		-0.0437***
		(0.0014)		(0.0022)		(0.0009)		(0.0099)
Top1		0.0151***		0.0171***		0.0006		-0.0734***
		(0.0038)		(0.0058)		(0.0024)		(0.0267)
Dual		-0.0007		0.0002		0.0002		0.0066
		(0.0013)		(0.0019)		(0.0008)		(0.0086)
Rin		-0.0117		-0.0036		-0.0062		0.0273
		(0.0110)		(0.0164)		(0.0070)		(0.0752)
Mshare		0.0043		-0.0039		0.0061***		-0.0350
		(0.0034)		(0.0052)		(0.0022)		(0.0240)
Bsize		-0.0090***		-0.0157***		0.0013		0.0241
		(0.0032)		(0.0049)		(0.0021)		(0.0223)
Loss		0.0119***		0.0101***		0.0110***		0.0400***
		(0.0020)		(0.0029)		(0.0013)		(0.0132)
_cons	0.1045***	0.1820***	0.0793***	0.1252***	0.0227***	0.0258**	0.3869***	0.5052***
	(0.0079)	(0.0164)	(0.0113)	(0.0251)	(0.0047)	(0.0106)	(0.0522)	(0.1149)
Industry	Yes	Yes	Yes	Yes	Yes	Yes	Yes	Yes
Year	Yes	Yes	Yes	Yes	Yes	Yes	Yes	Yes
N	20214	20214	20214	20214	20214	20214	20214	20214

注：此表报告回归模型（11-1）、（11-2）、（11-3）和（11-4）的结果，采用随机效应模型重新进行检验。变量定义见表11-1。括号内数字为T统计值，*** 、** 、* 分别表示在1%、5%、10％的统计水平上显著。

第六节　本章小结

卖空机制作为证券市场的创新制度，不仅对市场和股价有着积极的影响，而且对微观层面的企业也发挥着公司治理的作用。本书上文从股票市场、上市公司会计信息、上市公司避税行为、杠杆操纵行为等维度进行探讨。本章考察一类重要的市场中介——审计师，分析卖空机制的震慑作用如何通过影响审计风险，进而影响审计师行为和审计质量。本章采用双重差分方法，实证分析得出以下结论：（1）卖空制度实施后，相比于非卖空标的企业，卖空标的企业的可操控性应计显著减少，上市公司盈余质量的提高，从一个侧面说明了审计质量的提高；（2）引入卖空机制后，进入卖空标的证券名单的公司，被出具非标准审计意见的可能性显著提高了，表明卖空机制可以加速潜在审计风险向实际审计风险的转化，促进审计师更加谨慎执业，更加严格把关，带来审计质量的提高；（3）卖空制度实施后，相比于非卖空标的企业，卖空标的企业的财务报表重述现象显著减少，从另外一个角度验证了审计质量的提高；（4）我们进一步区分企业产权性质、股权集中度以及企业规模的影响，发现在非国有企业、股权集中度较低的企业以及规模较大的企业中，卖空机制对于审计质量的提升作用更明显。这些结果丰富和拓展了卖空机制和审计治理的经济后果研究。

第十二章 卖空机制与企业内部控制

第一节 研究背景介绍

卖空机制的引入，给财务报告信息存在"瑕疵"的上市公司带来了震慑作用。无论是实务界还是学术界均表明，公司的财务报告质量是卖空投资者关注的重点，会计信息是他们选择目标公司的重要指标（Karpoff and Lou, 2010[56]；Fang et al., 2016[131]）。比如，在 2011 年，中国海外上市公司集体遭遇美国做空方的"狙击"。卖空投资者通过搜集上市公司的负面私有信息，并对投资者给出"强烈卖出"的建议。在 2006 年至 2011 年被做空的 23 家中国概念股中，7 家公司退市，1 家公司被停牌。在绝大多数情况下，上市公司的负面消息总是跟其会计信息密切相关。2014 年，卖空机构"格劳克斯研究集团"（Glaucus Research），成功揭秘港股"中金再生"财务造假而在资本界一战成名，但"中金再生"却遭遇了破产清算的最终结局。一桩桩做空案例让刚刚引入卖空机制的中国证券市场不寒而栗。

作为一项监督机制，企业的内部控制在降低信息不对称、缓解代理问题中起着至关重要的作用。2002 年 7 月，美国总统布什签署了《萨班斯—奥克斯利法案》（简称 SOX 法案）。在新闻发布会上，美国总统布什称该法案为"自罗斯福总统以来美国商业界影响最为深远的改革法案"。SOX 法案最为重要的影响在于，要求上市公司必须在年报中提供内部控制报告和内部控制评价报告，上市公司的管理层和外部审计师都需要对企业的内部控制系统做出评价。在中国，2008 年 6 月，财政部、证监会等五部委在北京联合发布《企业内部控制基本规范》，被誉为"中国版 SOX 法案"（C-SOX）。这表明企业内部控制已逐渐成为世界各国加强公司治理、改进投资者保护的重要手段。已有研究发现，加强内部控制建设能够规范上市公司的财务报告行为，提高会计信息质量（Doyle et al., 2007[236]; Ashbaugh-Skaife et al., 2008[237]; Cohen et al., 2008[90]; Qi et al., 2017[238]）。那么，卖空机制的引入，能否对我国上市公司带来约束，促使其提高内部控制质量，则是本章所要探讨的核心问题。

第二节　假设提出

卖空机制能够对上市公司内部控制质量产生积极的影响。现有研究表明，卖空投资者擅长对复杂信息进行加工，而会计信息则是他们关注的重点（Dechow et al., 2001[9]; Desai et al., 2006[37]）。卖空投资者能够通过上市公司的基本财务信息对"猎物"进行准确定位，并准确识别出股价被高估的目标公司（Karpoff and Lou, 2010[56]; Liu et al., 2015[239]; Massa et al., 2015[14]）。可见，公司的财务报告存在"瑕疵"会增加其被卖空的可能性。从上市公司的角度，卖空不仅带来股票价格的下跌，还可能会引发严厉的外部监管，增加公司的退市风险（Desai et al., 2002[15]）。因此，对于那些财务报告存在"瑕疵"的上市公司，股票被卖空的后果将更严重。内部控制，作为实现公司经营目标和战略发展规划的一系列制度安排，能够为财务报告的可靠性和合规性提供合理保证。已有研究表明，有效的内部控制能够提高财务报告的质量（Doyle et al., 2007[236]; Cohen et al., 2008[90]）。因此，卖空投资者对财务报告质量的关注可以促进公司管理层加强内部控制建设，降低公司股票被卖空的可能性。

另一方面，卖空交易的信号传递作用会加剧小股东的"用脚投票"行为，导致公司股票价格的进一步下跌，公司价值受到损害。对于拥有经营话语权的公司大股东来说，假定当其察觉到管理层潜在的不当行为会对公司造成负面影响时，他们可以在加强公司内部治理（提高监督）或者"退出"公司（即抛售公司股票）中做出选择。而卖空会导致股价下跌，从而增加大股东的"退出"成本，使得他们更有动机加强其内部治理，在事先采取措施降低公司出现负面消息的可能。而内部控制正是公司加强内部治理的有效手段之一。内部控制可以有效约束管理层的行为，缓解公司与投资者的信息不对称，提高公司信息披露的透明度（Skaife et al., 2013[240]）。因此，我们预期，卖空机制能够使得上市公司更有动机加强其内部控制建设，减少管理层不当行为和其他潜在负面信息出现的可能性。

综上分析，我们提出本章的第一个假设：

假设 1a：对比控制组公司，上市公司当其股票被允许卖空后，内部控制水平提高了。

另外一种竞争性的观点则认为，卖空投资者并不总是对目标公司很了解的，或者说他们的卖空交易并不总是基于公司的基本信息（Liu and Wu, 2014[241]）。相反的，卖空投资者可能仅仅利用散播谣言进而获利（Bommel, 2003[242]），或者是做空那些对投资者具有负面认知的上市公司。Ang et al. (2016) [243] 指出，中概股公司中的财务丑闻，使得没有舞弊的中国公司很难与存在舞弊的中国公司区分开来。在这种情况下，很可能大部分被做空的中概股公司成了投资者负面认知的牺牲者。而且，中国股票市场可能会加剧卖空投资者的投机行为。已有不少文献给出了中国股票市场投机性的证据（Chan et al., 2008[244]；Mei et al., 2009[245]）。此外，由于我国相对不透明的信息环境，市场的投资者，甚至是机构投资者，会表现出明显的羊群行为（Graham, 1999[246]）。因此，由于财务报告要求相对较低，对制度法规的执行相对宽松，以及信息获取的成本相对较高，投资者通常不太关注上市公司披露的会计信息以及其公司治理机制是否有效。基于上述的分析，我们可以预期，上市公司的基本财务信息或许不是中国的卖空投资者进行卖空交易的依据。因此，我们提出以下的假设：

假设 1b：对比控制组公司，上市公司当其股票被允许卖空后，内部控制水平不会显著提高。

在我国，近一半的上市公司都是国有控股公司，这些上市公司主要是由国有企业改制而来，这是我国资本市场的特殊制度安排。一直以来，我国的融资政策都向国有企业倾斜，融资难成为制约民营企业发展的重要因素。与民营企业相比，具有政府隐形担保的国有企业可以更容易从银行获得贷款（Chow et al., 2009[247]）。此外，在权益融资方面，国有企业依然会受到政府"照顾"（Aharony et al., 2000[248]；Fan et al., 2007[249]）。Aharony et al.（2000）[248] 发现中国的国有企业更容易获得权益融资，而民营企业的上市申请更不容易被批准。因此，民营企业一旦获得上市配额，其对股权融资渠道的重视远高于国有企业。股票市场上的价格波动影响着公司的未来融资成本。当卖空行为对股票价格造成不利影响时，有融资需求的上市公司很可能会推迟再融资计划①。当股价过低时，公司再融资筹得所需资金时会发行更多的股份，这样会稀释原有股东的股

---

① 根据我国《公司法》和《证券法》对上市公司再融资的规定，上市公司公开增发和非定向增发的发行价格不得低于定价基准日前二十个交易日公司股票均价的百分之九十。

权，因此，公司原有股东可能会放弃或推迟再融资计划。这对融资相对困难的民营企业来说，势必会给其经营活动造成一定的影响。因此，我们预期，与国有企业相比，卖空引发的股价下跌对民营企业的影响更大。

基于代理理论，部分国有企业常常由于其效率低下而备受指责，而其背后的原因通常被归结为对公司管理层的激励（以及监督）机制的缺失（Chen et al., 2017[250]）。与民营企业相比，国有企业有着不同的代理冲突，国有企业肩负着一系列的目标任务，比如协调区域发展、维持社会稳定、支持财政收入等方面（Liu et al., 2019[251]）。因此，不同于民营企业，国有企业管理层面临较低的市场压力，比如股票价格、产品市场等。相反，他们的考核评价更多围绕政治目标和社会目标展开（Chen et al., 2017[250]）。因此，对于国有企业，由于其实际控制人的缺位、多样化的经营目标和政府的隐形担保，对股票市场的关注度和对公司治理的需求度均弱于民营企业（Jiang et al., 2020[252]）。鉴于此，我们预期卖空机制的引入对公司内部控制的影响在非国有企业中更加显著。综上分析，我们提出本章的第二个假设：

假设2：对于非国有上市公司，卖空机制能够促进公司内部控制水平的提高；对于国有上市公司，卖空机制对内部控制的促进作用并不明显。

相对于内部治理，独立的外部审计也是现代公司一项重要的制度安排。国内外研究均表明，外部审计具有公司治理效应，高质量的外部审计可以减轻代理问题，缓解公司和投资者之间的信息不对称（Choi and Wong, 2007[212]）。内部治理机制和外部治理机制二者可能是替代关系（Giroud and Mueller, 2010[253]；Tian and Twite, 2011[254]），也可能是互补关系（Hay et al., 2008[255]；Beisland et al., 2015[256]）

一方面，作为内部和外部的治理机制，内部控制与外部审计在降低公司代理成本和提高会计信息质量方面存在着替代效应（Patterson and Smith, 2007[257]；Munsif et al., 2011[258]），即当一种治理机制无法发挥有效作用时，公司加强另外一种治理机制的动机就会变得更加强烈。当外部治理较弱时，公司会更有动机增强内部治理，如管理层的薪酬业绩敏感度（Xu et al., 2020[259]），或者是董事会成员的声誉问题（Levit and Malenko, 2016[260]）。与上述研究观点相一致，我们预期引入卖空机制后，当上市公司的外部审计质量较低时，公司会有更强烈的动力改进其内部控制系统，而反过来也成立。

另一方面，内部治理和外部审计也可能表现出互补效应。根据 Gillan et al.

(2011)[261] 的研究，如果各项公司治理机制的成本收益是类似的，那么各项治理机制更可能是相互补充的。而内部控制和外部审计在降低代理成本、缓解信息不对称中均发挥着重要的作用（Gordon and Wilford, 2012[262]；Wu and Tuttle, 2014[263]）。也就是说，二者为上市公司带来的潜在好处是很接近的，从而可能表现出互补效应。此外，现有研究也发现高质量的外部审计往往伴随着得到改善的内部控制，表现为披露更多的内部控制缺陷，进而在后续阶段得到纠正和改进（Ashbaugh-Skaife et al., 2007[264]；Doyle et al., 2007[265]）。基于上述理论，我们可以预期，当上市公司有高质量的外部审计时，由于卖空机制带来的内部控制水平提高的幅度也会更大。

会计师事务所规模通常被认为是审计质量的最佳替代变量（DeAngelo, 1981[266]）。相比小事务所，大事务所的独立性和专业性可能更胜一筹，所以往往被认为有较高的审计质量。因此，我们用会计师事务所规模衡量审计质量，提出以下的竞争性假说：

假设 3a：对于"四大"审计的上市公司，卖空机制能够促进公司内部控制水平的提高；对于"非四大"审计的上市公司，卖空机制对内部控制的促进作用并不明显。

假设 3b：对于"非四大"审计的上市公司，卖空机制能够促进公司内部控制水平的提高；对于"四大"审计的上市公司，卖空机制对内部控制的促进作用并不明显。

第三节　研究设计

一、样本选择与数据来源

2010 年 3 月，我国融资融券交易试点正式启动，首批 90 家上市公司进入融资融券标的证券名单。进入该名单，意味着上市公司的股票在未来交易期间允许被投资者卖空。而后，经过几次标的证券的调整（见表 12-1 的 Panel A）①，截至 2012 年 12 月 31 日，融资融券公司共有 278 家。我们采用双重差分方法进行检验（Chen et al., 2018[200]）。我们为每一家融资融券标的公司选取一个配对公司作为控制组。配对公司按照以下方法选取：1. 公司所处行业与样本公司相

---

① 融资融券标的证券各批次名单，来自沪深交易所网站。

同[1]；2. 公司规模与样本公司之差的绝对值不超过样本公司规模的 20%；3. 公司内部控制质量（IC_index）与样本公司最为接近；4. 事件前后均有数据。由于关键变量公司内部控制质量（IC_index）的可比性，本章以 2008 年至 2012 年作为检验期间[2]。

表 12-1 的 Panel B 报告了样本的筛选过程。我们的初始样本为 2012 年 12 月 31 日的 278 家融资融券标的证券公司，剔除了变量缺失和配对样本缺失的公司，本章研究的样本公司为 215 家。

表 12-1 的 Panel C 展示了样本公司的行业分布情况，超过 52% 的样本公司属于制造业[3]，14.42% 的样本公司来自房地产行业，还有 6.51% 的样本公司来自采掘业。

表 12-1 样本筛选过程及样本行业分布

Panel A: 融资融券各批公司数量				
日期		融资融券公司数量	新增	剔除
2010/3/31		90	90	0
2010/7/1		90	5	5
2010/7/29		90	1	1
2011/12/5		278	189	1
Panel B: 样本选择				
2012 年 12 月 31 日融资融券公司				278
减去：	曾经被剔除出融资融券名单的公司	(4)		
	金融行业的公司	(34)		
	变量缺失的公司	(6)		
	配对样本缺失的公司	(19)		
融资融券公司				215
Panel C: 行业分布				

---

① 行业分类依据中国证监会发布的《上市公司行业分类指引》。
② 公司内部控制质量（IC_index）为迪博公司发布的内部控制自我评价指数。在 2013 年，迪博公司对该指数改进了指标体系，加入了一些"负指标"，比如财务报告重述、非标审计意见等。因而，2013 年以后的内部控制自我评价指数为"正指标"的总分扣除"负指标"的总分。
③ 对于稳健性检验，我们参考现有文献，将制造业按照二级分类，其他行业按照一级分类。

续表

Panel B: 样本选择		
行业分类	数量	比例
农、林、牧、渔业	2	0.93
采掘业	14	6.51
制造业	113	52.56
电力、煤气及水的生产和供应业	7	3.26
建筑业	7	3.26
交通运输、仓储业	7	3.26
信息技术业	8	3.72
批发和零售贸易	6	2.79
房地产业	31	14.42
社会服务业	5	2.33
传播与文化产业	3	1.40
综合类	12	5.58
合计	215	100

二、实证模型

本章主要研究卖空机制对公司内部控制的影响，我们采用双重差分模型（DID），更好地控制同时期共同影响因素的作用。我们对比上市公司加入融资融券标的证券名单前后，公司内部控制水平发生的变化。上市公司进入融资融券标的证券名单的当年，我们定义为事件期的第 0 年。在主检验中，我们对事件年度当年予以保留，并定义为加入名单后的样本（POST = 1）[①]。我们进行以下回归检验卖空机制对公司内部控制质量的影响：

$$IC\_index_{i,t} = \alpha + \beta_1 LIST_i + \beta_2 POST_{i,t} + \beta_3 POST_{i,t} \times LIST_i + \sum Control + \sum matched\ pair + e_{i,t}$$
(12–1)

其中，IC_index 为迪博公司发布的内部控制自我评价指数。该指数被很多的中国学者研究所采用（Li et al., 2019[267]；Wang et al., 2018[268]）。依据我国内部控制基本规范，该指数将内部控制的五个要素（内部环境、风险评估、控制

---

① 在稳健性检验中，我们剔除了事件年度当年的数据。

活动、信息与沟通和内部监督）进一步细分为 63 个二级指标。如果公司当年披露某个指标，则取值为 1，否则为 0。最终将所有指标加总即得 IC_index。该指标越高，表明公司的内部控制水平越高[①]。各变量的具体定义见表 12–2。模型（12–1）中的主要测试变量是交互项 POST×LIST，其系数用 β_3 表示，股票被允许卖空的上市公司内部控制水平发生的变化，与控制组公司的变化之间的差异。其系数 β_3 为正（负）则表示，融资融券公司在成为标的证券后内部控制水平提高了（降低了），对比控制组公司的内部控制水平的变化。

表 12–2 变量定义

	变量名称	具体定义
因变量	IC_index	公司内部控制水平，本章以迪博公司发布的内部控制自我评价指数衡量
	IC_a	内部环境，内部控制五要素之一
	IC_b	风险评估，内部控制五要素之一
	IC_c	控制活动，内部控制五要素之一
	IC_d	信息与沟通，内部控制五要素之一
	IC_e	内部监督，内部控制五要素之一
主要变量	LIST	融资融券名单，虚拟变量，融资融券标的公司，该变量为1，否则为0
	POST	融资融券时点，虚拟变量，公司进入融资融券名单之后的年度，该变量为1，之前年度为0
	SOE	实际控制人性质，虚拟变量，若公司实际控制人为国有，则该变量为1，否则为0
	BIG4	审计师规模，虚拟变量，若公司的审计师为"四大"会计师事务所，则该变量为1，否则为0
控制变量	SIZE	公司规模＝log（总资产）
	MTB	市价账面比＝所有者权益的市场价值/净资产
	LEV	资产负债率＝负债/总资产
	ROA	盈利能力＝营业利润/上年总资产

[①] 本章采用的内部控制自我评价指数是由迪博公司研究发布的。从 2008 年开始，迪博公司每年均会发布《中国上市公司内部控制白皮书》，刊登于《中国证券报》。该指数被广泛应用于中国的内部控制研究。

变量名称	具体定义
DUALITY	两职合一，虚拟变量，若公司的董事长兼任总经理，则该变量为1，否则为0
AGE	上市年限

若假设1成立，模型（12-1）中 β₃ 应该显著为正。为了检验假设2，我们把公司按照股权性质（SOE）进行分组。若假设2成立，则模型（12-1）中POST×LIST的系数 β3 在非国有企业中（SOE = 0）应当显著为正，而在国有企业（SOE = 1）中并不显著。同样的，我们参照现有文献，以公司是否雇佣"四大"会计师事务所衡量审计质量并进行分组。若假设3a（假设3b）成立，则模型（12-1）中POST×LIST的系数 β₃ 在"四大"组（非"四大"组）样本中应当显著为正，而在非"四大"组（"四大"组）样本中并不显著。

参照现有研究，我们控制了其他可能影响公司内部控制的因素，包括：公司规模（SIZE）、市价账面比（MTB）、资产负债率（LEV）、盈利能力（ROA）、董事长总经理两职合一（DUALITY）、上市年限（AGE）。参照 Cram et al. (2009)[269]，我们控制了配对样本的固定效应。为了控制潜在的自相关问题，我们在所有回归中对标准误进行公司维度的 cluster 处理。本章数据来源于 CSMAR 国泰安数据库。为控制极端值的影响，我们对所有连续变量按照1%的标准进行 winsorize 处理。

三、变量描述性统计

表12-3是变量的描述性统计分析。对回归检验所用到的主要变量，分别报告了其样本量、均值、标准差、第一四分位数、中位数、第三四分位数等统计量。Panel A 为融资融券标的公司的描述性统计结果，而 Panel B 为控制组公司的结果。内部控制自我评价指数（IC_index）是63个二级指标之和，其均值低于25（IC_index 均值为24.583），表明我国上市公司的整体内部控制水平并不高；其标准差接近10（IC_index 标准差为9.817），表明内部控制水平在公司间存在较大的差异。而且，标的公司与控制组公司在一些公司特征方面存在着差异。总体上，标的公司表现出更高的内部控制水平，更可能是国企请"四大"

担任其审计师，而且公司规模更大，财务状况也更好 ①。

表 12-3 描述性统计分析

变量名称	样本量	均值	标准差	Q1	中位数	Q3
Panel A: 卖空标的公司						
IC_index	1013	24.583	9.817	17.000	24.000	31.000
SOE	1013	0.740	0.439	0.000	1.000	1.000
BIG4	1013	0.179	0.383	0.000	0.000	0.000
SIZE	1013	23.436	1.124	22.628	23.326	24.187
MTB	1013	2.772	2.531	1.207	1.991	3.446
LEV	1013	0.195	0.145	0.069	0.183	0.287
ROA	1013	0.065	0.065	0.026	0.052	0.092
DUALITY	1013	0.127	0.334	0.000	0.000	0.000
AGE	1013	12.258	4.645	9.000	13.000	16.000
Panel B: 控制组公司						
IC_index	1009	24.167	9.595	17.000	24.000	31.000
SOE	1009	0.583	0.493	0.000	1.000	1.000
BIG4	1009	0.049	0.215	0.000	0.000	0.000
SIZE	1009	21.520	1.067	20.816	21.579	22.189
MTB	1009	3.246	3.205	1.360	2.256	3.844
LEV	1009	0.184	0.144	0.057	0.173	0.290
ROA	1009	0.035	0.064	0.006	0.029	0.065
DUALITY	1009	0.195	0.397	0.000	0.000	0.000
AGE	1009	12.433	4.860	10.000	13.000	16.000

注：此表报告主要变量的描述性统计。变量定义见表 12-2。

---

① 虽然我们选取了公司规模和内部控制水平作为配对标准，标的公司和控制组公司仍存在着差异。在稳健性检验中，我们采用倾向得分匹配法选取配对样本，对更多的公司特征进行控制。

第四节　实证结果

一、单变量检验

卖空机制影响公司内部控制水平的单变量检验结果见表 12-4。对于标的公司和配对公司，我们分别计算出其在事件前后内部控制水平（IC_index）的平均值，以及其平均值在不同期间和不同公司组之间的差异，同时对差异进行 t 检验。表 12-4 结果表明，在加入卖空名单之前，标的公司的内部控制水平（IC_index）的均值为 21.083，配对公司为 21.516，二者的差异是不显著的（p 值 = 0.433）。在加入名单之后，标的公司内部控制水平的提高是显著的（difference = 7.528，p 值 = 0.000），配对公司内部控制水平的提高同样也是显著的（difference = 5.739，p 值 = 0.000）。但是，标的公司内部控制水平的提高要明显高于配对公司的提高程度，二者的差异在 5% 的水平上显著（difference-in-difference = 1.789，p 值 = 0.028）。单变量检验的结果说明，近年来我国上市公司的内部控制水平确实提高了，而且对于融资融券标的公司，其内部控制水平的提高更加明显，初步印证了我们的假设 1a。

表 12-4　单变量检验

	进入标的名单之前 (a)	进入标的名单之后 (b)	(b) − (a)	p-value
标的公司 (T)	21.083	28.611	7.528	0.000***
配对公司 (C)	21.516	27.255	5.739	0.000***
(T) − (C)	-0.433	1.356	1.789	0.028**
p-value	0.433	0.024**	0.028**	

注：此表报告单变量检验的结果。变量定义见表 12-2。***、**、* 分别表示在 1%、5%、10% 的统计水平上显著。

二、多元回归分析

（一）卖空机制与企业内部控制水平

表 12-5 报告了卖空机制对公司内部控制的影响结果。与单变量检验的结果一致，主要变量 POST×LIST 的系数显著为正（1.870，t = 2.36）。该结果表明，与控

制组公司相比，股票被允许卖空的上市公司，其内部控制水平显著提高了。本章的假设 1a 得到支持。此外，控制变量中，市价账面比（MTB）和上市年限（AGE）与内部控制质量显著负相关，这也与现有文献相一致（Doyle et al., 2007[265]）。

表 12-5　卖空机制与公司内部控制水平

变量名称	IC_index
POST	5.956***
	(10.41)
LIST	-0.666
	(-1.27)
POST × LIST	1.870**
	(2.36)
SIZE	0.047
	(0.22)
MTB	-0.127*
	(-1.77)
LEV	-2.038
	(-1.34)
ROA	0.538
	(0.16)
BIG4	-0.304
	(-0.40)
DUALITY	0.042
	(0.08)
AGE	-0.173***
	(-4.62)
Matched pair	控制
Adj.R^2	0.358
观测值	2,022

注：此表报告回归模型（12-1）的结果。变量定义见表12-2。括号内数字为 T 统计值，***、**、* 分别表示在 1%、5%、10% 的统计水平上显著。

（二）企业股权性质的影响

根据公司股权性质的不同，我们分别检验了国有企业（SOE＝1）和非国有企业（SOE＝0）中卖空机制对内部控制的影响。结果列示在表12-6中。回归结果显示，在国有企业的分组中，主要变量 POST×LIST 的系数为正，但并不显著（0.693，t＝0.69），而在非国有企业的分组中，POST×LIST 的系数显著为正（3.208，t＝2.03）。可见，卖空机制对公司内部控制的促进作用只有在非国有企业中显著。而国有企业在进入卖空证券名单后，其内部控制水平并不会有显著提高，与假设2的预期相符。

表 12-6　卖空机制与公司内部控制水平：股权性质的影响

变量名称	SOE＝1 （1）	SOE＝0 （2）
POST	6.812***	5.696***
	(9.23)	(5.60)
LIST	0.404	-0.059
	(0.50)	(-0.05)
POST×LIST	0.693	3.208**
	(0.69)	(2.03)
SIZE	-0.464	0.048
	(-1.21)	(0.11)
MTB	-0.193*	-0.108
	(-1.80)	(-0.74)
LEV	-1.954	-3.523
	(-0.85)	(-0.80)
ROA	-4.738	7.096
	(-0.96)	(0.77)
BIG4	-0.255	-0.466
	(-0.24)	(-0.26)

续表

变量名称	SOE = 1 （1）	SOE = 0 （2）
DUALITY	-0.613	0.233
	(-0.56)	(0.25)
AGE	-0.112*	-0.354***
	(-1.71)	(-3.47)
Matched pair	控制	控制
Adj.R^2	0.342	0.379
观测值	1,338	684

注：此表报告回归模型（12-1）的结果。公司按照股权性质（SOE）进行分组。变量定义见表12-2。括号内数字为 T 统计值，***、**、* 分别表示在 1%、5%、10% 的统计水平上显著。

（三）外部审计的影响

根据会计师事务所规模的不同，我们分别检验了"四大"（big4 = 1）和非四大（big4 = 0）客户公司组中卖空机制对内部控制的影响，结果列示在表12-7 中。回归结果显示，在"四大"审计公司组中，主要变量 POST×LIST 的系数为正，但并不显著（0.663，t = 0.34）；而在"非四大"审计公司组中，POST×LIST 的系数显著为正（2.148，t = 2.49）。可见，卖空机制对公司内部控制的促进作用只有在"非四大"审计样本组中显著。该结果说明，内部控制与外部审计在公司治理方面存在一定的替代效应，在审计质量较低的环境下，卖空机制促进公司加强内部控制的动机更强，支持假设 3b 的观点。

表 12-7　卖空机制与公司内部控制水平：外部审计的影响

变量名称	BIG4 = 1 （1）	BIG4 = 0 （2）
POST	6.222***	5.937***
	(4.34)	(9.61)
LIST	0.129	-0.788

续表

变量名称	BIG4 = 1 （1）	BIG4 = 0 （2）
	(0.07)	(-1.46)
POST × LIST	0.663	2.148**
	(0.34)	(2.49)
SIZE	0.148	-0.038
	(0.24)	(-0.18)
MTB	0.040	-0.159**
	(0.23)	(-2.08)
LEV	-0.773	-1.806
	(-0.20)	(-1.09)
ROA	-17.377**	4.335
	(-2.10)	(1.18)
DUALITY	-1.189	0.225
	(-0.70)	(0.46)
AGE	-0.210**	-0.166***
	(-2.31)	(-4.10)
Matched pair	控制	控制
Adj.R²	0.344	0.362
观测值	417	1,605

注：此表报告回归模型（12–1）的结果。公司按照审计师规模（BIG4）进行分组。变量定义见表 12–2。括号内数字为 T 统计值，*** 、** 、* 分别表示在 1%、5%、10% 的统计水平上显著。

第五节 敏感性分析

在敏感性测试中，我们进行了如下检验：

1. 平行趋势假定是运用双重差分法的重要前提。我们采用伪事件测试，对平行趋势假定进行检验。我们选择真实事件年度的前 T 年作为伪事件年度，对比上市公司在伪事件年度前后的内部控制水平的变化。基于数据的可获得性，我们以 T=1 和 T=2，重复该测试。表 12–8 的 Panel A 报告了 T=1 的结果，T=2 的结果则显示在表 12–8 的 Panel B 中。我们并没有样本公司在伪事件前后表现出内部控制水平的显著变化。因此，真实事件年度前后内部控制水平的变化并非由于不满足平行趋势假定造成的。

表 12–8　平行趋势测试

Use year T before the actual year0 as the pseudo year0					
	全样本 (1)	SOE = 1 (2)	SOE = 0 (3)	BIG4 = 1 (4)	BIG4 = 0 (5)
Panel A: T = 1					
POST × LIST	0.899	-0.029	1.499	-0.109	1.025
	(1.07)	(-0.03)	(1.01)	(-0.05)	(1.10)
Control variables	Included	Included	Included	Included	Included
Matched pair indicators	Included	Included	Included	Included	Included
Adj. R^2	0.271	0.246	0.330	0.219	0.285
N	1,866	1,202	664	368	1,498
Panel B: T = 2					
POST × LIST	0.463	0.408	-0.418	-1.702	0.638
	(0.46)	(0.31)	(-0.24)	(-0.49)	(0.63)
Control variables	Included	Included	Included	Included	Included
Matched pair indicators	Included	Included	Included	Included	Included
Adj. R^2	0.244	0.257	0.293	0.198	0.266
N	1,145	716	429	171	974

注：此表报告伪事件检验的结果。变量定义见表 12–2。括号内数字为 T 统计值，***、**、* 分别表示在 1%、5%、10 % 的统计水平上显著。

2. 借鉴 Cram et al. (2009)[269]，我们在主检验中控制了配对样本的固定效应。在稳健性检验中，我们在回归模型中控制年度固定效应和行业固定效应。参照 Bertrand and Mullainathan (2003)[84]，我们还同时控制了公司固定效应和年度固定效应。

3. 在主检验中，我们保留了事件年度当年的数据，并定义为加入标的名单之后的样本（POST=1）。在稳健性检验中，我们删除了事件年度当年数据。

4. 在变量描述性统计中，我们发现超过 52% 的样本公司属于制造业（见表 12–1）。在稳健性检验中，我们参考文献的做法，将制造业按照二级分类，其他行业仍按照一级分类。

5. 在上文的检验中，我们按照行业、公司规模和公司内部控制水平为标的公司选取配对公司。我们采用非配对的方法，把所有没有进入融资融券标的名单上市公司作为控制组公司进行敏感性分析。

6. 为了控制影响本章结果的更多因素，我们还采用倾向得分匹配法进行配对样本的筛选。预测模型包含三方面的变量：（1）可能影响上市公司加入融资融券标的名单的因素，比如公司规模、股票换手率、股价波动性、上市年龄等[①]；（2）可能影响公司内部控制水平的因素，即本章主检验回归模型中的控制变量；（3）上市公司的内部控制水平。上述变量均为进入标的名单之前的滞后一期数据。对于每一家标的公司，我们从非标的公司中选取了相同行业，并且把倾向得分最接近的公司作为其配对样本。

表 12–9 敏感性分析

	Whole sample (1)	SOE = 1 (2)	SOE = 0 (3)	BIG4 = 1 (4)	BIG4 = 0 (5)
Panel A: 控制年度固定效应和行业固定效应					
POST × LIST	1.802**	1.031	2.829**	1.259	1.898**
	(2.36)	(1.12)	(1.99)	(0.66)	(2.29)
Panel B: 控制年度固定效应和公司固定效应					
POST × LIST	1.703**	0.642	2.596	0.535	1.988**
	(2.02)	(0.61)	(1.58)	(0.26)	(2.18)
Panel C: 删除事件年度当年数据					
POST × LIST	1.862**	-0.063	4.403**	-0.497	2.495**
	(1.98)	(-0.05)	(2.32)	(-0.22)	(2.44)

---

① 按照深沪证券交易所的选择标准。

续表

	Whole sample (1)	SOE = 1 (2)	SOE = 0 (3)	BIG4 = 1 (4)	BIG4 = 0 (5)
Panel D: 制造业公司按照行业二级代码分类					
POST × LIST	1.579**	0.777	2.169	-0.257	2.040**
	(2.02)	(0.77)	(1.47)	(-0.14)	(2.37)
Panel E: 采用非配对方法（用其他没有进入融资融券名单的非金融类上市公司作为控制组）					
POST × LIST	1.034*	0.082	2.825**	1.435	1.004*
	(1.84)	(0.12)	(2.55)	(0.84)	(1.65)
Panel F: 采用倾向得分匹配法					
POST × LIST	0.873	-0.294	3.387**	-1.686	1.564*
	(1.11)	(-0.31)	(2.22)	(-0.94)	(1.79)

注：此表报告回归模型（12–1）中主要变量 POST × LIST 的结果。变量定义见表 12–2。括号内数字为 T 统计值，*** 、** 、* 分别表示在 1%、5%、10％ 的统计水平上显著。

表 12-9 报告了上述敏感性检验中主要变量 POST×LIST 的结果，其中，列（1）为假设 1 的全样本检验，列（2）和列（3）为假设 2 的分组检验，列（4）和列（5）为假设 3 的分组检验。从中可以看出，在列（1）的全样本检验中，POST×LIST 的系数均是显著为正的，支持假设 1a；而且，卖空机制对内部控制的促进作用主要集中在非国有企业［列（3）］和"非四大"审计［列（5）］的公司组中，支持假设 2 和假设 3b。因此，本章的研究结论是比较稳健的。

第六节　进一步分析

一、替代性解释：我国《企业内部控制基本规范》实施的影响

本章可能的替代性解释是由于近年来我国上市公司内部控制水平的提升，也就是说，可能是由于我国《企业内部控制基本规范》（C-SOX）的实施，而非卖空机制的震慑作用带来的内部控制质量的提高。为了排除这种可能性，我们对相关的制度背景做一分析。

在 C-SOX 开始实施的前面几年，并没有相关的配套指引或具体规则，因而

上市公司管理层对内部控制的披露具有较大的随意性。这种情况在 2010 年得到了改善。2010 年，我国颁布了一系列的内部控制指引，包括应用指引、评价指引和审计指引。这些指引对企业内部控制的设计、实施、评价、审计等环节做了详细具体的规定。在 2011 年，68 家境内外上市公司和 214 家自愿的试点企业成为首批强制执行 C-SOX 的公司。

C-SOX 的实施背景为我们提供了一个很好的机会，检验我们观察到的内部控制水平的提高是否由于 C-SOX 实施所致。具体的，我们将样本公司按照是否强制执行 C-SOX 分为两类（C-SOX=1 和 C-SOX=0）。C-SOX 为 1 代表 2011 年上市公司强制执行 C-SOX，否则为 0。分组检验的结果见表 12–10。我们发现，内部控制水平的提高仅存在于非强制执行 C-SOX 的公司组，因而这种替代性解释可以排除。

表 12–10　替代性解释：C–SOX 实施的影响

变量名称	C-SOX = 1 (1)	C-SOX = 0 (2)
POST	5.030***	6.378***
	(4.99)	(9.31)
LIST	-0.884	-0.763
	(-0.81)	(-1.27)
POST × LIST	0.728	2.362**
	(0.49)	(2.56)
SIZE	0.216	-0.012
	(0.51)	(-0.05)
MTB	-0.230	-0.093
	(-1.38)	(-1.27)
LEV	-1.296	-1.975
	(-0.41)	(-1.12)
ROA	1.505	0.301
	(0.22)	(0.08)
BIG4	0.748	-1.243
	(0.71)	(-1.30)

续表

变量名称	C-SOX = 1 (1)	C-SOX = 0 (2)
DUALITY	-0.411	0.086
	(-0.33)	(0.18)
AGE	-0.097	-0.213***
	(-1.34)	(-4.91)
Matched pair indicators	Included	Included
Adj. R²	0.317	0.373
N	638	1,384

注：此表报告回归模型（12–1）的结果。公司按照执行 C-SOX 的时间进行分组。变量定义见表 12–2。括号内数字为 T 统计值，***、**、* 分别表示在 1%、5%、10%的统计水平上显著。

二、替代性解释：上市公司盈余管理行为的影响

现有的国内外文献均表明，卖空机制能够约束公司的盈余管理行为（陈晖丽和刘峰，2014a[64]；Fang et al., 2016[13]）。同时，作为一项重要的内部公司治理机制，内部控制能够起到减少盈余管理的作用（Ashbaugh-Skaife et al., 2008[237]；Cohen et al., 2008[90]）。因此，很可能内部控制是卖空机制影响盈余管理的途径之一。假定卖空机制的主要效应是降低盈余管理，那么管理层可能通过提高内部控制水平，进而降低盈余管理程度，从而减少上市公司的股票被卖空的概率。为了检验该替代性解释，我们采用两种方法：第一，在回归模型中控制盈余管理水平。如果卖空机制的主效应是影响盈余管理，那么当我们控制了盈余管理水平之后，卖空机制与内部控制之间的正相关关系将不存在；第二，我们将样本公司按照其盈余管理水平进行分组，如果企业提高内部控制是为了降低盈余管理水平，我们将预期盈余管理程度高的上市公司，卖空机制的引入更能够提高其内部控制水平。

我们采用修正的 Jones 模型计算出超常应计额绝对值，对企业盈余管理程度进行衡量（Jones, 1991[87]；Kothari et al., 2005[88]）。表 12–11 和表 12–12 报告

了上述两种方法的检验结果。我们发现控制了盈余管理水平之后，卖空机制与内部控制的正相关关系依然存在。这些结果与我国实施 C-SOX 的影响相一致，表明了内部控制不仅仅作用于财务报告质量，对非财务指标同样有重要的影响。

表 12-11　替代性解释：盈余管理的影响

变量名称	IC_index
POST	5.838***
	(9.89)
LIST	-0.795
	(-1.45)
POST × LIST	1.705**
	(2.06)
SIZE	0.068
	(0.29)
MTB	-0.115
	(-1.55)
LEV	-1.609
	(-0.97)
ROA	2.060
	(0.56)
BIG4	0.071
	(0.08)
DUALITY	0.168
	(0.31)
AGE	-0.098**
	(-1.97)
EM	-5.459**
	(-2.38)
Matched pair indicators	Included

续表

变量名称	IC_index
Adj. R^2	0.353
N	1,881

注：此表报告回归模型（12–1）中加入滞后一期的盈余管理指标（EM）作为控制变量的结果。变量定义见表12–2。括号内数字为 T 统计值，*** 、** 、* 分别表示在1%、5%、10％的统计水平上显著。

表 12–12　替代性解释：盈余管理的影响（分组检验）

变量名称	High_EM = 1 (1)	High_EM = 0 (2)
POST	6.128***	5.766***
	(6.72)	(7.98)
LIST	-0.600	-0.996
	(-0.78)	(-1.29)
POST × LIST	1.674	2.055*
	(1.39)	(1.95)
SIZE	0.015	0.155
	(0.05)	(0.47)
MTB	-0.158*	-0.127
	(-1.75)	(-1.13)
LEV	-3.379	-1.159
	(-1.63)	(-0.53)
ROA	1.258	-0.146
	(0.27)	(-0.03)
BIG4	-1.109	0.339
	(-1.06)	(0.31)
DUALITY	0.655	-0.510
	(0.81)	(-0.78)
AGE	-0.180***	-0.161***

续表

变量名称	High_EM = 1 (1)	High_EM = 0 (2)
	(-3.05)	(-3.33)
Matched pair indicators	Included	Included
Adj. R^2	0.364	0.348
N	965	1,057

注：此表报告回归模型（12–1）的结果。样本公司按照进入卖空标的名单前的盈余管理水平（EM）进行分组。变量定义见表 12–2。括号内数字为 T 统计值，***、**、* 分别表示在 1%、5%、10% 的统计水平上显著。

三、进一步检验：内部控制五要素的影响

依据我国内部控制基本规范，有效的内部控制应当包括以下五个要素：内部环境、风险评估、控制活动、信息与沟通和内部监督。其中，内部环境，是企业内部控制建立与执行各种内部因素的总称，是企业实施内部控制的基础。内部环境主要包括组织机构设置、权责分配与授权、企业文化、人力资源政策、反舞弊机制、诚信与道德价值观以及管理哲学与经营风格等。内部环境影响企业纪律与组织架构，塑造企业文化，并影响企业管理层和员工的控制意识，决定着企业的整体基调，是内部控制其他要素的基石。风险评估，是识别、分析和辨认影响企业实现内部控制目标时可能发生的风险和不确定性因素。控制活动，是指有助于管理层决策顺利实施的政策和程序，包括授权、资产保护、职责分工、复核营业绩效等。信息与沟通，是指针对企业经营过程中各种内部与外部信息，应及时获取并进行有效沟通。内部监督，则是评估控制的设计与运作情况的过程。

针对内部控制五要素，本章进一步检验了卖空机制的影响效果。表 12–13 中的五列结果分别代表卖空机制对公司内部环境（IC_a）、风险评估（IC_b）、控制活动（IC_c）、信息与沟通（IC_d）和内部监督（IC_e）的影响。结果发现，只有在内部环境（IC_a）和内部监督（IC_e）中，POST×LIST 的系数显著为正，即卖空机制促进了公司对内部环境与内部监督活动的改善，但对内部控制

的其他要素活动的影响并不显著。内部环境反映了公司管理层对内部控制的态度和基调，而内部监督代表着管理层对内部控制设计和运行的实时监控，卖空机制对两者的改进作用也进一步表明，融资融券的推出坚定了管理层对内部控制的态度，增强了其加强公司治理的动机，同时有效提高了其对内部控制的实际监督行为。

表 12-13　进一步测试：内部控制五要素的影响

变量名称	IC_a（1）	IC_b（2）	IC_c（3）	IC_d（4）	IC_e（5）
POST	2.543***	0.750***	0.763***	0.514***	0.588***
	(11.30)	(6.33)	(4.28)	(6.01)	(4.17)
LIST	-0.737***	0.095	0.144	-0.156*	-0.555***
	(-3.46)	(0.82)	(0.85)	(-1.76)	(-3.38)
POST×LIST	0.569*	0.209	0.190	0.135	0.692***
	(1.81)	(1.21)	(0.80)	(1.13)	(3.70)
SIZE	0.342***	0.075	-0.116	0.052	0.017
	(3.94)	(1.42)	(-1.60)	(1.47)	(0.27)
MTB	0.045	0.027	-0.019	0.013	0.003
	(1.59)	(1.52)	(-0.85)	(1.25)	(0.16)
LEV	-2.173***	-0.265	0.553	-0.532**	-0.294
	(-3.59)	(-0.82)	(1.19)	(-2.33)	(-0.80)
ROA	0.665	1.060	-0.350	0.275	1.234
	(0.52)	(1.36)	(-0.33)	(0.58)	(1.56)
BIG4	-0.267	0.184	-0.254	-0.050	0.244
	(-0.89)	(1.16)	(-1.03)	(-0.41)	(1.48)
DUALITY	0.158	-0.016	-0.117	0.083	-0.008
	(0.77)	(-0.15)	(-0.74)	(0.87)	(-0.06)
AGE	-0.042**	-0.009	-0.070***	-0.013*	-0.014
	(-2.46)	(-0.89)	(-4.96)	(-1.81)	(-1.29)
Matched pair	控制	控制	控制	控制	控制

续表

变量名称	IC_a（1）	IC_b（2）	IC_c（3）	IC_d（4）	IC_e（5）
Adj.R²	0.366	0.195	0.237	0.244	0.186
观测值	2,022	2,022	2,022	2,022	2,022

注：此表报告回归模型（12–1）的结果。因变量分别为内部环境（IC_a）、风险评估（IC_b）、控制活动（IC_c）、信息与沟通（IC_d）和内部监督（IC_e）。变量定义见表12–2。括号内数字为T统计值，***、**、*分别表示在1%、5%、10％的统计水平上显著。

第七节　本章小结

本章以近年来我国股市融资融券交易试点为背景，研究卖空机制对上市公司内部控制的影响。采用双重差分模型，我们发现：（1）对比其他控制组公司，上市公司当其股票被允许卖空后，内部控制水平显著提高。（2）对于非国有上市公司，卖空机制对内部控制有显著的促进作用，但是对于国有上市公司，上述作用并不明显。（3）卖空机制对内部控制的影响也会因外部审计环境的差异而有所不同。当上市公司为"非四大"审计时，卖空机制对内部控制的促进作用才能发挥。（4）进一步分析内部控制的五大要素，我们发现，内部环境和内部监督有最显著的改进效果。

我们的实证结果表明，卖空机制的震慑作用能够促进上市公司提高其内部控制水平，并且这种影响会随着公司的内部股权性质和外部审计环境的不同而有所差异。本章从资本市场层面研究其对公司内部控制的可能影响，为内部控制影响因素提供了新的研究视角。同时，本章的研究发现为卖空机制的治理效应提供了新的经验证据，也为我国完善融资融券机制，鼓励金融创新，进一步深化金融体制改革提供理论参考。

第十三章 结论与展望

第一节 研究结论与启示

2010年3月31日，融资融券交易试点正式启动。融券业务的推出，也即卖空机制的引入，结束了我国证券市场只能做多不能做空的历史。融资融券业务经过十余年的发展，标的范围逐步扩大，交易规模迅速增加，投资者数量大幅增长，呈现出广阔的发展前景。

国际上，卖空交易的经济后果长期以来备受争议。在国内，学者们对卖空机制的讨论在近几年渐渐兴起，大多围绕其市场定价效率和公司行为展开。本书基于公司治理的视角讨论卖空机制的实施效果。首先，我们对卖空机制发挥公司治理效应的影响路径作了深入的探索。具体而言，我们通过检验融资融券标的的确定事件的市场反应以及上市公司成为标的的证券后其股价波动性的变化，来分析融资融券是否具有震慑作用，以此为卖空机制的治理效应提供一种解释。其次，我们以我国融资融券交易试点为背景，研究上市公司的盈余管理行为和会计稳健性水平在融资融券事件前后发生的变化，分析卖空机制如何影响上市公司的会计信息质量。再次，我们直接分析上市公司行为在卖空机制实施前后的变化，从公司避税行为和公司杠杆操纵行为两个角度展开分析。然后，我们以融资融券实施十余年的长窗口数据为样本，对卖空机制如何影响股票市场崩盘风险进行了再检验，回答了卖空机制到底是起到稳定市场的作用还是加剧市场波动的作用。最后，我们探讨卖空机制的震慑作用，是否通过影响审计师的审计风险，对审计师行为产生改变，进而促进审计质量的提升。

本书的研究结论可以归纳为如下几点：

（1）融资融券事件对标的公司股价有消极的影响。对于新增加的融资融券标的公司，标的确定公告日附近的市场反应显著为负；对于被剔除出标的名单的公司，市场反应并不明显，甚至长期走势为正；对于转融通标的公司，主要表现为负向的长期市场反应。在融资融券推出之前，公司的股票价格往往会被高估。融资融券的推出，释放了市场对上市公司负面消息的需求。面对负面消息需求的转变，投资者或多或少会表现出对上市公司的"担忧"，这种对未来不确定因素增多带来的"担忧"，使得上市公司加入融资融券标的名单时，市场出现消极的表现。

（2）对比控制组公司，在进入融资融券标的证券名单后，融资融券公司的股票价格更容易出现暴跌。我国现阶段正处于新兴加转轨时期，股票市场易于同涨共跌和暴涨暴跌，造成卖空机制更难发挥稳定市场的作用。在融资融券标的确定公告的市场反应检验中，新增标的公司累计超常收益率显著为负，表明投资者对标的公司表现出信心不足。这种信心不足更可能导致未来公司股价波动性的增大，当公司出现"坏消息"时，投资者更倾向于卖掉股票，造成股价暴跌可能性的增大。

（3）对比其他控制组公司，在进入融资融券标的证券名单后，融资融券公司的应计盈余管理和真实盈余管理水平显著降低。在投资者保护较弱的中国，盈余管理是上市公司管理层规避亏损、获取融资、提高薪酬等的惯用手段。然而，融资融券的推出，尤其是卖空机制的引入，会影响公司的盈余管理行为。具体而言，卖空会提高盈余管理的风险，减少管理层操纵利润带来的"好处"，其导致的退市风险加大、投资融资水平降低、股价下跌等大大削弱了盈余管理的"优势"。另外，从卖空者的角度，他们在选择目标公司时，公司的盈余质量是其关注的重点，盈余管理会增加公司被卖空的概率。因此，引入卖空机制，会促使公司管理层提高盈余质量，减少利润操纵行为。在市场化程度较高的地区，卖空机制能够抑制盈余管理，而在市场化程度较低的地区，卖空机制的上述作用并不明显。作为一项创新金融工具，融资融券业务能否被投资者所接受，与外部的市场运行环境紧密相关。在市场化程度较高的地区，有着较为成熟的金融中介市场，拥有更多的资源推广创新金融业务；投资者有更好的经济基础，更能够抵抗风险；市场化程度较高的地区，能够通过减少政府干预、加强法律执行、促进产权保护等吸引更多的中介机构和投资者参与其中。而大部分投资者在进行投资决策时，都具有"本地化偏好"，更倾向于选择地理位置接近的、易于熟悉了解的本地公司股票。因而，在市场化程度较高的地区，更加活跃的卖空交易会给当地上市公司带来更加明显的约束作用。进一步考察公司内部股权结构的影响，对于大股东缺乏制衡的公司，只有处于市场化程度较高的地区，卖空机制对盈余管理的抑制作用才能发挥，此时外部市场环境的影响更加明显，良好的外部市场环境能够显著促进卖空机制的治理作用。作为重要的内部约束机制，公司的股权制衡深刻影响着管理层操纵利润的动机和行为。当公司的股权结构缺乏制衡时，盈余管理的程度可能更为严重，盈余质量改进的空间也更大，此时卖空机制对盈余管理的约束作用更加明显，良好的外部市场环境所起的促进作用也更显著。

（4）对比控制组公司，在进入融资融券标的证券名单后，融资融券公司的会计稳健性显著提高了。会计稳健性能够缓解代理问题，降低公司与外部投资者之间的信息不对称。而"坏消息"的及时确认和信息不对称程度的降低，使得投资者通过挖掘公司负面私有信息，做空该公司股票进而获利的可能性也降低了。当上市公司成为标的证券后，为了避免被卖空，其管理层有动机提高会计稳健性。对于股权结构缺乏制衡的公司，卖空机制能够显著提高公司的会计稳健性水平；对于股权结构得到制衡的公司，卖空机制对会计稳健性的促进作用并不明显。股权缺乏制衡的公司，信息不对称程度可能更加严重。信息不对称较为严重的公司，更容易吸引卖空投资者的关注。因此，股权缺乏制衡的公司，为了避免公司的股票被卖空，其管理层会更有动机提高会计稳健性。另外，公司的股权结构也会直接影响公司的会计行为。股权得到制衡的公司，会计盈余有较高的稳健性。因此，股权缺乏制衡的公司，会计稳健性改进的空间更大，卖空机制的促进作用会更加明显。当公司的融资受到约束时，卖空机制对会计稳健性的促进作用更加显著。卖空交易会提高公司的融资成本。卖空交易的市场传递信号，增加了投资者对公司信息不对称的感知水平，公司负面私有信息的曝光会对公司未来的融资活动产生消极的影响。因此，卖空会加剧公司融资受约束的程度。而会计稳健性能够通过降低公司与外界的信息不对称，缓解公司的融资约束。因此，对于融资受到约束的公司，当其成为融资融券标的证券后，管理层提高公司会计稳健性的动机会更强烈。

（5）对比控制组公司，在进入融资融券标的证券名单后，融资融券公司的避税程度显著降低了。传统观点认为，企业的避税行为就是将政府应征税收转移给企业，从而使企业价值上升。但近代观点认为，由于公司经营权与所有权分离，企业利益相关者之间存在信息不对称，容易造成委托代理问题，避税行为使企业现金流增加，导致企业经理人存在在职消费等行为，造成公司价值下降。卖空机制的引入，加速了企业负面、私有信息的曝光，对企业的避税行为产生了约束作用。我们考察了不同审计师的影响，对比"四大"审计的企业，非"四大"审计的企业，在加入卖空标的名单后，卖空机制更能抑制企业的避税行为。对比非卖空标的公司，在加入标的名单后，上市公司进行避税时更能提高公司价值。上述结果对于不同的内外部治理环境的公司，存在着显著的差异。处于市场经济开放环境较好地区的企业，在加入融资融券标的名单后，企业进行避税行为时更能提高企业价值。对于融资约束程度较低和股权结构不均衡的企业，卖空机制更能促进避税行为对公司价值的提升。进一步研究卖空机制发挥治理作用的渠道，结果表明，卖空机制通过抑制企业避税行为中公司管理层的在职消费行为，从而提高了公司价值。

（6）对比控制组公司，企业在进入标的名单之后，其杠杆操纵程度显著降低。杠杆操纵，是指利用表外负债和名股实债等财务活动的安排，掩盖公司杠杆风险的行为。金融的目的就是为实体经济提供避险的帮助以及融资需求。而防止发生系统性金融风险，为实体经济提供之有效的避险帮助，稳妥推进"去杠杆"是市场机制改革中的重要的一环。企业的杠杆操纵行为，由于其隐蔽性和复杂性，属于上市公司负面、私有信息中的一类。跟盈余管理行为类似，杠杆操纵行为可以看成是真实活动的盈余管理，只不过其操纵的目标不是盈余，而是杠杆率。卖空投资者就是通过揭示上市公司的"坏消息"从而获利，那么上市公司的杠杆操纵现象则会引起卖空投资者的高度关注。卖空机制的这种震慑作用能够对企业的杠杆操纵行为产生抑制作用，该制度通过降低信息不对称程度，增加杠杆操纵行为对企业的成本、股票压力与企业面临的风险，从而抑制高管的自利行为，进而约束管理层进行杠杆操纵的行为。进一步考察企业不同程度的融资约束带来的影响，实证结果表明，卖空机制对杠杆操纵行为的约束作用在受到融资约束更高的企业中更加显著。当公司面临高的融资约束时，企业的管理层更可能采取更加激进的策略来获得融资，从而使得公司的投资者承担更大的风险。此时，卖空机制更能发挥治理效应。另外，这种约束作用在非国有企业中也更为显著。

（7）卖空机制的引入显著降低了股价崩盘风险，并且随着标的公司的扩容，效果逐渐明显。第五章以截至 2012 年 12 月 31 日的 278 家融资融券交易试点的上市公司为样本，侧重于从短期的视角、从卖空机制的引入对其震慑作用进行分析。至 2021 年 12 月 31 日，卖空机制引入我国股票市场已经有九年了，融资融券标的名单经过 6 次扩容，已经超过了 2400 只股票。我们再次关注卖空机制对股票市场的影响，本章侧重于采用长期的窗口来回答卖空机制到底是起到稳定市场的作用还是会加剧市场的波动，更加全面地检验卖空机制的经济后果。实证结果表明，从长期看，卖空机制确实能够促进股价更加及时地反映上市公司的负面消息，提高股票的定价效率，避免"坏消息"的长期累积造成的股价暴跌，降低股价崩盘风险，起到了一定的稳定股票市场的作用。我们进一步考察不同审计师和企业产权性质的影响，结果发现，与"四大"审计的公司相比，在非"四大"审计的公司中，卖空机制对股价崩盘风险的减缓作用更为显著。另外，与国有公司相比，在非国有公司中，卖空机制对股价崩盘风险的降低效果也更为明显。

（8）上市公司加入融资融券标的证券名单后，审计师的审计质量显著提高，表现为如下三个方面：上市公司的盈余质量显著提高，审计师出具非标准审计意见的可能性增大，公司财务报告重述的可能性显著降低。传统的公司治理理论认为，审计作为一项外部治理机制，能够对公司起到监督治理作用。在新兴转轨市场上，在我国弱投资者保护的环境下，审计具有的监督治理功能还能发挥作用吗？我国上市公司并没有高质量的审计服务的需求（DeFond et al.，2000[232]），而且审计师在我国面临的低法律风险，也使得审计质量饱受争议（刘峰和周福源，2007[124]）。如何建立最优的、有效率的审计制度一直是学术界和实务界探讨的问题（姜国华和王汉生，2006[231]）。卖空机制的引入，为我们提供了一个检验我国审计市场有效性的契机。卖空机制影响上市公司审计行为，中间的作用链条就是上市公司的会计信息以及由此隐含的审计风险。我们发现，卖空机制的震慑作用，能够通过影响审计师的审计风险，促使审计师更加谨慎地执业，带来审计质量的提升。我们进一步考察企业产权性质和股权集中度的影响，发现在非国有企业和在股权集中度较低的上市公司中，卖空机制对审计质量的促进作用更为明显。

（9）对比控制组公司，上市公司当其股票被允许卖空后，内部控制水平显著提高。卖空机制的引入，给财务报告信息存在"瑕疵"的上市公司带来了震慑作用。无论是实务界还是学术界均表明，公司的财务报告质量是卖空投资者关注的重点，会计信息是他们选择目标公司的重要指标。加强内部控制建设能够规范上市公司的财务报告行为，提高会计信息质量。卖空机制能够使得上市公司更有动机加强其内部控制建设，减少管理层不当行为和其他潜在负面信息出现的可能性。我们还考察了企业产权性质和外部审计师的影响，发现对于非国有上市公司，卖空机制对内部控制有显著的促进作用；当上市公司为"非四大"审计时，卖空机制对内部控制的促进作用才能发挥。进一步分析内部控制的五大要素，我们发现，内部环境和内部监督有最显著的改进效果。

上述发现表明，卖空机制能够从微观层面对企业的实际经营活动产生影响，通过卖空的震慑作用对管理层机会主义产生约束，规范公司的财务报告行为，提高会计信息质量、内部控制水平和审计质量，这将有利于提高市场定价效率，促进资源的有效配置。本书的研究为长期以来学术界关于卖空交易经济后果的争议提供新的经验证据，有助于实务界理解融资融券的实施效果，也为我国完善融资融券机制，鼓励金融创新，进一步深化金融体制改革提供理论参考。

本书的研究结论带给我们的启示是：

首先，卖空机制能够从微观层面对企业的实际经营活动产生影响，通过卖空机制的震慑作用对管理层机会主义进行约束，规范公司财务报告行为，降低上市公司盈余管理程度，提高会计稳健水平，减少企业避税行为和杠杆操纵行为，提高内部控制质量，这将有利于提高市场定价效率，促进资源的有效配置。

其次，卖空机制除了能够影响公司行为，还能对审计师行为产生影响。卖空机制影响上市公司审计行为，中间的作用链条就是上市公司的会计信息以及由此隐含的审计风险。卖空机制的震慑作用，能够影响审计师的风险偏好，进而影响其审计行为，从而对审计质量产生影响。卖空机制对审计师行为的影响，又进一步深刻影响着上市公司的行为，强调了卖空机制的引入带来的这种上市公司、审计师与卖空投资者的博弈行为、公司内外部治理结构的动态调整。

再次，卖空机制治理效应的发挥，离不开各地区经济法律制度等外部市场环境的建设。在市场化程度较高的地区，卖空机制能够抑制盈余管理、企业避税等管理层行为。因此，可以通过发展金融市场、减少政府干预、加强法律执行、促进产权保护等措施促进融资融券业务的开展，使其更好地发挥公司治理的作用。

另外，现阶段我国融资融券交易存在着一些不足，比如标的证券范围受限、融资融券业务的交易费用过高、融资融券业务发展失衡等。这些因素会制约融资融券发挥公司治理的作用。因此，扩大融资融券标的证券的范围、降低融资利率和融券费率，不仅有助于融资融券业务发挥价格发现、市场稳定的作用，而且有利于卖空机制发挥公司治理效应。

最后，融资融券的推出强调了加强市场监管的重要性。卖空机制的引入，使得操纵市场抬高股价不再是获利的唯一手段，暗箱操作、内幕交易更具隐蔽性和多样化。卖空交易被投机者利用，会助长市场投机气氛，滋生操纵股价行为，扰乱市场秩序。因此，可以通过制定法律法规，编制业务指引，健全信息披露，维持证券市场的有序性和安全性，确保融资融券交易能够健康发展。

第二节 本书贡献与展望

一、本书主要贡献

本书的贡献主要体现在以下几个方面：

第一，本书从公司治理的角度探讨我国融资融券的实施效果，实证结果表明卖空机制可以抑制管理层的机会主义行为，提高审计质量，改进公司治理效率。同时，卖空机制的引入，带来公司财务信息质量的提高，这也是卖空机制改善定价效率的另外一种作用机制。

第二，我们发现卖空机制的引入能够降低盈余管理水平，既包括应计项目的盈余管理，而且包括真实活动的盈余管理。不仅如此，卖空制度还能约束企业的避税行为和杠杆操纵行为。作为一项创新金融工具，卖空机制能够影响公司财务报告行为，甚至影响企业的实际经营决策。本书的结论表明卖空机制不仅能提高市场效率，而且从微观层面对企业的经营和发展也有实质性的影响。

第三，本书的研究补充了现有文献关于盈余管理、会计稳健性、避税行为以及股价崩盘风险等决定因素的讨论。已有研究表明，上市公司的股权性质、股权结构、地区市场化水平等因素会影响公司的盈余管理程度（薄仙慧和吴联生，2009[4]；高雷和张杰，2009[33]；姜英兵和严婷，2012[34]）；上市公司的债务契约、产权性质、融资约束等因素会对公司的会计稳健性造成影响（魏明海和陶晓慧，2007[30]；刘运国等，2010[35]；张金鑫和王逸，2013[36]）；上市公司的机构投资者持股、内部治理水平、外部监管环境、税制改革等因素会影响公司的避税行为（Desai and Dharmapala，2006[146]；Desai et al.，2006[37]；于李胜和李成，2010[38]；陈冬和唐建新，2013[39]；蔡宏标和饶品贵，2015[40]）；上市公司的投资者异质信念程度、信息透明度、分析师关注等因素会影响公司的股价崩盘风险（陈国进和张贻军，2009[41]；潘越等，2011[42]）。我们发现卖空机制可以约束盈余管理行为，提高会计稳健性，减少避税行为，抑制股价崩盘风险，是对新兴市场财务报告信息质量、公司行为以及市场效率等相关文献的补充和完善。

第四，我们研究卖空机制在新兴市场中的影响，并综合考察我国差异化的外部市场环境和特殊的公司股权结构之间的相互作用，为长期以来学术界关于融资融券经济后果的争议提供新的经验证据，也为我国完善卖空机制、鼓励金融创新、进一步深化金融体制改革提供理论参考。

二、未来研究展望

本书首先讨论了卖空机制的震慑作用，从卖空机制引入的市场反应以及卖空机制对股价暴跌风险的影响进行分析。紧接着，本书讨论卖空机制如何影响上市公司的盈余管理行为、会计稳健性水平、避税行为、杠杆操纵行为以及审计师行为，为卖空机制的治理效应作一探讨。基于本书的发现，我们认为以下几个方面值得在今后作进一步研究：

第一，本书仅关注"融资融券"中的"融券"，对"融资"方面的探讨并未涉及。在未来，我们可以将研究范围扩大到融资制度和融资交易所带来的影响，并将其与融券机制作一对比，对融资融券制度的治理效应做出更加全面的检验和评价。

第二，本书侧重于讨论卖空机制对公司会计信息质量、避税行为以及杠杆操纵行为、内部控制的影响，对其他的公司治理机制我们并没有讨论。因此，我们可以探讨卖空机制如何影响公司的其他治理机制，其他公司治理机制的改变同样会对公司的财务报告行为产生影响，这也可能是卖空机制震慑作用之外影响公司财务报告行为的其他作用途径。

第三，我们可以进一步分析卖空机制的引入对公司价值带来的影响。本书的研究发现卖空机制能够抑制管理层的机会主义行为，减少盈余管理行为、避税行为和杠杆操纵行为，并且公司会计处理的稳健性水平也提高了。这些变化是否真正带来公司价值的提升，我们可以通过关注公司未来的经营业绩作出回答。

第四，本书发现，上市公司成为标的证券后，短期内其股票价格的波动性更大了。股价暴跌更加频繁，其中可能的原因之一是内幕交易和操纵股价，这两种行为是股票市场的顽症，而在市场允许融资融券后，这个现象可能会更严重，尤其是融券机制的引入，使得操纵市场抬高股价不再是获利的唯一手段，操纵股价和内幕交易更具隐蔽性和多样化。2012 年的白酒塑化剂事件就引发了市场的质疑和讨论。因此，我们可以关注卖空投资者的行为，从中发现规律性的特征，同时分析公司管理层的应对策略，了解卖空投资者与公司管理层之间的博弈过程，对融资融券中可能存在的内幕交易和操纵股价现象作一探讨。

第五，本书的研究发现，融资融券作为一种创新金融工具，可以对公司行为产生影响。而关于创新金融工具的讨论，主要集中于金融领域，在会计领域上则较少受到关注。因此，我们可以把研究视角扩大到其他的创新金融工具上，比如股指期货的上市交易，研究其给市场和上市公司带来的影响，为金融创新、进一步深化金融体制改革提供经验证据。

参考文献

[1] 刘峰. 制度安排与会计信息质量——红光实业的案例分析. 会计研究，2001(07): 7-15.

[2] 阎达五，谭劲松. 我国上市公司独立董事制度：缺陷与改进—— 一个基于制度分析的研究框架. 会计研究，2003(11): 3-9.

[3] 支晓强，童盼. 盈余管理、控制权转移与独立董事变更——兼论独立董事治理作用的发挥. 管理世界，2005(11): 137-144.

[4] 薄仙慧，吴联生. 国有控股与机构投资者的治理效应：盈余管理视角. 经济研究，2009(02): 81-91.

[5] 刘峰，贺建刚，魏明海. 控制权、业绩与利益输送——基于五粮液的案例研究. 管理世界，2004(08): 102-110.

[6] Miller, E. M. Risk, uncertainty, and divergence of opinion. Journal of Finance, 1977, 32 (4): 1151-1168.

[7] Diamond, D. W., and R. E. Verrecchia. Constraints on short selling and asset price adjustment to private information. Journal of Financial Economics, 1987, 18 (2): 277-311.

[8] Hong, H., and J. C. Stein. Differences of opinion, short-sales constraints, and market crashes. Review of Financial Studies, 2003, 16 (2): 487-525.

[9] Dechow, P. M., A. P. Hutton, L. Meulbroek, and R. G. Sloan. Short-sellers, fundamental analysis, and stock returns. Journal of Financial Economics, 2001, 61 (1): 77-106.

[10] Christophe, S. E., M. G. Ferri, and J. J. Angel. Short-selling prior to earnings announcements. Journal of Finance, 2004, 59 (4): 1845-1876.

[11] Christophe, S. E., M. G. Ferri, and J. Hsieh. Informed trading before analyst downgrades: evidence from short sellers. Journal of Financial Economics, 2010, 95

(1): 85-106.

[12] Hirshleifer, D., S. H. Teoh, and J. J. Yu. Short arbitrage, return asymmetry, and the accrual anomaly. Review of Financial Studies, 2011, 24 (7): 2429-2461.

[13] Fang, V. W., Huang, A., and J. Karpoff. Short selling and earnings management: a controlled experiment. Journal of Finance, 2016, 71 (3): 1251-1293.

[14] Massa, M., Zhang B., and H. Zhang. The invisible hand of short selling: does short selling discipline earnings management? Review of Financial Studies, 2015, 28 (6): 1701-1736.

[15] Desai, H., K. Ramesh, S. R. Thiagarajan, and B. V. Balachandran. An investigation of the information role of short interest in the Nasdaq market. Journal of Finance, 2002, 57 (5): 2263-2287.

[16] Cohen, L., K. B. Diether, and C. J. Malloy. Supply and demand shifts in the shorting market. Journal of Finance, 2007, 62 (5): 2061-2096.

[17] Allen, F. and D. Gale. Arbitrage, short sales, and financial innovation. Econometrica, 1991, 59 (4): 1041-1068.

[18] Bernardo, A. E. and I. Welch. Liquidity and financial market runs. The Quarterly Journal of Economics, 2004, 119 (1): 135-158.

[19] Chang, E. C., J. W. Cheng, and Y. Yu. Short-sales constraints and price discovery: evidence from the Hong Kong market. Journal of Finance, 2007, 62 (5): 2097-2121.

[20] Healy, P. M. and J. M. Wahlen. A review of the earnings management literature and its implications for standards setting. Accounting Horizons, 1999, 13 (4): 365-383.

[21] Myers, J. N., L. A. Myers, and T. C. Omer. Exploring the term of the auditor-client relationship and the quality of earnings: a case for mandatory auditor rotation? The Accounting Review, 2003, 78 (3): 779-799.

[22] 魏明海, 岳勇坚, 雷倩华. 盈余质量与交易成本. 会计研究, 2013, (03): 36-42.

[23] 樊纲, 王小鲁, 朱恒鹏. 2011. 中国市场化指数: 各地区市场化相对进程 2011 年报告. 经济科学出版社.

[24] 陈晓, 王琨. 关联交易、公司治理与国有股改革——来自我国资本市场

的实证证据. 经济研究, 2005, (04): 77-86.

[25] 叶康涛, 陆正飞, 张志华. 独立董事能否抑制大股东的"掏空". 经济研究, 2007, (04): 101-111.

[26] 俞红海, 徐龙炳, 陈百助. 终极控股股东控制权与自由现金流过度投资. 经济研究, 2010, (08): 103-114.

[27] 章卫东. 定向增发新股与盈余管理——来自中国证券市场的经验证据. 管理世界, 2010, (01): 54-63.

[28] Watts, R. L. Conservatism in accounting part I: explanations and implications. Accounting Horizons, 2003a, 17 (3): 207-221.

[29] Watts, R. L. Conservatism in accounting part II: evidence and research opportunities. Accounting Horizons, 2003b, 17 (4): 287-301.

[30] 魏明海, 陶晓慧. 会计稳健性的债务契约解释——来自中国上市公司的经验证据. 中国会计与财务研究, 2007, (04): 81-135.

[31] 黄超, 罗乔丹. 卖空机制影响公司税收激进程度吗?——基于我国融资融券业务的经验证据 [J]. 商业研究, 2018, (12): 81-89.

[32] 熊家财, 郭雪静, 胡琛. 卖空与企业避税: 基于融资融券的准自然实验 [J]. 金融经济学研究, 2019, 34 (05): 122-136.

[33] 高雷, 张杰. 公司治理、资金占用与盈余管理. 金融研究, 2009, (05): 121-140.

[34] 姜英兵, 严婷. 制度环境对会计准则执行的影响研究. 会计研究, 2012, (04): 69-78.

[35] 刘运国, 吴小蒙, 蒋涛. 产权性质、债务融资与会计稳健性——来自中国上市公司的经验证据. 会计研究, 2010, (01): 43-50.

[36] 张金鑫, 王逸. 会计稳健性与公司融资约束——基于两类稳健性视角的研究. 会计研究, 2013, (09): 44-50.

[37] Desai, H., S. Krishnamurthy, and K. Venkataraman. Do short sellers target firms with poor earnings quality? Evidence from earnings restatement. Review of Accounting Studies, 2006, 11 (1): 71-90.

[38] 于李胜, 李成. 税制分权改革与上市公司的税收规避行为 [J]. 厦门大学学报（哲学社会科学版）, 2010, (04): 123-130.

[39] 陈冬, 唐建新. 机构投资者持股、避税寻租与企业价值 [J]. 经济评论,

2013, (06): 133-143.

[40] 蔡宏标，饶品贵. 机构投资者、税收征管与企业避税 [J]. 会计研究，2015, (10): 59-65.

[41] 陈国进、张贻军. 异质信念、卖空限制与我国股市的暴跌现象研究 [J]. 金融研究, 2009, (04): 80-91.

[42] 潘越，戴亦一，林超群. 信息不透明、分析师关注与个股暴跌风险. 金融研究, 2011, (09): 138-151.

[43] Boehme, R. D., B. R. Danielsen, and S. M. Sorescu. Short sale constraints, differences of opinion, and overvaluation. The Journal of Financial and Quantitative Analysis, 2006, 41 (2): 455-487.

[44] Jones, C. M., and O. A. Lamont. Short-sale constraints and stock returns. Journal of Finance, 2002, 66 (2-3): 207-239.

[45] Grullon, G., S. Michenaud, and J. P. Weston. The real effects of short-selling constraints. Review of Financial Studies, 2015, 28(6): 1737-1767.

[46] Battalio, R. and P. Schultz. Options and the Bubble. Journal of Finance, 61 2006, (5): 2071-2102.

[47] Kaplan, S., T. Moskowitz, and B. Sensoy. The effects of stock lending on security prices: an experiment. Journal of Finance, 2013, 68 (5): 1891-1936.

[48] Bris, A., W. N. Goetzmann, and N. Zhu. Efficiency and the bear short sales and market around the world. Journal of Finance, 2007, 62 (3): 1029-1079.

[49] Saffi, P. A. C. and K. Sigurdsson. Price efficiency and short selling. Review of Financial Studies, 2011, 24 (3): 821-852.

[50] Boehmer, E. and J. Wu. Short selling and the price discovery process. Review of Financial Studies, 2013, 26 (2): 287-322.

[51] Goldstein, I. and A. Guembel. Manipulation and the allocational role of prices. Review of Economic Studies, 2008, 75 (1): 133-164.

[52] Kolasinksi, A. C., A. V. Reed, and J. R. Thornock. Can short restrictions actually increase informed short selling? Financial Management, 2013, 42(1): 155-181.

[53] Amihud, Y. and H. Mendelson. Liquidity, asset prices and financial policy. Financial Analysts Journal, 1991, 47 (6): 56-66.

[54] Beber, A. and M. Pagano. Short-selling bans around the world: evidence from the 2007-09 crisis. Journal of Finance, 2013, 68 (1): 343-381.

[55] Boehmer, E., C. M. Jones, and X. Zhang. Shackling short sellers: the 2008 shorting ban. Review of Financial Studies, 2013, 26 (6): 1363-1400.

[56] Karpoff, J. M. and X. Lou. Short sellers and financial misconduct. Journal of Finance, 2010, 65 (5): 1879-1913.

[57] Ball, R. and P. Brown. An empirical evaluation of accounting income numbers. Journal of Accounting Research, 1968, 6 (2): 159-178.

[58] Sloan, R. G. Do stock prices fully reflect information in accruals and cash? The Accounting Review, 1996, 71 (3): 289-315.

[59] Gilchrist, S., C. P. Himmelberg, and G. Huberman. Do stock price bubbles influence corporate investment? Journal of Monetary Economics, 2005, 52 (4): 805-827.

[60] Khanna, N. and R. D. Mathews. Doing battle with short sellers: the conflicted role of blockholders in bear raids. Journal of Financial Economics, 2012, 106 (2): 229-246.

[61] Chen, H., Y. Chen, B. Lin, and Y. Wang. Can short selling improve internal control? An empirical study based on the difference-in-differences model. Accounting and Finance, 2019, 58(5): 1233-1259

[62] Lamont, O. A. 2004. Go down fighting short sellers vs. firms. Working paper.

[63] Chang, E. C., T. Lin, and X. Ma. 2019. Does short-selling threat discipline managers in mergers and acquisitions decisions? Journal of Accounting and Economics, forthcoming.

[64] 陈晖丽，刘峰. 融资融券的治理效应研究——基于公司盈余管理的视角. 会计研究, 2014a, (9): 45-52.

[65] 陈晖丽，刘峰. 融资融券的治理效应研究——基于会计稳健性的视角. 中国会计评论, 2014b, (3-4): 277-294.

[66] 李春涛，刘贝贝，周鹏. 卖空与信息披露：融券准自然实验的证据. 金融研究, 2017, (09): 134-149.

[67] 陈胜蓝，马慧. 卖空压力与公司并购——来自卖空管制放松的准自然实

验证据 . 管理世界 , 2017, (07): 142-156.

[68] 顾乃康 , 周艳利 . 卖空的事前威慑、公司治理与企业融资行为——基于融资融券制度的准自然实验检验 . 管理世界 , 2017, (02): 120-134.

[69] 权小锋 , 尹洪英 . 中国式卖空机制与公司创新——基于融资融券分步扩容的自然实验 . 管理世界 , 2017, (01): 128-144.

[70] Cassell, C. A., M. S. Drake, and S. J. Rasmussen. Short interest as a signal of audit risk. Contemporary Accounting Research, 2011, 28(4): 1278-1297.

[71] Blau, B. M., T. J. Brough, J. L. Smith, and N. M. Stephens. An examination of short-selling activity surrounding auditor changes. Journal of Accounting, Auditing & Finance, 2013, 28(4): 348-368.

[72] Hope O., D. Hu, and W. Zhao. Third-party consequences of short-selling threats: the case of auditor behavior. Journal of Accounting and Economics, 2017, 63 (2-3): 479-498.

[73] Jensen, M., and W. Meckling. Theory of the firm: managerial behavior, agency costs and ownership structure. Journal of Financial Economics, 1976, 3 (4): 305-360.

[74] Dolley, J. Characteristics and procedure of common stock split-ups. Harvard Business Review, 1933, 11 (3): 316-326.

[75] Chen, C., X. Su, and R. Zhao. An emerging market's reaction to initial modified audit opinions: evidence from the Shanghai stock exchange. Contemporary Accounting Research, 2000, 17 (3): 429-455.

[76] Morck, R., B. Yeung, and W. Yu. The information content of stock markets: why do emerging markets have synchronous stock? Journal of Financial Economics, 2000, 58 (1-2): 215-260.

[77] Jin, L., and S. Myers. R^2 around the world: new theory and new tests. Journal of Financial Economics, 2006, 79 (2): 257-292.

[78] Fernandes, N., and M. A. Ferreira. Does international cross-listing improve the information environment? Journal of Financial Economics, 2008, 88 (2): 216-244.

[79] Fernandes, N., and M. A. Ferreira. Insider trading laws and stock price informativeness. Review of Financial Studies, 2009, 22 (5): 1845-1887.

[80] Chen, X., Q. Cheng, and A. K. Lo. Accounting restatement and external

financing choices. Contemporary Accounting Research, 2013, 30 (2), 750-779.

[81] Kim, J. B., Y. Li, and L. Zhang. CFOs versus CEOs-equity incentives and crashes. Journal of Financial Economics, 2011, 101 (3): 713-730.

[82] Hutton, A. P., A. J. Marcus, and H. Tehranian. Opaque financial reports, R2, and crash risk. Journal of Financial Economics, 2009, 94 (1): 67-86.

[83] Ashenfelter, O. and D. E. Card. Using the longitudinal structure of earnings to estimate the effect of training programs. Review of Economics and Statistics, 1985, 67 (4): 648-660.

[84] Bertrand, M., and S. Mullainathan. Enjoying the quiet life? Corporate governance and managerial preferences. Journal of Political Economy, 2003, 111 (5): 1043-1075.

[85] Yun, H. The choice of corporate liquidity and corporate governance. Review of Financial Studies, 2009, 22 (4): 1447-1475.

[86] Jayaraman, S., and L. Shivakumar. Agency-based demand for conservatism: evidence from state adoption of antitakeover laws. Review of Accounting Studies, 2013, 18 (1): 95-134.

[87] Jones, J. J. Earnings management during import relief investigations. Journal of Accounting Research, 1991, 29 (2): 193-228.

[88] Kothari, S. P., A. J. Leone, and C. E. Wasley. Performance matched discretionary accrual measures. Journal of Accounting and Economics, 2005, 39 (1): 163-197.

[89] Roychowdhury, S. Earnings management through real activities manipulation. Journal of Accounting and Economics, 2006, 42(3): 335-370.

[90] Cohen, D. A., A. Dey, and T. Z. Lys. Real and accrual-based earnings management in the pre- and post- Sarbanes-Oxley periods. The Accounting Review, 2008, 83 (3): 757-787.

[91] 陆建桥. 中国亏损上市公司盈余管理实证研究. 会计研究, 1999, 9: 25-35.

[92] 林舒, 魏明海. 中国 A 股发行公司首次公开募股过程中的盈利管理. 中国会计与财务研究, 2000, (02): 87-130.

[93] 雷光勇, 刘慧龙. 大股东控制、融资规模与盈余操纵程度. 管理世界,

2006, (01): 129-136.

[94] 王克敏，王志超．高管控制权、报酬与盈余管理——基于中国上市公司的实证研究．管理世界, 2007, (07): 111-119.

[95] 白云霞，王亚军，吴联生．业绩低于阈值公司的盈余管理——来自控制权转移公司后续资产处置的证据．管理世界, 2005, (05): 135-143.

[96] 李增福，董志强，连玉君．应计项目盈余管理还是真实活动盈余管理？——基于我国 2007 年所得税改革的研究．管理世界, 2011, (01): 121-134.

[97] French, K. R., and J. M. Poterba. Investor diversification and international equity markets. The American Economic Review, 1991, 81 (2): 222-226.

[98] Coval, J. D., and T. J. Moskowitz. Home bias at home: local equity preference in domestic portfolios. Journal of Finance, 1999, 54 (6): 2045-2073.

[99] Ivkovi, Z., and S. Weisbenner. Local does as local is: information content of the geography of individual investors' common stock investments. Journal of Finance, 2005, 60 (1): 267-306.

[100] 董大勇，肖作平．证券信息交流家乡偏误及其对股票价格的影响：来自股票论坛的证据．管理世界, 2011, (01): 52-61.

[101] 宋玉，沈吉，范敏虹．上市公司的地理特征影响机构投资者的持股决策吗？——来自中国证券市场的经验证据．会计研究, 2012, (07): 72-79.

[102] Jiang, J., K. R. Petroni, and I. Y. Wang. CFOs and CEOs, who has the most influence on earnings management. Journal of Financial Economics, 2010, 96 (3): 513-526.

[103] Dechow, P. M., and I. D. Dichev. The quality of accruals and earnings: the role of accrual estimation errors. The Accounting Review, 2002, 77: 35-59.

[104] Cohen, D. A., and P. Zarowin. Accrual-based and real earnings management activities around seasoned equity offerings. Journal of Accounting and Economics, 2010, 50 (1): 2-19.

[105] Denis, D. J., and Sibilkov, V. Financial constraints, investment, and the value of cash holdings. The Review of Financial Studies, 2010, 23 (1): 247-269.

[106] Chen, K., Chen, Z., and K. Wei. Agency costs of free cash flow and the effect of shareholder rights on the implied cost of equity capital. Journal of Financial and Quantitative Analysis, 2011, 46 (1): 171-207.

[107] Kusnadi, Y., and K. J. Wei. The determinants of corporate cash management policies: evidence from around the world. Journal of Corporate Finance, 2011, 17 (3): 725-740.

[108] 王跃堂，赵子夜，魏晓雁. 董事会的独立性是否影响公司绩效. 经济研究, 2006, (05): 62-73.

[109] 陈信元，夏立军. 审计任期与审计质量：来自中国证券市场的经验证据. 会计研究, 2006, (01): 44-53.

[110] 胡奕明，唐松莲. 独立董事与上市公司盈余信息质量. 管理世界, 2008, (09): 149-160.

[111] 陈武朝. x 经济周期、行业周期性与盈余管理程度——来自中国上市公司的经验证据. 南开管理评论, 2006, (03): 26-35.

[112] 王跃堂，王亮亮，贡彩萍. 所得税改革、盈余管理及其经济后果. 经济研究, 2009, (03): 86-98.

[113] 苏冬蔚，林大庞. 股权激励、盈余管理与公司治理. 经济研究, 2010, (11): 88-100.

[114] 方红星，金玉娜. 高质量内部控制能抑制盈余管理吗？——基于自愿性内部控制鉴证报告的经验研究. 会计研究, 2011, (08): 53-60.

[115] 杨德明，胡婷. 内部控制、盈余管理与审计意见. 审计研究, 2010, (05): 90-97.

[116] 夏冬林，李刚. 机构投资者持股和会计盈余质量. 当代财经, 2008, (02): 111-118.

[117] 杨阳，万迪昉. 股指期货真的能稳定市场吗. 金融研究, 2010, (12): 146-158.

[118] 杨德勇，吴琼. 融资融券对上海证券市场影响的实证分析——基于流动性和波动性的视角. 中央财经大学学报, 2011, (05): 28-34.

[119] 廖士光. 融资融券交易价格发现功能研究——基于标的证券确定与调整的视角. 上海立信会计学院学报, 2011, 25(01): 67-76.

[120] 许红伟，陈欣. 我国推出融资融券交易促进了标的股票的定价效率吗？——基于双重差分模型的实证研究 [J]. 管理世界, 2012, (05): 52-61.

[121] 黄洋，李宏泰，罗乐，唐涯. 融资融券交易与市场价格发现——基于盈余公告漂移的实证分析. 上海金融, 2013, (02): 75-81.

[122] Beaver, W. H. and S. G. Ryan. Conditional and unconditional conservatism: concepts and modeling. Review of Accounting Studies, 2005, 10 (2-3): 269-309.

[123] Basu, S. The conservatism principle and the asymmetric timeliness of earnings. Journal of Accounting and Economics, 1997, 24 (1): 3-37.

[124] 刘峰, 周福源. 国际四大意味着高审计质量吗——基于会计稳健性角度的检验. 会计研究, 2007, (03): 79-87.

[125] 陈艳艳, 谭燕, 谭劲松. 政治联系与会计稳健性. 南开管理评论, 2013, (01): 33-40.

[126] Khan, M. and R. L. Watts. Estimation and empirical properties of a firm year measure of accounting conservatism. Journal of Accounting and Economics, 2009, 48 (2-3): 132-150.

[127] Zhang, J. The contracting benefits of accounting conservatism to lenders and borrowers. Journal of Accounting and Economics, 2008, 45 (1): 27-54.

[128] Ahmed, A. S., B. K. Billings, R. M. Morton, and M. S. Harris. The role of accounting conservatism in mitigating bondholder-shareholder conflict over dividend policy and in reducing debt cost. The Accounting Review, 2002, 77(4): 867-890.

[129] Wittenberg-Moerman, R. The role of information asymmetry and financial reporting quality in debt trading: evidence from the secondary loan market. Journal of Accounting and Economics, 2008, 46 (2-3): 240-260.

[130] 修宗峰. 股权集中、股权制衡与会计稳健性. 证券市场导报, 2008, (03): 40-48.

[131] 李伟, 曾建光. 会计稳健性能有效降低权益资本成本吗?——基于中国 A 股市场的证据. 中国会计评论, 2012, 10 (4): 431-452.

[132] Francis, J., R. LaFond, P. M. Olsson, and K. Schipper. Costs of equity and earnings attributes. The Accounting Review, 2004, 79 (4): 967-1010.

[133] Kaplan, S. N., and L. Zingales. Do investment-cash flow sensitivities provide useful measures of financing constraints?. The Quarterly Journal of Economics, 1997, 112(1): 169-215.

[134] Almeida, H., M. Campello, and M. Weisbach. The cash flow sensitivity of cash. Journal of Finance, 2004, 59 (4): 1777-1804.

[135] Goh, B. W., and D. Li. Internal controls and conditional conservatism. The

Accounting Review, 2011, 86 (3): 975-1005.

[136] Hu, X., and F. Schiantarelli. Investment and capital market imperfections: a switching regression approach using US firm panel data. Review of Economics and Statistics, 1998, 80(3): 466-479.

[137] 程六兵，刘峰．银行监管与信贷歧视——从会计稳健性的视角．会计研究，2013, (01): 28-34.

[138] 肖浩，孔爱国．融资融券对股价特质性波动的影响机理研究：基于双重差分模型的检验．管理世界，2014, (08): 30-43.

[139] 肖争艳，高荣．卖空交易促进了股价信息效率吗？——来自中国融券交易的经验证据．财经问题研究，2015, (10): 45-52.

[140] 佟爱琴，马惠娴．卖空的事前威慑、公司治理与高管隐性腐败．财贸经济，2019, 40(06): 85-100.

[141] Mills, L. F. Book-tax differences and internal revenue service adjustments. Journal of Accounting Research, 1998, 36(2): 343-356.

[142] 李志生，陈晨，林秉旋．卖空机制提高了中国股票市场的定价效率吗？——基于自然实验的证据．经济研究，2015, 50 (04): 165-177.

[143] 叶康涛．盈余管理与所得税支付：基于会计利润与应税所得之间差异的研究．中国会计评论，2006, (02): 205-224.

[144] 侯青川，靳庆鲁，刘阳．放松卖空管制与公司现金价值——基于中国资本市场的准自然实验．金融研究，2016, (11): 112-127.

[145] 侯青川，靳庆鲁，苏玲，于潇潇．放松卖空管制与大股东"掏空"．经济学（季刊），2017, 16(03): 1143-1172.

[146] Desai, M. A., and D. Dharmapala. Corporate tax avoidance and high-powered incentives. Journal of Financial Economics, 2006, 79(1): 145-179.

[147] Desai, M. A., and D. Dharmapala. Corporate tax avoidance and firm value. Review of Economics and Statistics, 2009, 91 (3): 537-546.

[148] 郝项超，梁琪，李政．融资融券与企业创新：基于数量与质量视角的分析．经济研究，2018, 53 (06): 127-141.

[149] 刘亭立，姜莹．卖空机制能否提高上市公司的盈余质量？——基于转融券制度的准自然实验．商业研究，2019, (11): 131-140.

[150] 张璇，周鹏，李春涛．卖空与盈余质量——来自财务重述的证据．金融

研究 , 2016, (08): 175-190.

[151] 金鑫 , 雷光勇 . 审计监督、最终控制人性质与税收激进度 . 审计研究 , 2011, (05): 98-106.

[152] 陈冬 , 罗祎 . 公司避税影响审计定价吗 ? 经济管理 , 2015, 37(03): 98-109.

[153] 陈作华 , 方红星 . 融资约束、内部控制与企业避税 . 管理科学 , 2018, 31(03): 125-139.

[154] Goh, B. W., J. Lee, Lim, C.Y., and T. Shevlin. The effect of corporate tax avoidance on the cost of equity. The Accounting Review, 2016, 91(6): 1647-1670.

[155] Hanlon, M., and J. Slemrod. What does tax aggressiveness signal? Evidence from stock price reactions to news about tax shelter involvement. Journal of Public Economics, 2009, 93(1-2): 126-141.

[156] 杨明增 , 张钦成 , 杨晨昊 . 放松卖空管制会对公司避税行为产生治理效应吗 ?——基于融资融券制度的准自然实验 . 经济与管理评论 , 2020, 36 (03): 61-75.

[157] 田高良 , 李星 , 薛付婧 . 卖空威胁与公司避税行为——基于融资融券交易的双重差分检验 . 系统工程理论与实践 , 2020, 40 (03): 579-592.

[158] 吴联生 . 国有股权、税收优惠与公司税负 . 经济研究 , 2009, 44 (10): 109-120.

[159] 罗党论 , 魏翯 . 政治关联与民营企业避税行为研究——来自中国上市公司的经验证据 . 南方经济 , 2012, (11): 29-39.

[160] 王亮亮 . 研发支出资本化或费用化 : 税收视角的解释 . 会计研究 , 2016, (09): 17-24.

[161] 廖歆欣 , 刘运国 . 企业避税、信息不对称与管理层在职消费 . 南开管理评论 , 2016, 19 (02): 87-99.

[162] 蔡蕾 , 李心合 . 税率调整、公司避税与管理层在职消费 . 财经科学 , 2016, (10): 68-80.

[163] 褚剑 , 方军雄 . 卖空约束放松与高管超额在职消费 . 金融学季刊 , 2018, 12(03): 28-48.

[164] 张奇峰 , 戴佳君 , 樊飞 . 政治联系、隐性激励与企业价值——以民营企业在职消费为例 . 会计与经济研究 , 2017, 31 (03): 56-71.

[165] 陈冬华，陈信元，万华林．国有企业中的薪酬管制与在职消费．经济研究，2005，(02): 92-101.

[166] 刘艳霞，祁怀锦．管理者自信会影响在职消费吗？——兼论融资融券制度的公司外部治理效应．管理评论，2019，31 (04): 187-205.

[167] 李刚，陈利军，陈倩，张人骥．经营租赁的真实动机——基于东方航空公司的案例研究．管理世界，2009，(S1): 121-128.

[168] Scott, T. W., Wiedman, C. I., and H. A. Wier. Transaction structuring and Canadian convertible debt. Contemporary Accounting Research, 2011, (3): 1046-1071.

[169] 谢德仁，张新一，崔宸瑜．经常性与非经常性损益分类操纵——来自业绩型股权激励"踩线"达标的证据．管理世界，2019，35(07): 167-181.

[170] 汪勇，马新彬，周俊仰．货币政策与异质性企业杠杆率——基于纵向产业结构的视角．金融研究，2018，(05): 47-64.

[171] 许晓芳，陆正飞．我国企业杠杆操纵的动机、手段及潜在影响．会计研究，2020，(01): 92-99.

[172] Gale, D., and M. Hellwig. Incentive-compatible debt contracts: the one-period problem. Review of Economic Studies, 1985, 52(4): 647-663.

[173] 龚强，张一林，林毅夫．产业结构、风险特性与最优金融结构．经济研究，2014，49(04): 4-16.

[174] 张一林，龚强，荣昭．技术创新、股权融资与金融结构转型．管理世界，2016，(11): 65-80.

[175] Kiyotaki, N., and J. Moore. Credit cycles. Journal of Political Economy, 1997, 105(2): 211-248.

[176] 张一林，蒲明．债务展期与结构性去杠杆．经济研究，2018，53(07): 32-46.

[177] 孟庆斌，李昕宇，张修平．卖空机制、资本市场压力与公司战略选择．中国工业经济，2019a，(08): 155-173.

[178] 孟庆斌，邹洋，侯德帅．卖空机制能抑制上市公司违规吗？经济研究，2019b，54(06): 89-105.

[179] 彭章，陆瑶，杨琛．融资融券与公司财务杠杆．南开管理评论，2021，24 (05): 139-149.

[180] 钟宁桦，刘志阔，何嘉鑫，苏楚林．我国企业债务的结构性问题．经济

研究, 2016, 51(07): 102-117.

[181] 褚剑, 方军雄. 中国式融资融券制度安排与股价崩盘风险的恶化. 经济研究, 2016, 51(05): 143-158.

[182] 黄巍巍, 赵柏功, 刘楚薇. 融资交易对企业实际外部融资能力的影响——基于沪深 A 股的实证研究. 金融论坛, 2019, 24(02): 56-68.

[183] 李焰, 黄磊. 融资约束与上市公司股票价格波动——基于我国资本市场的经验证据. 财贸经济, 2008, (10): 44-49.

[184] 马惠娴, 佟爱琴. 卖空机制对高管薪酬契约的治理效应——来自融资融券制度的准自然实验. 南开管理评论, 2019, 22(02): 61-74.

[185] 许晓芳, 陆正飞, 汤泰劼. 我国上市公司杠杆操纵的手段、测度与诱因研究. 管理科学学报, 2020, 23(07): 1-26.

[186] 马云飙, 武艳萍, 石贝贝. 卖空机制能够约束内部人减持吗?——基于融资融券制度的经验证据. 金融研究, 2021, (02): 171-187.

[187] 温忠麟, 张雷, 侯杰泰, 刘红云. 中介效应检验程序及其应用. 心理学报, 2004, (05): 614-620.

[188] 江婕, 王正位, 龚新宇. 信息透明度与股价崩盘风险的多维实证研究. 经济与管理研究, 2021, (03):1-13

[189] 吴伟荣, 李晶晶. 政府监管、注册会计师任期管理与审计质量研究. 管理评论, 2018, 30 (01): 166-176.

[190] 郑珊珊. 管理层权力强度、内外部监督与股价崩盘风险. 广东财经大学学报, 2019, 34 (4): 72-86.

[191] 梁权熙, 曾海舰. 独立董事制度改革、独立董事的独立性与股价崩盘风险. 管理世界, 2016, (03): 17-32.

[192] 江轩宇, 伊志宏. 审计行业专长与股价崩盘风险. 中国会计评论, 2013, 11 (2): 133-150.

[193] 洪金明, 刘相儒. 审计任期与股价崩盘风险的实证研究. 中国注册会计师, 2018, (10): 73-77.

[194] 李志生, 杜爽, 林秉旋. 卖空交易与股票价格稳定性——来自中国融资融券市的自然实验. 金融研究, 2015, (06): 173-188.

[195] 许年行, 江轩宇, 伊志宏, 徐信忠. 分析师利益冲突、乐观偏差与股价崩盘风险. 经济研究, 2012, (07): 127-140.

[196] 冯丽艳, 程炜文, 肖翔. 我国资本市场股价崩盘风险影响因素文献综述. 财会月刊, 2020, (21): 134-141.

[197] Chow, C., and S. J. Rice. Qualified audit opinions and auditor switching. The Accounting Review, 1982, 57(2): 326-335.

[198] Watts, R., and J. Zimmerman. Agency problem, auditing and the theory of the firm: some evidence. Journal of Law and Economics, 1983, 26 (3): 613-634.

[199] DeFond, M. The association between changes in client firm agency costs and auditor switching. Auditing: A Journal of Practice and Theory, 1992, (11): 16-31.

[200] Chen,J., B. Ke, D. Wu, and Z. Yang. The consequences of shifting the IPO offer pricing power from securities regulators to market participants in weak institutional environments: Evidence from China. Journal of Corporate Finance, 2018, 50 (2): 349-370.

[201] 王艳艳, 陈汉文, 于李胜. 代理冲突与高质量审计需求——来自中国上市公司的经验数据. 经济科学, 2006, (2): 72-82.

[202] 杜兴强, 周泽将. 政治联系与审计师选择. 审计研究, 2010, (02): 47-53.

[203] Simunic, D. The pricing of audit services: theory and evidence. Journal of Accounting Research, 1980, 18 (1): 161-190.

[204] Firth, M. Qualified audit reports: their impact on investment decisions. The Accounting Review, 1978, 53 (3): 642-650.

[205] Francis, J. R., and J. Krishnan. Accounting accruals and auditor reporting conservatism. Contemporary Accounting Research, 1999, 16 (01): 135-165.

[206] Clive, L. Do companies successfully engage in opinion shopping? Evidence from the UK. Journal of Accounting and Economics, 2002, 29 (3): 321-337.

[207] Fan, J., and T. J. Wong. Do external auditors perform a corporate governance role in emerging markets? Evidence from East Asia. Journal of Accounting Research, 2005, 43 (1): 35-72.

[208] 王跃堂, 赵子夜. 审计独立风险的动因、环境及其治理. 当代财经, 2003, (09): 109-112.

[209] 方军雄, 洪剑峭, 李若山. 我国上市公司审计质量影响因素研究: 发现和启示. 审计研究, 2004, (06): 35-43.

[210] 刘运国，麦剑青，魏哲妍. 审计费用与盈余管理实证分析——来自中国证券市场的证据. 审计研究, 2006, (02): 74-80.

[211] 蔡吉甫. 公司治理、审计风险与审计费用关系研究. 审计研究, 2007, (03): 65-71.

[212] Choi, J. H., and T. J. Wong. Auditors' governance functions and legal environments: An international investigation. Contemporary Accounting Research, 2007, 24 (1): 13-46.

[213] Legoria, J., Melendrez, K. D., and J. K. Reynolds. Qualitative audit materiality and earnings management. Review of Accounting Studies, 2013, 18 (2): 414-442.

[214] Christensen, B. E, R. J. Elder, and S. M. Glover. Accounting Horizons, 2015, 29 (1): 61-81.

[215] 唐跃军，李维安，谢仍明. 大股东制衡机制对审计约束有效性的影响. 会计研究, 2006, (07): 21-29.

[216] 伍利娜，郑晓博，岳衡. 审计赔偿责任与投资者利益保护——审计保险假说在新兴资本市场上的检验. 管理世界, 2010, (03): 32-43.

[217] 方红星，张勇. 供应商/客户关系型交易、盈余管理与审计师决策. 会计研究, 2016, (01): 79-86.

[218] 董沛武，程璐，乔凯. 客户关系是否影响审计收费与审计质量. 管理世界, 2018, (08): 143-153.

[219] 宋子龙，余玉苗. 审计项目团队行业专长类型、审计费用溢价与审计质量. 会计研究, 2018, (04): 82-88.

[220] 张俊瑞，余思佳，程子健. 大股东股权质押会影响审计师决策吗？——基于审计费用与审计意见的证据. 审计研究, 2017, (03): 65-73.

[221] Carcello, J. V., and Z. V. Palmrose. Auditor litigation and modified reporting on bankrupt clients. Journal of Accounting Research, 1994, 32 (Supplement): 1-30.

[222] Chen, S., Y. J. Sun, and D. Wu. Client importance, institutional improvements, and audit quality in China: an office and individual auditor level analysis. The Accounting Review, 2010, 85(1): 127-158.

[223] Gul, F. A., D. Wu, and Z. Yang. Do individual auditors affect audit quality? Evidence from archival data. The Accounting Review, 2013, 88(6): 1993-2023.

[224] Kallunki, J., J. Kallunki, L. Niemi, and H. Nilsson. IQ and Audit Quality: Do Smarter Auditors Deliver Better Audits? Contemporary Accounting Research, 2019, 36 (3): 1373-1416.

[225] Becker, C. L., M. L. DeFond, J. Jiambalvo, and K.R. Subramanyam. The effect of audit quality on earnings management. Contemporary Accounting Research, 1998, 15 (1): 1-24.

[226] 李海燕, 厉夫宁. 独立审计对债权人的保护作用——来自债务代理成本的证据. 审计研究, 2008, (03): 81-93.

[227] Copley, P. A., and E. B. Douthett. The association between auditor choice, ownership retained, and earnings disclosure by firms making initial public offerings. Contemporary Accounting Research, 2002, 19 (1): 49-76.

[228] 王少飞, 孙铮, 张旭. 审计意见、制度环境与融资约束——来自我国上市公司的实证分析. 审计研究, 2009, (02): 63-72.

[229] 曾颖, 叶康涛. 股权结构、代理成本与外部审计需求. 会计研究, 2005, (10): 63-70.

[230] 王鹏, 周黎安. 中国上市公司外部审计的选择及其治理效应. 中国会计评论, 2006, (02):321-344.

[231] 周中胜, 陈汉文. 大股东资金占用与外部审计监督. 审计研究, 2006, (03): 73-81.

[232] DeFond, M., T. J. Wong, and S. Li. The impact of improved auditor independence on audit market concentration in China. Journal of Accounting and Economics, 2000, 28(3): 269-305.

[233] 姜国华, 王汉生. 审计作为证券市场有效监管工具之探讨. 中国注册会计师, 2006, (10): 63-65.

[234] 周冬华, 方瑄, 黄文德. 境外投资者与高质量审计需求——来自沪港通政策实施的证据. 审计研究, 2018, (06): 56-64.

[235] 步丹璐, 石翔燕, 张晨宇. 政策不确定与审计师选择——基于省委书记更替的经验证据. 审计与经济研究, 2018, (02): 39-49.

[236] Doyle, J., W. Ge., and S. McVay. Accruals quality and internal control over financial reporting. The Accounting Review, 2007, 82 (5): 1141-1170.

[237] Ashbaugh-Skaife, H., D. W. Collins, Jr. W. R. Kinney, and R. LaFond. The

effect of SOX internal control deficiencies and their remediation on accrual quality. The Accounting Review, 2008, 83 (1): 217-250.

[238] Qi, B., L. Li, Q. Zhou, and J. Sun. Does internal control over financial reporting really alleviate agency conflicts? Accounting & Finance, 2017, 57 (4): 301-310.

[239] Liu, H., N. Xu, and J. Ye. Short sellers' accusations against Chinese reverse mergers: Information analytics or guilt by association? China Journal of Accounting Research, 2015, 8 (2): 111-131.

[240] Skaife, H. A., D. Veenman, and D. Wangerin. Internal control over financial reporting and managerial rent extraction: evidence from the profitability of insider trading. Journal of Accounting and Economics, 2013, 55 (1): 91-110.

[241] Liu, T., and J. Wu. Merger arbitrage short selling and price pressure. Journal of Corporate Finance, 2014, 27: 36-54.

[242] Bommel, J.V. Rumors. Journal of Finance, 2003, 58 (4): 1499-1519.

[243] Ang, J. S., Z. Jiang, and C. Wu. Good apples, bad apples: sorting among Chinese companies traded in the U.S. Journal of Business Ethics, 2016, 134 (4): 611-629.

[244] Chan, K., A. J. Menkveld, and Z. Yan. Information asymmetry and asset prices: evidence from the China foreign share discount. The Journal of Finance, 2008, 63 (1): 159-196.

[245] Mei, J., J. A. Scheinkman, and W. Xiong. Speculative trading and stock prices: evidence from Chinese AB share premia. Annals of Economics and Finance, 2009, 10 (2): 225-255.

[246] Graham, J.R. Herding among investment newsletters: Theory and evidence. The Journal of Finance, 1999, 54 (1): 237-268.

[247] Chow, C. K. W., F. M. Song, and K. P. Wong. Investment and the soft budget constraint in china. International Review of Economics & Finance, 2009, 19 (2): 219-227.

[248] Aharony, J., C. W. J. Lee, and T. J. Wong. Financial packaging of IPO firms in China. Journal of Accounting Research, 2000, 38 (1): 103-126.

[249] Fan, J. P. H., T. J. Wong, and T. Zhang. Politically connected CEOs,

corporate governance, and Post-IPO performance of China's newly partially privatized firms. Journal of Financial Economics, 2007, 84 (2): 330-357.

[250] Chen, R. Y., S. E. Ghoul, O. Guedhami, and H. Wang. Do state and foreign ownership affect investment efficiency? Evidence from privatizations. Journal of Corporate Finance, 2017, 42: 408-421.

[251] Liu, Q., T. Luo, and G. G. Tian. How do political connections cause SOEs and non-SOEs to make different M&A decisions/performance? Evidence from China. Accounting & Finance 2019, (4): 2579-2619,.

[252] Jiang, F. X., Z. Jiang, and K. A. Kim. Capital markets, financial institutions, and corporate finance in China. Journal of Corporate Finance, 2020, 63: 1-21.

[253] Giroud, X., and H. M. Mueller. Does corporate governance matter in competitive industries? Journal of Finance and Economics, 2010, 95 (3): 312–331.

[254] Tian, G.Y., and G. Twite. Corporate governance, external market discipline and firm productivity. Journal of Corporate Finance, 2011, 17 (3): 403-417.

[255] Hay, D., W. R. Knechel, and H. Ling. Evidence on the impact of internal control and corporate governance on audit fees. International Journal of Auditing, 2008, 12 (1): 9-24.

[256] Beisland, L. A., R. Mersland, and R. Ø. Strøm. Audit quality and corporate governance: evidence from the microfinance industry. International Journal of Auditing, 2015, 19 (3): 218-237.

[257] Patterson, E. R., and J. R. Smith. The effects of Sarbanes-Oxley on auditing and internal control strength. The Accounting Review, 2007, 82 (2): 427-455.

[258] Munsif, V., K. Raghunandan, D. V. Rama, and M. Singhvi. Audit fees after remediation of internal control weaknesses. Accounting Horizons, 2011, 25 (1): 87-105.

[259] Xu, R., G. Zhang, J. Zhang, and Z. Zheng. Executive incentive compatibility and selection of governance mechanisms. Accounting & Finance, 2020, 60 (1):535-554.

[260] Levit, D., and N. Malenko. The labor market for directors and externalities in corporate governance. Journal of Finance, 2016, 71 (2): 775-808.

[261] Gillan, S., J. Hartzell, and L. Starks. Tradeoffs in corporate governance:

evidence from board structures and charter provisions. Quarterly Journal of Finance, 2011, 1 (4), 667-705.

[262] Gordon, L.A. and A. L. Wilford. An analysis of multiple consecutive years of material weaknesses in internal control. The Accounting Review, 2012, 87 (6): 2027-2060.

[263] Wu, Y. J., and B. Tuttle. The interactive effects of internal control audits and manager legal liability on managers' internal controls decisions, investor confidence, and market prices. Contemporary Accounting Research, 2014, 31 (2): 444-468.

[264] Ashbaugh-Skaife, H., D. W. Collins, and Jr. W. R. Kinney. The discovery and reporting of internal control deficiencies prior to SOX-mandated audits. Journal of Accounting and Economics, 2007, 44 (1): 166-192.

[265] Doyle, J., W. Ge, and S. McVay. Determinants of weaknesses in internal control over financial reporting. Journal of Accounting and Economics, 2007, 44(1): 193-223.

[266] DeAngelo, L. E. Auditor size and auditor quality. Journal of Accounting and Economics, 1981, 3 (3): 183-199.

[267] Li, P., W. Shu, Q. Q. Tang, and Y. Zheng. Internal control and corporate innovation: Evidence from China. Asia-Pacific Journal of Accounting and Economics, 2019, 26 (5):622-642.

[268] Wang, F. J., L. Y. Xu, J. R. Zhang, and W. Shu. Political connections, internal control and firm value: evidence from China's anti-corruption campaign. Journal of Business Research, 2018, 86: 53-67.

[269] Cram, D. P., V. Karan, and I. Stuart. Three threats to validity of choice based and matched sample studies in accounting research. Contemporary Accounting Research, 2009, 26 (2): 477-516.

附录　我国融资融券相关文件法规

发布时间	发布单位	文件名称
2005 年 10 月 27 日	全国人大	《中华人民共和国证券法》
2006 年 6 月 30 日	证监会	《证券公司融资融券试点管理办法》
2006 年 6 月 30 日	证监会	《证券公司融资融券业务试点内部控制指引》
2006 年 7 月 27 日	上交所	《市价订单、开放式集合竞价、融资融券业务技术实施指引》
2006 年 8 月 21 日	上交所	《上海证券交易所融资融券交易试点实施细则》
2006 年 8 月 21 日	深交所	《深圳证券交易所融资融券交易试点实施细则》
2006 年 8 月 29 日	中证登	《中国证券登记结算有限责任公司融资融券试点登记结算业务实施细则》
2006 年 9 月 5 日	中证协	《融资融券合同必备条款》
2006 年 9 月 5 日	中证协	《融资融券交易风险揭示书必备条款》
2008 年 4 月 23 日	国务院	《证券公司监督管理条例》
2008 年 5 月 13 日	国务院	《证券公司风险处置条例》
2008 年 6 月 24 日	证监会	《关于证券公司风险资本准备计算标准的规定》
2008 年 10 月 30 日	证监会	《证券公司业务范围审批暂行规定》
2010 年 1 月 22 日	证监会	《关于开展证券公司融资融券业务试点工作的指导意见》
2010 年 2 月 12 日	上交所	《关于融资融券业务试点初期标的证券与可充抵保证金证券范围的通知》
2010 年 2 月 12 日	深交所	《关于融资融券业务试点初期标的证券名单与可充抵保证金证券范围的通知》
2010 年 3 月 22 日	上交所	《上海证券交易所融资融券交易试点会员业务指南》
2010 年 3 月 22 日	深交所	《深圳证券交易所融资融券交易试点会员业务指南》

2010 年 3 月 30 日	上交所	《关于启动融资融券交易试点相关事项的通知》
2010 年 3 月 30 日	深交所	《关于启动融资融券交易试点相关事项的通知》
2011 年 10 月 26 日	证监会	《证券公司融资融券业务试点管理办法》
2011 年 10 月 26 日	证监会	《转融通业务监督管理试行办法》
2011 年 10 月 26 日	证监会	《证券公司融资融券业务内部控制指引》
2011 年 11 月 25 日	上交所	《上海证券交易所融资融券交易实施细则》
2011 年 11 月 25 日	深交所	《深圳证券交易所融资融券交易实施细则》
2011 年 11 月 25 日	上交所	《关于调整融资融券标的证券范围的通知》
2011 年 11 月 25 日	深交所	《关于扩大融资融券标的证券范围的通知》
2011 年 11 月 25 日	中证协	《融资融券合同必备条款》
2011 年 11 月 25 日	中证协	《融资融券交易风险揭示书必备条款》
2011 年 12 月 9 日	中证登	《中国证券登记结算有限责任公司融资融券登记结算业务实施细则》
2012 年 5 月 18 日	上交所	《关于交易所交易基金作为融资融券标的证券相关事项的通知》
2012 年 5 月 24 日	深交所	《关于交易型开放式指数基金作为融资融券标的证券相关事项的通知》
2012 年 8 月 27 日	中证金	《中国证券金融股份有限公司转融通业务规则（试行）》
2012 年 8 月 27 日	中证金	《中国证券金融股份有限公司转融通业务保证金管理实施细则（试行）》
2012 年 8 月 27 日	中证金	《中国证券金融股份有限公司融资融券业务统计与监控规则（试行）》
2012 年 8 月 27 日	上交所	《上海证券交易所转融通证券出借交易实施办法（试行）》
2012 年 8 月 27 日	深交所	《深圳证券交易所转融通证券出借交易实施办法（试行）》
2012 年 8 月 29 日	中证金	《关于启动转融资业务试点的通知》
2013 年 2 月 26 日	中证金	《关于发布转融券业务标的证券名单的公告》
2013 年 5 月 2 日	上交所	《上海证券交易所转融通证券出借交易实施办法（试行）》
2013 年 5 月 3 日	深交所	《深圳证券交易所转融通证券出借交易实施办法（试行）》

2013 年 5 月 24 日	上交所	《关于交易所交易基金作为融资融券标的证券相关事项的通知 》
2013 年 9 月 6 日	上交所	《关于扩大融资融券标的股票范围的通知》
2013 年 9 月 6 日	深交所	《关于扩大融资融券标的证券范围的通知》
2013 年 9 月 16 日	中证金	《关于扩大转融通标的证券范围的公告》
2014 年 11 月 26 日	上交所	《上海证券交易所融资融券交易会员业务指南（2014 年修订）》
2015 年 7 月 20 日	证监会	《证券公司融资融券业务管理办法》
2015 年 12 月 1 日	上交所	《上海证券交易所融资融券交易实施细则（2015 年修订）》
2016 年 12 月 23 日	深交所	《深圳证券交易所融资融券交易实施细则（2016 年修订）》
2019 年 8 月 9 日	上交所	《上海证券交易所融资融券交易实施细则（2019 年修订）》
2020 年 10 月 30 日	证监会	《转融通业务监督管理试行办法（2020 修正）》
2021 年 4 月 6 日	深交所	《深圳证券交易所融资融券交易实施细则（2021 年修订）》

注：中证登为中国证券登记结算有限责任公司，中证协为中国证券业协会，中证金为中国证券金融股份有限公司。